衡陽书院文化

谢宏治 主编

岳麓書社

谢宏治

笔名泓致。1956年9月生，湖南省衡南县人。中国书法家协会会员、中国楹联学会会员、湖南省文史研究馆特约研究员、衡阳市书法家协会名誉主席。出版有《谢宏治诗联书法集》《谢宏治书法作品集》《极目千里》《飞鸿一瞥》《行云南岳》《联咏衡州》等著作，主编历史文化丛书《美丽衡阳》（共四卷）。主讲过“石鼓书院大讲坛”“桂林百姓大讲坛”等，担任国内多家高校客座教授，其书法作品被国内外多家专业机构收藏。

衡阳书院文化
一道亮丽的文化风景

谢宏治

衡阳是一片积淀着厚重历史文化的土地，从神农发明耒耜开启农耕文明，到蔡伦造纸推动人类文明；从神话传说中的帝喾兴兵，到鲜为人知的嫘母织纱；从受人景仰的祝融取火，到千古之谜的禹王圣碑；从佛教南禅的承传光大，到湖湘学派的发源兴盛，衡阳耸立起一座又一座璀璨夺目的文化山峰。

今天，我们要讲一讲衡阳的一道亮丽的文化风景，那就是衡阳的书院文化。

一、衡阳书院文化的三大特点

书院文化是指在书院的发展历程中形成的，经过千余年的传承与创新，形成有别于传统中国其他价值取向、思维方式和行为规范的独特精神成果的总和。衡阳之所以被称为文明奥区，与其书院文化的发达密不可分。综观衡阳千年的书院文化，主要有以下三个特点。

特点之一：起源早

唐代中期，邺侯书院创立于南岳，它是研究唐代历史、文化、教育的重要资料《全唐诗》中最早出现的书院之一。但当时的邺侯书院影响有限，有的文献没有将其收录进唐代书院之列。

唐时书院，在《全唐诗》与地方史志中都有记载的，为衡阳李宽中秀才书院（石鼓书院）、尤溪的南溪书院、永济的费君书院。

可以说，石鼓书院是中国四大书院创建最早，并具有确切史志记载的书院，建于唐元和年间（806—820）。对比一下，石鼓书院比四大书院中的其他三个都要早：白鹿洞书院创建于五代南唐升元年间（937—943)；岳麓书院创建于宋太祖开宝九年（976)；睢阳书院（又称“应天府书院”）创建于宋真宗大中祥符二年（1009）。石鼓书院在唐朝时就已相当著名，齐映、宇文炫、吕温、韩愈等名家都在石鼓留下过诗文墨迹。

当时，为什么会在衡阳出现并兴盛书院这一新的文化和教育载体？从唐代中后期来看，科举极为盛行，江浙地区以及长安、洛阳等地经济繁荣，大兴官学，岭南漠北又较为莽荒，湖南、江西一带正处于这种文化和教育的过渡地带，为书院的创立提供了良好条件。唐代时期衡阳已在湖湘历史文化中占有有相当重要的地位，衡阳人敢为天下先的志气，衡阳尤其南岳一带山水秀美、民风淳朴、交通便利，被贬、被撤和隐居隐逸的文人士官非常多，等等，都是促成衡阳成为全国书院文化最早发端的地方之一的重要因素。比如邺侯书院，就是辞官隐居的唐代宰相李泌，选中南岳的自然文化灵气，所创办的一所家庭式书院。

特点之二：数量多

研究表明地方史志与唐诗中记载的唐代书院有 50 多所，其中湖南就有 8 所；宋时衡阳书院有天下四大书院之一的石鼓书院，还有南轩、文定、双蹲等当时著名书院；明嘉靖时，全国有书院 1000 多所，其中湖南 100 多所，衡阳就有 30 多所。清光绪年间，仅南岳区域的就有邺侯、卢潘、文定、甘泉、白沙、东廓、集贤、景行等书院。

这些书院如满天星辰，灿烂了衡阳的历史文化天空。

特点之三：影响大

衡阳书院文化的地位和影响，难以尽述，仅略讲其一二。

其一，衡阳书院文化是中国书院文化的典型代表。言书院文化，必称湖南，称湖南又必言衡阳。无论是产生时间还是数量质量，无论是文化传播还是思想交流，无论是学术成就还是人才培养，衡阳都是中国书院文化中闪亮且引人瞩目的地方之一。特别是以朱熹为代表的闽学与以张栻为代表的湖湘学，两派会讲岳麓书院、石鼓书院，开自由讲学之先河，促进了传统文化的变革与学术的繁荣，奠定了衡阳在中国哲学思想史上的地位。衡阳书院文化之深厚，地位之崇高，学术影响之深远，可以说是为盛天下。曾国藩这样赞誉道：“天下之书院楚为盛，楚之书院衡为盛。”

其二，衡阳书院文化是衡阳历史文化的高峰。从横向来看，书院文化在衡阳光彩夺目。衡阳历史文化极其深厚，是一本永远读不完的大书，如大雁文化、农耕文化、寿文化、火文化、佛道文化、抗战文化、山水文化等，每一种文化，都非常厚重。书院文化，仍然是其中最夺目的文化景观之一。至今，石鼓书院、船山书院等仍是来衡客人的必去之地。从纵向来看，书院文化也是衡阳历史文化发展史上的高峰之一。衡阳在中国思想文化史上的地位和影响，历史上的几次走出湖南、走向全国，都与书院文化紧密相关。宋朝时期，衡阳是理学研究中心；明代时，是阳明心学的传播重地；明清之际，又成为王船山“实学”的滥觞之源。中国自宋代以来儒学的三大阶段性创新，衡阳都有参与，而且扮演了举足轻重的角色。衡阳在全国的学术地位由此确立。

其三，衡阳书院文化是衡阳地位变迁的重要因素。传说三皇五帝大多来过衡阳，或与衡阳有过关联；衡阳自三国时期起，就开始设郡设县，成为湘南中心；衡阳人才辈出，蔡伦、蒋琬等人名播天下。尽管衡阳历史悠久，但是，衡阳真正在中国以文化的影响而著称天下，还是因为书院文化的兴盛。湖湘文化重镇南岳，轰鸣在三湘四水；明代心学以石鼓书院为重镇，天下瞩目。可以说，正是书院文化，让偏隅湘南之地衡阳为四方所瞩目，开始在中国历史文化史上发出更强劲、更响亮、更精彩的声音。自书院文化兴盛以来，衡阳乃至湖南，对中国的影响都是极其巨大的。文化大师钱锺书先生曾漫谈说：中国有三个半人，两广人算一个，江浙人算一个，湖南人算一个，山东人算半个。湖南言文化和人才，主要集中在自长沙至衡阳、沿回雁峰至岳麓山这一八百里南岳衡山山脉一带。从这个意义上说，衡阳书院文化，对湖湘文化的兴盛、湖湘人才的成长、湖湘经济的发展，乃至中国历史文化的进程，都产生了深刻而久远的影响。

二、衡阳书院文化的三个阶段

从时间脉络和书院文化的发展历程来看，衡阳书院文化可以分为三个阶段。

1. 衡阳书院文化的初始阶段

据记载，唐代中期，衡阳出现第一所书院——邺侯书院。邺侯，即唐代宰相李泌的封号。邺侯书院之名，应为后人所加。书院这个名称，早在唐玄宗开元年间就已经出现，但晚唐以前的书院与宋代以后的书院有很大的区别，它一般非官办，而为私设；非讲学之所，而为藏书之地；非面向社会开放，而为家学、族学、士学交流所用。通言之，此时的书院与学堂、私塾之类性质完全不同。

但为什么仍称之为书院，并视之为书院文化的源头呢？因为其时的书院，尽管是小范围、个性化的，但还是开了编撰、藏书、重学和授学之风，让学习从庙堂之高扩大为江湖之远，从贵族之雅延伸为平民之俗，从封闭学习转化为开放学习。

邺侯书院，就是唐代宰相李泌隐居读书的地方。李泌是中国历史上颇具传奇色彩的一代名相，也是南岳历史上第一位皇帝钦赐的隐士。他亲历玄宗、肃宗、代宗和德宗四个皇帝，辅佐朝政，屡建功业，又屡屡辞官隐居，在南岳归隐长达12年，他在南岳烟霞峰下建“端居室”，以读书为乐，韩愈曾写下“邺侯家多书，插架三万轴”的诗句，可见李泌当时藏书之多。端居室就是后来人们俗称的“邺侯书院”。

邺侯书院迄今已经有1200多年历史，不管历史的风云如何变幻，邺侯书院却留存下来。今天我们到南岳区，仍可见到邺侯书院的旧址。

如今，在南岳福严寺的筑高台（后也称高明台），我们还可以看到李泌手书的“极高明”三个大字。这三个字包含了李泌对中国传统文化的独特认知，大家可以这样理解：

极——道家之无极，太极，无穷。

高——儒家之峻极于天，天人合一，至上，至高。

明——明心见性。

简简单单三个字就把儒释道三家的文化精华融为一体，应该说，李泌本身也是一个极高明的人。在南岳，李泌留下许多传说故事。最著名的是一则“食芋领相”的典故。

据传南岳山上有一个干杂役的和尚，夏天睡在牛栏，冬天睡在灶台后面。他每天收食残羹剩饭，久而久之，人称“懒残”。懒残在寺中地位低下，却喜欢读书诵经。李泌觉得懒残非同一般。一天深夜，李泌前去拜访懒残和尚。懒残一见李泌就发火，并对着他吐口唾沫，然后骂道：“你是害我来啦！”李泌一声不吭，毕恭毕敬，再三下拜，懒残像没有看到一样，生气地坐在牛粪火房旁边，顺手拿起一根拨火棍，从牛粪里拨出一个芋头，皮也不剥，就一口一口地吃起来。过了一会儿，懒残斜起眼睛一瞟，发现李泌还肃立在原处，便叫李泌坐下，然后把自己吃的煨芋头掰下一半，递给李泌，李泌接过芋头就吃了。懒残见了，合掌对李泌说：“吃我残芋半边，领取宰相十年。”说来也巧，唐德宗即位后，再招李泌出山为相。李泌果然又当了十年宰相，并被封为“邺侯”。

邺侯李泌流传下来的不仅是这样有滋有味的传奇故事，他最大的贡献是开创了衡阳书院文化的传统。自他以后，一代代读书人创建的一个个著名书院，为衡阳文化注入了氤氲之气，润泽了蒸湘大地的千年文脉。

2. 衡阳书院文化的繁荣阶段

宋代以降，由于朝廷的大力支持，民间私学走上文化教育的舞台。零散、孤立、小致的书院迅速发展，形成了与官学并峙的文化和教育体系。

衡阳的书院文化也迎来了三段黄金岁月，形成了三个发展高峰。

（1）南宋时期：推动湖湘学派的兴起，成为理学发展的重镇。

两宋年间，是中国历史上一个重要的思想转型时期，传统的儒学不断转化，理学发展迅速，学派林立，巨儒大师辈出，他们需要通过以自由讲学来传播自己的学术思想，培养自己的人才，扩大自己的学术影响。这样一来，书院就为他们提供了这样的平台。

衡阳书院的第一个黄金时代也出现在宋代，尤其是南宋，这一时期衡阳书院的代表是文定书院与石鼓书院。

文定书院之所以出名，在于它开启了湖湘文化。文定书院的旧址，现为岳云中学“春秋楼”（即科技楼）所在地。这里是湖湘学派重要之地。那么，什么是湖湘学派，它与宋明理学又有什么渊源呢？

我们说，宋代是中国思想文化发展史上的一个重要时期。儒学发展到了宋代，迎来了一次复兴——理学的诞生。湖湘学派就学术本质而言，是宋明理学的一大学派。

理学在北宋发轫之初，有周敦颐的“濂学”、二程兄弟的“洛学”和张载的“关学”。到了南宋，则有朱熹的“闽学”、陆九渊的“江西之学”、吕祖谦的“金华之学”和胡氏父子的“湖湘学”，其中又以“闽学”与“湖湘学”最为出名。两支均是北宋二程“洛学”南传的结果。

南宋初年，胡安国(1074—1138)来南岳衡山定居，在紫云峰下文定书院讲授《春秋》，湖湘学派由此而发端。胡安国，福建人，字康侯，号青山，学者称武夷先生，后世称胡文定公。绍圣四年（1097）进士，自后入朝做官，官至宝文阁直学士。

胡安国尽管官做得不是很大，却是中国理学史上一位重要人物。他早年拜程颢、程颐弟子杨时为师，研究性命之学。入太学时，又从程颐之友朱长文、靳裁之，得程学真传。其治学理念上承二程，下接谢良佐、游酢，在理学发展史上居于承上启下的地位。胡安国对于心、理、性等理学范畴的研究虽尚未形成规范的理论体系，但其以心为本、心与理一的思想却对后学产生了重要影响。

宋哲宗（1086—1100）年间，罢旧党，起用新党。胡安国属保守党，被罢。他当时任湖南学事，被罢后便定居南岳，专心授学。他开始创办的是碧泉书院，后改为文定书院。也有说法是碧泉书院为其在湘潭创办。但不论其为何，胡安国在文定书院的讲学撰著，深论《春秋》，不拘章句训诂，实为经世济民之举，除自己的子侄胡寅、胡宏、胡宪等外，还吸引了众多湖湘士子前来求学，开启了理学的重要派别——湖湘学派。

胡安国去世后，其子胡宏(1106—1162)以南岳衡山为中心，以文定书院为基地，继续了湖湘学派的发展，培养了一大批杰出的弟子，如张栻、彪居正、吴翌、赵师孟等人。

“湖湘学派”由胡安国、胡宏父子所创立，但这一名称，是由朱熹提出，后经黄宗羲、全祖望的学案梳理而加以确定的。

可以说，文定书院作为培养和造就湖湘学派人才的基地，形成了一种强大的精神力量和深厚的文化内涵，直接影响了湖湘学派的发展和湖南近千年的历史。自宋往后，湖湘出现了一大批影响中国和世界的历史文化名人，如王船山、魏源、曾国藩、左宗棠、彭玉麟、谭嗣同、黄兴、蔡锷、宋教仁、熊希龄、杨度等，甚至许多革命仁人志士，均可以追本溯源，与宋代湖南书院的兴盛有关。

宋代衡阳的另一所更具代表性、时间延续更长、影响更大的书院是石鼓书院。

石鼓书院是一座历经唐、宋、元、明、清、民国的千年学府，在我国书院史、教育史、文化史上享有崇高的地位。其与睢阳、白鹿洞、岳麓书院并称宋代全国四大书院。

它创立于唐元和年间，是衡阳秀才李宽（又名李宽中）在蒸水、湘水交汇的合江亭旁建房，取名为“寻真观”，在此专心读书，为石鼓书院之雏形。宋至道三年（997），李宽族人李士真在这里开堂讲学、广招弟子，使书院具有了教育与传播的意义。

石鼓书院曾经两次蒙皇帝赐匾，第一次是宋太宗太平兴国二年（977），宋太宗赐匾额和学田；第二次是宋仁宗景祐二年（1035），宋仁宗赐额“石鼓书院”。由于石鼓书院“独享”两度被宋朝皇帝“赐额”的殊荣，而步入高光时期。实际上，真正使它兴旺起来，是因为诸多理学大师把这里作为学术交流与传播的平台。

书院作为一种新的教学形式，与理学的兴起有着直接关系。为什么理学兴就书院兴呢？因为理学作为儒学的一种新的发展形态，它能更有效地倡导与弘扬孔孟创立的儒学之道。从宋代起，官学的弊端逐步显露，各级官学成了科举考试的预备场所，成了科举的附庸，把儒学倡导的“道”抛到了脑后。理学家们认为，这是读书人的耻辱，是学校教育的一种危机，为此，他们创办了一种不以科举考试为目的，而以传授孔孟经国济民之道为目的的新型学校——书院。

周敦颐为宋代理学的创立者，是诞生于湖南的第一个著名思想家。

程颐、程颢都是他的学生。周敦颐做的官不大，流传下来的著作也不多。据传在衡阳西湖畔写的《爱莲说》，却影响深远，千古流芳。

周敦颐幼时曾在衡阳舅父郑向家读书，30 岁那年，他又只身来到衡阳，在舅父旧宅旁，兴建“濂溪堂”讲学授徒，后人称之“濂溪书院”。史志中有关周敦颐与石鼓书院的记述不多，仅有明代李安仁曾这样的记述：“濂溪周公敦颐，古今称为绝学，其有声于石鼓，当不下唐宋诸儒。”他应该是与石鼓书院有很密切的关系。

100 多年后，理学大师朱熹与张栻将石鼓书院的声望推向了顶峰。

朱熹是孔孟之后最伟大的儒学思想家，集理学之大成。他指出“格物致知”的理论，从深处考察客观事物，寻求知识和修养品格，其思想在元、明、清各代，被视为儒学正宗，不仅在中国有很大的影响，而且也成为 14 世纪后东方文化主流，朝鲜和日本等地都被奉为主要道德信条。朱熹在中国书院发展史上是一位非常关键的人物。朱熹传经白鹿、讲学岳麓、论道石鼓，与中国古代四大书院中的三大书院都有着密切的关系。

张栻，字敬夫，号南轩，世称“南轩先生”。南宋中兴名相张浚之子。他是四川绵竹人，后迁来衡阳，在南岳文定书院跟随胡宏学习，后来成为湖湘学派集大成者，与朱熹、吕祖谦齐名。

1167 年，是中国思想史上一个重要的年份，这一年，当时闽学与湖湘学两大理学流派的代表，两位思想界的巨人——朱熹与张栻，嘉会于岳麓，论道于石鼓，开中国传统教育中自由讲学、自由辩论的先河，碰撞出灿烂的思想火花，为理学的发展注入了一股强大的生命力，对后世学术的演变产生了重要影响，也使得书院这种提倡自由辩论、思想碰撞的民间办学形式蓬勃兴旺起来。

见证朱熹、张栻与石鼓书院关联的是一块著名的三绝碑。所谓三绝碑，一绝为韩愈诗，即韩愈的《合江亭》诗；二绝为朱熹文，即朱熹作的《石鼓书院记》；三绝为张栻书，即张栻亲书的韩朱两人的《合江亭》诗和《石鼓书院记》。后人将此镌制成石碑，置于石鼓书院内。1944 年衡阳保卫战前夕，为了使石鼓书院内以“三绝碑”为首的 50 多块珍贵碑刻免遭战火的破坏，有关部门便将这些碑刻全部沉入湘江。

1960年，有人在湘江中发现这批石碑，1962年是王船山逝世270周年，全国船山学术思想讨论会于11月在衡阳市召开。10月，衡阳市政府为此决定在衡阳市船山图书馆（今岳屏公园内市书画院）右侧建成一座护碑亭，专门保护、陈列这批石碑。可惜的是，这批石碑于1967年被毁掉。

那么，朱熹的《石鼓书院记》到底写了些什么内容？为什么被称为一绝呢？朱熹论道石鼓又是怎么回事呢？

朱熹作为理学的集大成者，曾与张栻有过衡山七日游，共同研讨理学的“太极”“中和”等命题。朱熹专门写了一篇《石鼓书院记》，对书院办学的指导思想、教学内容、教育重点、教学方法作了具体阐述。尤其是他倡导的将义理之学、修身之道作为书院的办学宗旨，为天下学子打开“入德之门”，以达到“明道义正人心”教育目的，不仅为当时全国各书院所效法，而且对后来历代办学都有深刻的影响。朱熹在《石鼓书院记》中还特意提到张栻为岳麓书院作记的事，对张栻的《岳麓书院记》评价很高。

今天的石鼓书院也有“三绝”，那就是“有书翻不动，有鼓擂不响，有字认不得”。“有鼓擂不响”，说的是石鼓。“有字认不得”，说的是禹王碑，其上面的远古文字我们一个也认不得。“有书翻不动”，这本书，就是我们在石鼓广场看到的一本石雕的大书，上面镌刻的，就是朱熹的《石鼓书院记》。

讲到这里，我还要问一问大家，能不能说出石鼓七贤是哪七贤？这七贤的塑像现如今矗立在我们的石鼓广场。他们分别是第一个到石鼓结庐读书的李宽，留下名传千古的合江亭诗文的韩愈，重修石鼓书院的李士真，宋代理学的创立者周敦颐，作《石鼓书院记》的朱熹，题写三绝碑的张栻，还有一位是朱熹的乘龙快婿——理学大家黄勉斋。

在宋代，衡阳的著名书院，除了前面所说的文定书院与石鼓书院，还有张栻创办的南轩书院、位于南岳大庙西边的赵季西书院和衡山的清献书院、常宁的芹东书院（清代改名为双蹲书院）等。

（2）明代时期：推动“王湛之学”的交流，成为心学传播的平台。

元朝时期，书院基本处于政府监控之下，但石鼓书院却是少有的受统治者重视的书院。有记载元时的石鼓书院山长有邓大任、程敬直、王复、康庄等，元时著名官宦学者伯颜、契玉立、李处巽、陈松年都题写过有关于石鼓山水、书院胜景的诗文，说明石鼓书院在当时也是享有盛名的。但此时，南宋的自由讲学之风，石鼓书院已经荡然无存。所以，整个元代，衡阳的书院文化是处于低潮的，也没有创办新的著名的书院。

到了明代，衡阳的书院文化又迎来了一个鼎盛的发展时期，石鼓书院再一次成为全国性的学术交流中心。

这其中的一个关键人物是湛若水。湛若水，明代哲学家，号甘泉，世称“甘泉先生”。官至礼、吏、兵三部尚书，属明儒理学的白沙学派，主张“随处体认天理”的理论，他与主张“致良知”学说的王阳明是至交好友。

湛若水是一位活了 95 岁的高寿的理学大师。他 40 岁才中进士，直到嘉靖十九年（1540）75 岁时才告老还乡。湛若水与王阳明一样，既为官又为学，用王阳明的话说，他们“共以倡明圣学为事”。这个“圣学”当然是孔孟儒学。儒学在宋时为理学，明代初叶，“心学”的崛起可以视为儒学的又一次革命。

明代“心学”的主要代表就是王阳明、陈献章与湛若水。湛若水是陈献章的高足。宋初理学的鲜活生命发展到明初已成为死水一潭。学术界循规蹈矩，不敢越雷池半步，陈献章却敢于挑战权威，以开放的学风冲破这种思想僵化的局面。

陈献章人称“白沙先生”，是广东唯一一位从祀孔庙的明代硕儒。陈献章对衡阳特别是南岳情有独钟，做梦都想到南岳“逍遥游”，他写《梦游衡山》一诗，诗云：“衡岳去天能几何？一株松下月明多。南极老仙骑鹿过，一瓢斟月两崖歌。”他还写《忆衡山》，诗云：“曲肱何处枕湘流，不到名山死不休。高咏祝融峰顶月，与君当作逍遥游。”陈献章究竟到没到过南岳，有待考证，但他对南岳的感情却感人至深。

明代“心学”的三位主要代表人物，陈献章对南岳魂牵梦萦，却没有确切资料证实其到过衡阳；王阳明游过南岳并在文定书院讲学，但时间不长。只有湛若水，与衡阳的情缘最为深厚。

明朝嘉靖初年，王阳明在文定书院讲学时，曾邀湛若水同游，却未曾实现。直到 20 多年后，湛若水才来到南岳，此时他已 78 岁。

湛若水先后三次游历南岳，第一次是 78 岁，第二次是年届 80 岁；第三次是年已 91 岁，寿翁游寿岳，其乐无穷。李元度在《南岳志·前献》中记述：湛若水“九十一复游衡，舟泊石鼓，题诗讲堂壁间，再登南岳，栖迟凡数月。庞眉皓首，步履如飞，望之若仙人云”。

湛若水是广东增城甘泉都人，他在第二次游南岳的时候，看中了紫云峰下一片风光秀美之地。此处群山环绕，清溪涓流，后山青松翠竹，曲径通幽，幽深处有迷人的紫云洞。当年湖湘学派的创始人胡安国选中此处，创办文定书院。湛若水决意步胡安国后尘，他在南岳紫云峰下建甘泉精舍（后改为甘泉书院），讲学其间；又在南岳修建白沙书院以纪念他的老师陈献章。

湛若水之所以对衡阳情有独钟，主要原因是南岳和石鼓书院为他心中传播和研究理学的圣地。湛若水先后 5 次到石鼓书院讲学，高扬心学旗帜，湖湘学子慕名而至，极大地推动了心学对理学的变革。

石鼓书院作为当时全国的学术中心，不但湛若水对它青睐有加，王阳明的弟子也对它非常看重。嘉靖十年（1531），王阳明的弟子邹守益慕名而来，讲学石鼓书院，阐述“致良知”的思想，从学者蜂拥而至。

邹守益，号东廓，江西安福县北乡澈源人。北乡澈源邹氏，是江南极负盛名的名门望族，他一生重视教育，崇尚简易明白、朴实无华、直指本心。他认为，教育是人后天赖以长进的最根本的途径，他把王阳明的“致良知”学说作为道德教育的根本，并对“致良知”作了充分的发挥。他也在南岳办了一所书院，取名东廓书院。

学者用“王湛之学”统称阳明学派（王学）和甘泉学派（湛学），“王湛之学”作为明代中叶的盛学，两派虽各立宗旨，但他们的门人弟子并没有多少门户之见，王学门人可以卒业于湛学，湛学弟子可以受业于王学，这在学派林立的中国学术史上，是一件值得称道的事情。当时衡阳的石鼓书院以及甘泉、白沙、东廓等书院，作为“王湛之学”最重要的传播平台之一，众多一流的学术大师交相辉映，一时名重天下，形成了南宋之后的又一个高峰。

（3）清末民初：推动船山实学的传播，成为近代人文的源流。

清代衡阳的书院，经历了萧条和繁荣两个阶段。在雍正之前，衡阳的书院比较萧条，在雍正以后的100多年间，衡州府先后恢复和兴办书院50多所，其中最著名的当数船山书院。

船山书院是晚清颇具特色和影响的一所书院。书院从创办伊始，就以“讲明夫之之学”为办学宗旨，重在以船山精神培养经世致用的人才。

明末清初，衡阳诞生了中国古代思想史上一位集大成的思想家——王船山。然而由于王船山是主张反清复明的，他的思想并不为世人所知，更不为统治阶级重视，直到清同治年间，湘军统帅曾国藩力倡船山学，刻印《船山遗书》，使“阒寂二百年的船山学倡行天下，成为风行中国一大显学”。

曾国藩为什么力倡船山学？这和他在衡阳的一段求学经历不无关系。

清代中叶以后，衡阳书院的兴盛，不仅吸引了大批本地子弟就读，对外地学子也产生了很大的吸引力。年轻时的曾国藩，当时也慕名来到衡阳，先后在欧阳凝祉处和金溪双桂书院求学。

欧阳凝祉屡次科考失意，但凭着自己渊博的学识，成了远近闻名的教书先生。曾国藩慕名投师，一开始并不受先生的重视。后来欧阳先生发现这个小伙子虽然学习勤奋，却往往衣冠不整，不拘小节。有一次，欧阳先生见曾国藩一屁股坐在教室的门槛上，便面带怒容，大声喝道：“你为何这样乱坐，有失体统！”谁知曾国藩面不改色，从容答道：“我要坐正这地方！”欧阳先生从此开始器重曾国藩。通过一段时间的教育、观察，欧阳先生认为曾国藩最能吃苦，志向高远，城府深藏，他日必成大器。

20岁那年，曾国藩又和他的弟弟曾国潢一起到衡阳县金溪双桂书院求学，双桂书院又叫桂芳书屋、桂花轩，这所由唐翊庭创办的书院，请来了著名的汪觉庵先生执教。汪觉庵是衡阳硕儒，与王船山的六世孙王世全为儿女亲家，对船山学深有研究，他以王船山的经世致用之学教授弟子，曾国藩兄弟受益匪浅。

后来，曾国藩通过了县试、乡试、会试和殿试，赐同进士出身，进入了翰林院，但他仍然对在衡阳的求学生涯十分眷念，就在他入翰林院的当年，他还告假回衡阳，为老师祝寿。

在曾国藩、郭嵩焘等人的大力倡导之下，船山学成为晚清的显学，思想文化界都出现了人人都说船山好的奇特景象。推崇船山之学，衡阳人自然是责无旁贷。光绪十年（1884），衡阳士绅集资在城南创建船山书院，第二年，衡阳籍兵部尚书彭玉麟捐银，买地改建于湘江中的东洲岛。

书院建成后，彭玉麟亲笔题写“船山书院”四个大字，还撰写楹联，上联是“一瓢草堂遥，愿诸君景仰先贤，对门外岳峻湘清，想见高深气象”；下联是“三篙桃浪暖，就此地宏开讲舍，看眼前鸢飞鱼跃，无非活泼天机”。

彭玉麟力邀王闿运担任船山书院山长，王闿运是晚清著名学者，时有“南王（闿运）北俞（樾）”之称。开始王以体弱年高为由婉拒彭玉麟的邀请。不久，王在长沙的住宅——湘绮楼失火。彭玉麟听说后，特意在船山书院里为王闿运修建一所“湘绮楼”，等候王闿运光临。遗憾的是“湘绮楼”建成不久后，彭玉麟辞别人世。但彭玉麟的精诚还是感动了王闿运。光绪十七年（1891）也就是彭玉麟逝世后的第二年，王闿运从长沙来到东洲岛，主持船山书院，报答彭玉麟的知遇之恩。

王闿运一生在经、史、文学、教育等方面都成就斐然，他曾经主编过《衡阳县志》《湘潭县志》等多种地方志书。

王闿运长期从事教育工作，在船山书院掌教的时间长达25年，许多近代风云人物都是他的学生。其中杨度与蒋啸青都叱咤一时。

杨度，字皙子，生于光绪元年（1875），湖南湘潭人。他从光绪二十一年至光绪二十八年求学于船山书院。杨度研习船山思想，深为船山精神所折服，他感叹“惟有船山一片心，哀号匍匐向空林”。他立志以船山为榜样，献身复兴民族的大业。甲午战败后，杨度痛感清王朝的腐败无能，他东渡日本，寻求救国新路，并写下了回肠荡气的《湖南少年歌》，以沉痛的歌咏道出湘人不屈的心声：“若道中华国果亡，除是湖南人尽死。”

耒阳人蒋啸青于光绪二十九年（1903）求学于船山书院。后来在省立三师、三中、省立三女师当过多年校长，他治学有方，被尊为“湘南教育王”。蒋先云、黄静源、陈为人、谢维俊、何宝珍、毛泽建、伍若兰、卜仁贞等著名先烈英勇投身革命，都与蒋啸青的教育分不开。

王闿运在教育上倡导有教无类，不重出身门第，只问人之才学，主张凡人有好学之心，即有诱之之责。他在船山书院掌教时，曾将僧人释敬安、铁匠张正炀、木匠齐白石、铜匠曾昭吉四人都收为弟子，悉心点化。后来四人都有不凡的造诣，人称“王门四匠”。

“王门四匠”之一的僧人释敬安，又叫“八指头陀”，是中国近代一位著名的爱国诗僧。另一著名人物齐白石早年家境贫寒，少年学花雕木工，雕刻技艺精妙。1899年，齐白石在友人介绍之下，拜王闿运为师，成为王门弟子。王闿运在看过齐白石的诗文画作后深爱其才，对他竭力提携。

1915年，迫于新学的压力，船山书院改为船山存古学堂，这年秋天，王闿运最后一次登上东洲岛，清理学产，并作《船山书院记》。

虽然在衡阳的著名书院中，船山书院存续的时间是最短的，但影响和贡献却不可磨灭，特别是其既讲授思想，又传播实学，让更多的文人学者、百匠千家、凡夫俗子，接受船山思想和现代学术，近现代的一大批的革命先贤和人文士子都深受其影响，可以说是近现代人文发展的重要源流。

3. 衡阳书院文化的传承阶段

民国中后期，衡阳的书院纷纷迁建，有的改为学堂，也有的成为现代学校，也有的废弃于野，成为历史的记忆。但衡阳书院文化并没有中断，它只是以另一种形式在传承、弘扬和光大。

随着新学的兴起，衡阳随之成为湖湘革命摇篮和文化教育中心之一。特别是抗战时期，衡阳还一度成为国统区的第二或第三大城市，许多大学、中学迁移至此。如湖南师大的前身国立师范学院创办于1938年，抗战时期至新中国成立前迁至南岳办学。

新中国成立后，衡阳的高等院校数量、在校生、科研水平等均位居全省前列。现在南华大学、衡阳师院、湖南工学院、衡阳市一中、岳云中学等，与衡阳历史上的书院都有着一脉相承、同源同根的关系。

今天的衡阳，仍致力于传承千年的书院文化。2006年，重修了石鼓书院，让千年石鼓重新焕发人文之光。对船山书院、文定书院、邺侯书院等也正在抓紧保护、修缮之中。突出教育先行和文化强市，大力实施“文化塑城”，衡阳的文化源流一直滚滚向前、延绵后世。

三、衡阳书院文化为何弦歌不辍的三点启示

书院作为中国特有的教育组织，集教育、教学、研究于一体，兼且修书、编书、藏书等多种社会文化功能，是中国人不可磨灭的文化印记，是中国历史文化史上的一朵奇葩。追思衡阳灿烂的书院文化，有几点启示。

启示之一：文化是名片，必须擦亮彰显。

“山不在高，有仙则名；水不在深，有龙则灵。”即使是普通的山水，一旦与名人结缘也会立刻身价百倍，成为众人所景仰、所神往的名胜，更何况衡阳是一座全景生态、资源丰富、上百万人居留的城市。一座城市，最有内涵和价值的是文化，最具标识性和代表性的也是文化。从衡阳书院文化来看，书院毫无疑问是最具亮点和特色的文化名片之一。这张名片，如果不擦亮、不发掘，依然会沉于古籍古典之中，不为人知、不为人所用。这些年来，我们不断搜集资料、建整旧址、扩大宣传，就是为了把这张名片更好地推出去，让它彰显品位、增强影响，弦歌不辍。

启示之二：文化是土壤，必须深垦细培。

从书院文化的发展脉络来看，环境与文化是互促互进、互为依存的。有什么样的社会环境，就会有什么样的文化业态；有什么样的文化气象，就会有什么样的社会环境。衡阳的千年书院，是衡阳历史文化长河中最重的一笔，它既是传统文化变革的重地，又是开放性的学术研究中心，还是教育革新的基地。衡阳之所以能站在书院文化的潮头，也是因为衡阳抓住了历史的机遇，营造了包容、开放、奋发的社会氛围，涌现了一批心忧天下、敢为人先、甘于奉献的仁人志士。文化的土壤，需要深垦细培，让最优秀的思想文化种子，在这里生根、

发芽、成长。

启示之三：文化是责任，必须传承弘扬。

文脉不绝，自有兴。文化也是一种责任，立于当代，需要以文化来启蒙思想、振奋精神、丰富生活、提升品位；处于后世，需要把文化搜集梳理、发掘保护、传递继承、发扬光大。作为衡阳这座历史文化名城的一分子，我们肩上的担子更重，使命更大。衡阳有着如此深厚、灿烂的文化，既是我们的骄傲，也是我们的责任。我们应当努力学习、志存高远，积极行动起来，为打造衡阳文化之城、推动衡阳崛起而奋斗。

（本文为作者在高校文化讲座，有改动。）

凡例

一、本书各家书院属地均以当今行政区划为准。如南岳前后山，古代统一列入南岳山志或衡山县志，现在分属衡山县、南岳区、衡阳县。原来列入南岳七十二峰范围，今衡阳市行政区域之外的，如长沙岳麓书院，不在此介绍。

二、衡阳市城区一总介绍，不再分区。

三、同一地域的书院，一般以创始时间先后为序进行排列。同一地址上不同时期创建的书院，按时间先后连续排列。

目录
CONTENTS

第一篇 | 石鼓书院

第二篇 | 船山书院

第三篇 南岳区书院

第四篇 其他书院

第一篇

SHI GU SHU YUAN

石鼓书院

中国宋代四大书院之一：石鼓书院

书院简介

石鼓书院是我国四大书院之一，也是衡阳书院的发祥地之一。在中国书院文化中，石鼓书院写下了极为璀璨的一页。

一、得天独厚的地理位置

石鼓书院位于湖南省衡阳市城北的石鼓山上，蒸水环其左，湘水挹其右，耒水横其前，三水汇合，三面临水，前有深潭，一峰凸起，悬崖峭壁。整个如大石屹立江心，形势壮丽，海拔 69 米，面积约 4000 平方米。

石鼓得名，说法不一：一说石鼓四面凭虚，其形如鼓，因而得名。北魏郦道元《水经注》所载：“（临蒸）县有石鼓，高六尺，湘水所径，鼓鸣则土有兵革事。罗君章云：扣之声闻数十里，此鼓今无复声。”另一说是因它三面环水，浪涛击石，其声如鼓。晋庾仲初《观石鼓诗》云：“鸣石含潜响，雷骇震九天。”从《水经注》来看，秦代以前，石鼓之名就载于史册。

石鼓书院临江负险，山明水秀，碧波环拱，城廓尽览，风土清旷，交通便利，近府城而远离喧嚣，连水陆要津而非通衢大道，远近适宜，高低适度，实为儒家士大夫读书养性、相聚讲学、吟诗论文的绝佳场所。

“院以山名，山因院盛。”幽静而清雅的石鼓山，因书院“藏于名山”而熠熠生辉。在古衡阳八景之中，石鼓山及其周边独占其三，即“石鼓江山锦乡华”“朱陵洞内诗千首”和“青草桥头酒百家”。

二、悠远深重的沧桑变迁

起于唐朝。唐元和中（806—820），李宽中（一作李宽）于石鼓山寻真观结庐读书，形成石鼓书院的雏形。衡州刺史吕温曾访之，并作《同恭夏日题寻真观李宽中秀才书院》诗记其事。

兴在两宋。宋至道三年（997），宽中族人李士真据其故事，复修书院，“会儒士讲学”其中。景祐二年（1035）知府刘沆奏请宋仁宗皇帝赐学田及“石鼓书院”额，遂为天下四大书院之一。其后稍徙而东，改为州学。淳熙十二年（1185），部使者潘畤（一作潘畴）就原址建屋数间，榜以故额，“将以俟四方之士有志于学，而不屑于课试之业者居之”，未竟而去。提刑宋若水继成，奉先圣先师之像，集国子监及本道诸州印书藏其中。并请朱熹作记，诫诸生勿为科举功名所乱，而要辨明义利，有志“为己之学”。时戴溪为山长，后林畊、李访等为山长。开庆元年（1259）曾毁于兵，景定元年（1260）迅又重建更新。

讼争于元。石鼓书院元代继续办学，然其田于至元十九年（1282）为灵岩寺僧强占，经邓大任、王复、康庄、程敬直等历任山长长达62年争讼，才得归还。元末又毁于兵火。

复兴在明。明永乐十一年（1413），知府史中重建书舍6间以待游学者。天顺、弘治间均有修葺。正德四年（1509），叶钊为山长，讲圣贤身心之学、道德之旨，“一时学者翕然云从”。嘉靖年间，湛若水数至石鼓讲论“体认”之学，邹守益亦来大倡“良知”之说。嘉靖二十八年（1549），知府蔡汝楠以其为朱、张、湛、邹“过化之地”，乃重整书院，扩建主静、定性二斋，订立规约，以学文敦行、辨志慎习，又请赵大洲、茅鹿门等“海内名公”讲学其中，诸士环听，“宛然一邹鲁洙泗之风也”。万历四十年（1612）巡按史记事、观察邓云霄大修书院，规模极一时之盛。崇祯十五年（1642），提学高世泰修葺，明末毁于兵。

改扩于清。清顺治十四年（1657），巡抚袁廓宇奏准修复。康熙七年（1668），知府张奇勋扩建号舍20余间。雍正、乾隆、嘉庆、同治年间，屡有修建，规模日广。山长多一时之选，如陈士雅、余廷灿、林学易、易廷彦、罗瑛、潘世晓、张学伊、徐锡溥、刘祖焕等，皆湖南名进士，然所授多为科举之业。光绪二十八年（1902）改为中学堂，光绪三十一年（1905）改称南路师范学堂。

战毁于民国。民国时期，石鼓书院改为女子职业学校。抗日战争时期，石鼓书院毁于战火。书院中除几棵古木、碑刻与砖石，建筑无一留存，古籍也大多散失。

重修于当代。1949年后，石鼓书院被辟为公园，为市民休闲之所。2003年动议，2006年，石鼓书院按清代书院格局与建筑全面修复，山门、讲坛、大观楼、合江亭、武侯祠、李忠节公祠等修旧如旧，并前置禹碑亭、亲水步道、石鼓七贤群雕等，将江岸开辟为石鼓广场。2010年，开启“石鼓书院大讲坛”，邀国内外名流前来讲学，重现千年书院之神韵。

三、震古烁今的历史作用

石鼓书院在我国书院史、教育史和文化史上享有极高的地位，在中华民族文化形成与传播、湖湘文化发源与弘扬、衡阳历史文化源起兴盛等方面有着深远的影响。

在宋代四大书院之中，石鼓书院创立时间最早。史载建于公元806—810年，比创建于五代南唐升元年间（937—943)的白鹿洞书院早120多年，比创建于宋太祖开宝九年（976)的岳麓书院早160多年，比创建于宋真宗大中祥符二年（1009）的睢阳书院（又称应天府书院）早近200年。

石鼓书院是中国古代书院之中最早具有教学职能的书院。自唐元和年间，衡州刺史、“大历十大才子”之一的吕温探访并题诗《同恭夏日题寻真观李宽中秀才书院》，为石鼓书院做了极好的宣传和推介，一时间，登门拜访和慕名求学者接踵而至。石鼓书院由此从私人读书地变为招徒授业场所，成为中国古代书院有史为证的最早具有教学功能的民间教育机构。

石鼓书院还是湖湘文化创立和传播的重要阵地。湖湘学派的开创者为胡安国、胡宏父子。他们在衡岳大地的学术活动，主要集中在南岳衡山和石鼓书院。胡宏的高足张栻讲学石鼓书院，并为石鼓书院撰写《武侯祠记》《风雩亭赋》，亲书韩愈《合江亭》诗勒碑立于石鼓山合江亭。胡氏之学的传承与弘扬，石鼓书院为湖湘文化的确立与传播发挥了重要作用。自宋以降，石鼓书院培育出一批又一批济世之才，更成为湖湘文化形成与传播的重要一极。

石鼓书院对于衡阳一域历史与文化的影响更是难以言全。衡阳在唐以前一直远离中华文化的重心，但自石鼓书院开办以来，衡阳逐步成为长江以南文化活跃地区，衡阳及湘南地区视石鼓书院为官学或最高学府，不仅衡州所辖各县诸生趋之若鹜，而且长沙、永州诸郡士子“皆负笈来学”。石鼓书院催生的灿烂文化与莘莘学子，对衡阳乃至湖湘、中华的影响都是较为深远的。

中国古代书院研究专家邓洪波教授说：“石鼓书院是中国书院的缩影，是湖湘文化的典型代表。只要阅读石鼓书院的千年历史，就可以追寻中国书院千年发展轨迹及其内在规律，就可以破译湖湘文化的千古密码。”

新中国成立后，几代党和国家领导人多次讲话中提到了石鼓书院。2020 年 9 月 17 日，习近平总书记在岳麓书院考察调研时说，岳麓书院和石鼓书院两个千年学府，见证了湖湘文脉的延续。

历史沿革

中国古代书院诞生于民间，后又分化为民办与官学，以及更多地游离于民办与官学之间。石鼓书院就是其典型的代表，肇创于唐，扬名于宋，盛于明清，改制于清末，传承于当今。石鼓书院的历史就是中国古代书院史的缩影。

一、汉晋传说

汉晋乃至先秦以前，由于石鼓书院所在的石鼓山位置独特、山水俱胜、景色绝佳，虽然石鼓书院未创立，但仍有众多历史文化名人在此留下足迹，同时也流传许多美丽奇特的传说与故事。

孔明驻军石鼓山。《三国志·蜀书》载，刘备牧荆州时，诸葛武侯以军师中郎将驻兵临蒸（衡阳的古称），督零陵、桂阳、长沙三郡，调赋以供军实。诸葛孔明运筹帷幄，复兴汉室，鞠躬尽瘁。东汉建安十三年（208），在刘备任荆州牧时，他奉命驻军衡阳石鼓山，不仅在衡阳流传有许多传奇故事，而且留下许多遗迹。如有孔明碑、孔明山、孔明井和孔明车等。相传诸葛亮当时就住在石鼓山上。诸葛亮病逝后，为缅怀他“鞠躬尽瘁，死而后已”的崇高德行，后人在临蒸驿旁建武侯祠，以供祀享。这座历史悠久的纪念祠堂从创建那天起就一直是人们凭吊和眺览的胜地。宋代重修石鼓书院时，将武侯祠移至石鼓山，南宋理学家张栻曾作《武侯祠记》，并勒石立碑纪念。

张飞结市青草桥。三国时张飞巡视耒阳，县令庞统恐张飞性烈，饮酒误事，下令县城禁卖烧酒10天，用糯米酿制的酃湖之酒（酃酒）招待张飞。湖之酒浓度低，香甜可口，得张飞赞赏。张飞后居衡阳城，结市青草桥，沉醉于酃湖之酒酒香之中。今天，耒阳酒厂对传统酿酒技术加以改进，酿制的“张飞酒”香气浓郁，酒味淳厚绵甜，还可作药用、菜肴调味及解醒。

水经记说石鼓声。北魏郦道元《水经注》对石鼓书院（石鼓山）进行了详细描述：“山势青圆，正类其鼓，山体纯石无土，故以状得名。”另一说，是因它三面环水，浪涛击石，其声如鼓。从《水经注》来看，秦代以前，石鼓之名就载于史册。《水经注》上说“县有石鼓，高六尺，湘水所径，鼓鸣则土有兵革事”，意思是说如果山上的石鼓发出响声，就会发生战争。山北面有一石洞，名为“朱陵后洞”。《潇湘听雨录》记载：此洞为“灵洞”“真仙遗迹”，在此祈祷能求子、除病。

二、唐代肇创

眺览胜地汇流处。“石鼓名山始自唐，天开此处读书堂”（元陈松年诗《石鼓书院》）。据考，早在书院创立之前，石鼓山就成为人们的游览胜地和文人聚会的场所。唐贞观初（627—636），衡州刺史宇文炫在石鼓山开“东岩”“西谿”为眺览名地。唐贞元初（785—792）刺史齐映又在山的东麓修建了著名的合江亭。

韩愈题诗合江亭。永贞元年（805），韩愈自阳山徙江陵，与刺史邹儒立会于合江亭上，留题古诗二十韵。自此，以合江亭为中心的石鼓名胜更因韩愈的留题而名扬天下，蜚声海内外。

李宽始创读书堂。元和初（808年前后），邑秀才李宽（又名李宽中）隐居石鼓山，辟寻真观为治学读书之所，招有志于学者居观读书，共同切磋学问，称“李宽中秀才书院”。时任衡州刺史吕温公暇之余“常往访之”，与李宽及诸生文咏唱和。在《全唐诗》中至今可以看到这样的诗句：“愿君此地攻文字，如炼仙家九转丹。”这是我国古代最早的一所由私人创建的书院。唐末五代，由于战乱，兵戈四起，石鼓书院屡遭兵燹，以致湮没无闻。

三、宋代兴盛

李士真重建书院。北宋初年，结束长期分裂割据的局面。朝廷兴文教，各地书院纷纷创立，有的还得到官府的支持。太宗至道三年（997），李宽族裔李士真“援宽故事，请于郡守，愿以私财”，在李宽办学旧址上对石鼓书院进行首次重建。前为会讲堂，中列先圣殿，后建燕居祠，东西两厢设斋舍十数间，外建仰高楼与风雩亭，复修合江亭，形成讲学、藏书、供祀的规制，奠定了书院的基本格局。这种学宫式的建筑布局在后来历代重修中被继承下来，同时被保留的还有书院的办学传统。石鼓书院虽属私人创办，但是从它创办的第一天起，就受到官府直至朝廷的重视和支持。

宋仁宗诏赐匾额。据史料记载，宋朝皇帝曾两次给石鼓书院赐额，尽管赐额的时间各家说法不一，但有一点是可以肯定的，第一次赐额当在“国初”（977—997）。这在清同治《衡阳县志》、马端临的《文献通考》和朱熹的《石鼓书院记》中可找到答案。另一次是仁宗景祐二年（1035），这一年，集贤校理刘沆（字冲之，吉州人）知衡州，即向朝廷上奏本，请求仁宗为石鼓书院题匾额和颁赐学田五顷，得到朝廷的恩准，遂与睢阳、白鹿洞、岳麓三书院并称为“天下四大书院”。

宋若水修复增建。在北宋的一百多年间，石鼓书院名盛一时，但在哲宗以后就难以维持下去了。12世纪初，金兵南掠，战火连年，石鼓山上的建筑几乎都罹于兵火，“则书院之迹于此遂废而不复修矣”。书院的这种命运直至12世纪80年代才有转机。淳熙十二年（1185），部使者潘畤“始因旧址，列屋数间，榜以故额，将以俟四方之士，有志于学而不屑于课试之业者居之。未竟而去”。随后，提刑宋若水又在潘畤修复的基础上“益广之”，并增建其祠宇，以奉先圣先师之像。同时刻印经书若干卷以充实藏书楼。

朱熹作证留盛况。修复竣工后，著名理学家朱熹又为此次重建撰写了《石鼓书院记》。在这篇纲领性的历史文献中，朱熹对书院办学的指导思想、教学内容、教育重点、教学方法作了具体阐述。尤其是他倡导的将义理之学、修身之道作为书院的办学宗旨，以达到“明道义正人心”的教育目的，不仅为当时的全国各书院所效法，而且对元、明、清历代办学都有深刻的影响。四方学者接踵而至，盛况空前，以至“斋舍不能容，辟武侯祠居之”，成为石鼓书院学术史上一件盛事。开庆元年（1259）冬，元兵遣偏师分头从江西、云南大理袭击衡永诸郡，石鼓书院又一次被毁。昔日宏伟的建筑和光彩夺目的碑板“扫灭无余，而朱子之记岿然独存”。次年，刑狱使者俞琰命幕属拓故鼎新，一复旧制，石鼓书院再次出现办学热潮。这种盛况并未因朝代更替而受影响，仍然维持了近百年。

四、元代争讼

元代对书院采取保护、提倡和加强控制的政策。除直接任命书院教授、山长及各类执事人员外，还控制书院的招生、考试及学生的去向。至元间又下令江南各官府将被侵占的学田归还给书院，使书院官学化的倾向越来越严重，遂成为科举的附庸。由于书院受政府的控制，石鼓书院虽然在元初得到了重建，但成就并不大。值得一提的是，至元间，在山长邓大任、王复、康庄、程敬直等人的努力下，经过长达62年的争讼斗争，终于将分布在茶陵、祁阳、衡阳等地由不法僧人、豪右、富室所霸（侵）占的学田全部归还给书院，为书院持久生存和稳定发展奠定了可靠的物质基础。元朝末年，到处兵荒马乱，书院多遭破坏。石鼓书院也难逃这厄运。至正十六年（1356）书院建筑被火焚烧，所有殿堂楼阁荡然无存。

五、明清规范

明初重建再扩张。在经历57年的沉寂后，明永乐十一年（1413）江西德化人史中任衡州知府。到任后，即着手对荒芜残破的石鼓书院进行修复。嗣后，经湖广宪副沈庆、知府翁世资相继营度，书院初具规模。弘治初，何珣由户部郎中擢衡州知府，又在前任重建基础上，修复了部分殿堂和东西号房，基本上恢复了宋时旧观。“前为檽星门，次为禹碑亭，亭之东西两翼置号舍若干楹……亭后为敬义堂……循石磴而上，中为先圣燕居堂……再循而上，为风雩亭，亭后为讲堂……旁列主静、定性二斋……讲堂后为先贤祠……祠后有'砥柱中流'石坊，坊后一祠，祀寓贤湛甘泉（若水）、邹东廓（守益）、程天津（弘忠），乡贤祝岣嵝（咏）……亦为七贤。又向北为仰高楼……楼下为合江亭……敬义堂后建有大观楼。楼下为迴澜堂……"经过史中以来70多年的努力，书院规制大备，其讲学、藏书、祭祀等主要功能进一步完善，沉寂多年的石鼓书院再度兴盛起来。

传播理学成砥柱。至嘉靖年间，随着阳明学派的兴起，一批学术巨子如湛若水、邹守益、蔡汝楠、茅坤、蒋信、李渭等相继来石鼓书院讲学，使自由讲学之风再起，盛极一时。史载，浙中蔡汝楠守衡阳，常以经术为治术，以书院作阵地，每逢朔望定期到石鼓书院给诸生讲良知之学。在他的倡导下，各地知名学者如湛若水、赵贞吉、茅坤等数至石鼓讲论，而衡阳的曾朝节、刘尧诲、伍定相、王万善等热烈响应，"坛席甚盛"。前来质疑问难者络绎于途，长永二郡诸生及官师举监皆负笈来学。这一时期成为南宋书院"讲会"制度以来的历史鼎盛时期，并进一步发展成为了有固定宗旨、固定组织、固定会期、固定规约的学术研究团体。石鼓书院也因此成为理学传播的中心，湖湘文化的重要发祥地。尽管明代四次禁毁书院，各地书院大多被毁，惟有石鼓书院如"中流砥柱"，岿然屹立，其教学、管理与规制均未受到影响，而且在某种程度上还有发展。

明末再次遭焚毁。明朝末年，阶级矛盾激化，农民起义此起彼伏，湘南地区同样陷入战乱的旋涡。崇祯十六年（1643），明总兵孔令彬溃走衡州，大肆烧杀抢掠，石鼓书院被焚毁，除合江亭幸存外，其他建筑全部化为灰烬，荡为瓦砾。

清代复兴出大师。清朝定都北京后，为了防止人们利用书院讲学，聚众成势，反对专制统治，因而采取抑制书院政策。但是作为天下著名的石鼓书院却具有深刻的社会影响。顺治十四年（1657），当偏沅巡抚袁廓宇向朝廷请求修复石鼓书院时，朝廷准其所请，并由时任衡阳知县余天溥董其事。"中为武侯祠，前立大观楼，楼下为七贤祠，右为公署五楹，两庑各为书舍，规制略备。”这是清代最早恢复办学的一所书院。“康熙七年（1668）知府张奇勋又于大观楼台之下立号舍二十余间，拔衡士之隽者肄业其中，每月两试之，士风称最盛。”《石鼓志》载，康熙时期（1662—1722）石鼓书院曾大大小小修复过五次。由于得到上自朝廷下至地方官吏的支持，石鼓办学重又兴盛起来，并成为湘南一个重要的文化学术中心。集聚了一批学识渊博的大师，其中最有影响的代表人物是卓越的思想家王夫之及其次子王敔，经学大师旷敏本，著名学者吴时来、余廷灿、张学尹等，他们都先后来这里，或登台传道或主持书院，从而培养造就了一批又一批有识之士。这种局面一直延续到戊戌变法后全国兴办新式学堂时为止。

六、近代余晖

彭玉麟捐金重建。石鼓书院自唐元和初创建以来，在漫长的历史进程中，经历了弦歌不绝、翰墨流香的昌盛年代，也经历过满目疮痍、凋落荒寂的艰难岁月。据历代书院志记载，石鼓书院遭兵火大面积摧毁和大规模的兴复工程就有八次。历史上最后一次重建是在清同治十年（1871）。由时任“兵部侍郎、衡阳彭玉麟倡捐千金，诸好义者从而附益之，清泉候选道杨澍董督工役”，衡州知府李镐负责督办。

晚清改制新学堂。光绪二十八年（1902），湖南抚院按清廷诏谕，改石鼓书院为衡阳高等学堂。1910年后又相继改办为进修女子师范学堂，衡郡女子职业学校，湖南第一联合县立乙种工业学校，从此结束了书院办学的历史，完成了中国学校教育由古代向近现代的历史性转变。

抗战遭日军炸毁。1944年，日军侵犯衡阳，衡阳军民打响了悲壮的衡阳保卫战，历经47个昼夜。整个衡阳城被日军轰炸以及战火损毁，只剩下三间半房子，石鼓书院亦未能幸免。

七、盛世重光

废墟上兴建公园。20世纪中期以来，石鼓书院经历半个多世纪的有“名”无“实”，院址空存。然而，它所孕育的教化育人的优良传统，博大精深的湖湘文化以及敢为人先、经世致用的精神特征却永远铭刻在人们的心目中。20 世纪 60 年代初，根据时任中南局第一书记陶铸的建议，当时的衡阳市委、市政府限于历史条件，只在书院废墟上重建了合江亭、绿净阁，修建了护栏、山门和旱桥，并将它辟为公园。紧接着由于“文化大革命”的开始，书院重建之事一再延滞。

新世纪再成地标。2003 年，重修石鼓书院开始摆上议事日程。2006 年 4 月，中共衡阳市委、衡阳市人民政府在深入调研和前期论证的基础上，决定举社会各方之力，重修石鼓书院。人们期盼已久的重建乐章正式奏响。经过建设者们一年多的艰苦努力，一座古典园林式新书院重新矗立在蒸湘交汇的石鼓山上。重新修建的石鼓书院于 2007 年 9 月 18 日对外开放，现为国家“AAAA”级景区、湖南省文物保护单位、省爱国主义教育基地。整个建筑群仿明清风格，白墙、朱柱、青瓦，古朴端庄。石鼓书院以“修旧如旧”的方式，再现了中国古书院的风貌，充分展示了古代书院“讲学、藏书、祭祀”三大功能，是一个有深厚文化积淀的教化重地和人文景点。

1939 年的石鼓书院

1945 年的石鼓书院

20 世纪 70 年代的石鼓书院

地 理 环 境

一、三水汇流之地

石鼓书院位于衡阳市石鼓区石鼓山，为衡阳古城北端，地处湘江、蒸水、耒水三条江水交汇之处。站在石鼓山上，近看蒸湘合流，远眺耒水入湘，可谓一览江山。衡阳市也因为三江汇流奇观，被评为中国十大风水城市之一。

二、半岛峙江之险

石鼓山为江中半岛，伸至湘江中流，位于其上的石鼓书院远闹市而不僻，近城驿而不嚣。半岛如一面石鼓立于江中，江水不停击打，声音洪亮犹如战鼓。半岛三面环水，另一面与外界连通，地势险要。

三、酒榭歌台之桥

石鼓书院毗邻蒸水入湘处的衡阳古石桥——青草桥。青草桥头有古代渡口，酒馆林立，货船来往，商客如织，文人骚客纷至沓来，把酒临风、吟诗作赋、韵味无穷。衡阳八景中“青草桥头酒百家”即指此地。如今，石鼓一带仍然是衡阳城市繁华之处。

附：石鼓八景

（1）窊尊藏雪：石鼓山下傍蒸水有怪石形如酒盏，中空外实，刻曰“窊尊”。凡雪日出皆融，独尊内之雪经冬涉春始消。

（2）孤藤夹岸：合江亭而右，潭下有孤藤。在水底中，由西岸牵过东岸，历年不朽。长老云，明万历时有渔人至其底见之。

（3）枯枝映月：书院西古树一棵，半生半枯。月出映之，晶光如玉色。后吴逆踞衡，伐其树。

（4）寒潭濯足：在合江亭下，相传为仙翁濯足处，石上仙迹在焉。明时建亭其上，曰濯足亭。今两水激射，亭址俱废。

（5）真仙遗迹：七贤祠右，有仙人足迹印石上，至今尚存。

（6）灵洞昭感：俗传四方祈嗣祷病者历有显应。今洞旁遍刻各姓名，不可数计。

（7）石鼓兵占：《水经》云：石鼓高六尺，傍湘水，鼓鸣则有兵革。相传有人推鼓入潭中，今不可考。

（8）悬崖晓日：书院东有石壁，峭立数寻，初日出即照之，远望如金色焉。

建筑布局

石鼓书院在长期发展过程中，兴建和重修过许多建筑。这些建筑林林总总，名目颇多，形制各异。

一、功能类别

石鼓书院历经多个朝代的发展，建筑内容、规模、风格各有不同。但从书院建筑功能来看，主要有以下几种：

讲学类建筑。作为教育机构，讲学无疑是中国古代书院最主要的职能。书院讲学功能的建筑包括讲堂和书斋两部分。讲堂即书院开堂讲座的地方，类似于现在的教室。留得轩，为教授讲师住宿处。号舍，又称书斋、书舍、斋房，是书院生徒自学和生活的处所。射圃，为石鼓书院生徒学习骑射、强身习武的场所。

藏书类建筑。书院萌生之初就是读书、修书、藏书的机构，藏书因此成为服务于读书人及社会各界的基本职能之一。自宋以降，石鼓书院当有专门的藏书建筑。石鼓书院 1944 年毁于日寇炮火，书院建筑荡然无存，无实物可考，而方志中又无明确记载，藏书建筑名称不详。

祭祀类建筑。祭祀先圣先贤是中国古代书院对生徒进行伦理道德教育，达到劝诫鼓励、见贤思齐的重要手段和方式。石鼓书院十分重视生徒的人格道德教育，先后兴建过许多祭祀建筑，如先师燕居堂、先贤祠、武侯祠、二守祠、大成殿、韩张祠（亦称二先生祠）、三先生祠、四贤祠、七贤祠（含前七贤祠和后七贤祠）、李忠节公祠、文昌阁、陈公祠等，加上配祀或附祀的先贤，石鼓书院祀享的先贤可以说是灿若星河。

观景类建筑。石鼓山自古以来为一胜迹，因此，与其他书院相比，石鼓书院多了一项不可或缺的功能，那就是赏游观景。为了适应这一功能的需要，各类观景建筑和人文景观应运而生，成为与石鼓书院紧密相连且不可分割的一部分。这些景观建筑有合江亭、风雩亭、大观楼、浩然台、碑亭、碑廊、櫺星门等。大观楼为明万历四十年（1612）重修石鼓书院所建。

记录类建筑。主要是碑亭、碑廊、石刻等。石鼓书院有据可查最早的碑刻当为南宋张栻（1133—1180）撰书刊立的《武侯祠记》碑和韩愈《合江亭》诗碑。稍后的有淳熙十三年（1186）廖行之（1137—1189）的《石鼓书院田记》碑和淳熙十四年（1187）朱熹（1130—1200）的《石鼓书院记》碑。

二、历代布局

宋代。宋代石鼓山曾经出现过的建筑有合江亭、夫子庙、会讲堂、文会阁、燕居祠、先贤祠、武侯祠、二守祠、风雩亭、仰高楼、朱陵阁、肄习斋、射圃、号舍、廪庖、门、庑等。其中，会讲堂、射圃为讲学类建筑；仰高楼为书院藏书处所；燕居祠、先贤祠、武侯祠为祭祀性质的建筑，燕居祠祀典孔子，武侯祠祭祀诸葛亮；廪庖、门、庑为辅助配套性质的建筑；合江亭为景观建筑。

明代。石鼓书院不断发展，入明以后逐步进入鼎盛巅峰时期，而且延续明清两代，经久不衰。尤其是有明一代，石鼓书院人气之旺、声名之盛，独步天下，其他书院只能望其项背。在明朝时期，石鼓书院经过多次重修和大规模修葺，规模不断扩大，各种功能的建筑日趋完备。明代曾在石鼓山兴建、重修的建筑大致如下：合江亭、讲堂、燕居室、大成殿（后亦称宣圣殿）、先贤祠、风雩亭、濯足亭、櫺星门、禹碑亭、敬义堂、主静斋、定性斋、崇业堂、武侯祠、韩张祠、三先生祠、四贤祠、七贤祠、生生阁、仰高楼、大观楼、广益堂、碑亭、中流砥柱枋、号舍、廪庖、门、院墙等。

清代。清朝初期至中期为石鼓书院的鼎盛时期，也是石鼓书院建设和修缮最频繁的时期。清代曾在石鼓山兴建、重修的建筑主要有：合江亭、嘉会堂、敬业堂、七贤祠、武侯祠、李忠节公祠、风雩亭、留待轩、浩然台、仰高楼、大观楼、櫺星门、禹碑亭、文昌阁、碑廊、山门、号舍、两庑廊舍、院等。另，书院中曾建有公署，书院前构筑石径，阔 8 尺，纵 8 丈有余。

当代。1944 年，石鼓书院于日军炮火之下全部化为灰烬，仅留一些破壁残垣。在旧石鼓书院的基础上，衡阳市委、市政府于 1965 年建设了石鼓公园，2003 年在石鼓书院前建石鼓广场，2006 年重修石鼓书院。重修后的石鼓书院仿古建筑群为白墙黛瓦深色柱，仿清乾隆年间的古典建筑风格，庄重、古朴、典雅。书院重修工程包括两部分：一是山上部分；二是石鼓广场与石鼓山连接部分。山上部分建有山门、书舍、武侯祠、李忠节公祠、大观楼、合江亭；连接部分建有仿古石拱桥、禹碑亭和禹王碑。重修后的石鼓书院基本形成了四进三祠两亭一楼的建筑格局。

三、重点建筑

讲堂。从宋代开始，石鼓书院即建有讲堂，时称会讲堂。明代改称讲堂、崇业堂。清代称为讲堂、敬业堂。据清乾隆《衡阳县志》和光绪《国朝石鼓志》载，讲堂在合江亭南，堂之左右各一房，山长居之。讲堂之上称为仰高楼。楼坐北朝南，硬山顶，金字墙，盖小青瓦。讲堂内置木质讲坛，周施栏板，坛上中部置圈椅2张，平时讲学为山长、副讲座席；外来学者来院会讲时，则为山长与外来学者讲席。圈椅之间置茶几1张。

大观楼。大观楼高13.5米，两层，面积624.86平方米，石鼓书院“讲学”和“藏书”之处。目前有各类藏书近1万册。设有讲堂及红木桌、椅26件，七贤木线刻画七幅。墙上镶嵌有《重修石鼓书院大观楼记》《历代科举制度》等。楼上藏书楼展出名人字画共20幅。“大观楼”匾额一块，书法作者史树青；楹联两副。楹联一：坐对岳云开，权将小阁重楼当他广厦；俯临湘水去，却喜渔歌樵唱畣我书声。撰联：清代李镐。书法作者：林岫。楹联二：珠玑文字任流传，昌黎首唱，石湖继吟，霞客纪游，姜斋感旧，佳节数从头，太息前人俱往矣；锦绣江山烦指点，左挟岣嵝，右挹回雁，前连青草，后接朱陵，风光都在眼，喜看形胜更超然。撰联：清代欧建鸿。书法作者：朱大河。

合江亭。合江亭自唐贞元间（785—805）经衡州刺史齐映创建、宇文炫“增其制”之后10余年，登临观景者应不乏其人。然而，或因为名望有限，或因为未有赏景抒怀之作，或虽有咏叹却非上乘，史料未曾留下赏游者点滴相关信息。直到永贞元年（805），韩愈的身影在合江亭出现才改变这一状况。他的《题合江亭寄刺史邹君》将其

合江亭

本人定格于衡阳和石鼓书院的历史中，成为合江亭有姓名可考的最早的游客。合江亭又名绿净阁，高11.5米，面积382.8平方米。韩愈赴任途中，路过衡州，在石鼓山上留下《题合江亭寄刺史邹君》诗一首，成为千百年来赞咏石鼓书院的名篇。合江亭另有楹联三副。楹联一：石鼓双江水；昌黎一首诗。撰联：明代邓淮。书法作者：宋军。楹联二：广厦构众材，报道蛟龙腾浪去；两水夹明镜，全信风月入亭来。撰联：清代祝澹溪。书法作者：颜家龙。楹联三：此真净绿唾不可；我实薄才歌奈何。撰联：清代阮元。书法作者：虞逸夫。绿净阁楼下大匾一块，书法作者陈文质。楹联一副：石出蒸湘攻错玉；鼓响衡岳震南天。撰联：清末民初王闿运。书法作者谢宏治。

武侯祠。武侯祠面积152.07平方米，是书院体现祭祀功能的地方。匾额和对联上的字都用鎏金雕刻而成。祠内供奉的是诸葛亮，雕像为金铂木雕，高1.8米。环伺左右是抱琴和持宝剑两个书僮，神态逼真，栩栩如生。翘头香案上摆放二十一件青铜祭器。

武侯祠

《一统志》载：诸葛亮曾以军师中郎将的身份驻军临蒸（衡阳），在石鼓山上督办长沙、零陵、桂阳三郡军赋。“武侯祠”匾额一块，书法作者：钱绍武。楹联一副：心远地自偏，问草庐是耶非耶，此处想见当日；江流石不转，睹秋水来者逝者，伊人宛在中央。撰联：清代范鹤年。书法作者：李铎。

李忠节公祠。衡阳人李芾，在潭州（今长沙）任知县时，为抗击元军侵略，率军抵抗，全家殉国。卒后，追谥为“忠节公”。李忠节公祠供奉的是李芾金铂木雕像，右侧是李芾的忠将沈忠，左侧是衡阳县令穆演祖。祠内有

李忠节公祠

青铜祭器二十一件。面积152.07平方米。“李忠节公祠”匾额一块，书法作者：何满宗。楹联一副：义烈炳潭州，千秋英名垂竹帛；崇祠仍故宅，一龛清供有梅花。撰联：清代彭玉麟。书法作者：欧伯达。

摩崖石刻。石鼓山自古为一方名胜，且山体纯石，摩崖石刻自然成为不可或缺的文化遗迹和人文景观。迄今所知，石鼓山时代最早的摩崖石刻为唐代。无论是著录规模和范围，均弥足珍贵。著名文物考古历史学家李学勤推崇的清代陆增祥（1816—1882）所著《八琼室金石补正》载，我国现存唐代摩崖石刻，大量的是善男信女的造像题名，属文人名士题刻仅20处。衡阳石鼓山唐代崖刻列其一，故为非常重要的历史文化遗迹之一。

摩崖石刻

朱陵洞。“朱陵仙洞”，衡阳古八景之一，坐落于石鼓山半腰。相传此洞可以通南岳水帘洞，朝往暮归，有许多美丽的传说。比如，相传张飞卖豆腐时，经常穿行此洞。自韩愈游石鼓后，许多文人墨客慕名来此，留下诗词刻于洞内石壁上，所以有“朱陵洞内诗千首”的赞誉。洞门外镌刻的“朱陵后洞”“高山流水”“介崖”笔法苍劲有力。

朱陵洞

四、其他建筑

山门。位于石鼓书院入口。门上悬挂“石鼓书院”匾额，为当代沈鹏书法。两边有一副楹联：修名千佛上；至味五经中。撰联者为清代周延俊（一说曾熙），书法作者为文怀沙。

山门

禹碑亭。高9米，面积54.76平方米，四角重檐攒尖顶。亭内置“禹王碑”碑上文字9行，77个字。碑文记述和歌颂了大禹治水的丰功伟绩。

禹碑亭

号舍。宋时，石鼓书院的号舍称“肄习斋”，明代初称书舍，后改称号房。明永乐间（1403—1424），“左右有书舍，凡六间”。至清同治十年（1871）衡州知府李镐重修石鼓书院时，在石鼓山东、西两庑置号舍30余间，上皆置楼。2006年重修石鼓书院，恢复的号舍内空平面尺寸为4.3米×3.32米。号舍内陈设简单实用。一般每间房住2人，置床、书案、椅、箱架各二，方桌一，条凳四。从条凳4条的配置，也可以看出书院提倡生徒之间加强切磋交流、以穷理笃行的办学理念。

号舍

五、雕塑碑石

石鼓雕塑

石鼓雕塑。书院内现有的石鼓立于入门右侧，高2.8米，直径1.6米。是1965年建设石鼓公园凿制的，已成为石鼓书院的标志，也是“石鼓三绝”中的“有鼓敲不响”。

孔子铜像

孔子铜像。整体紫铜铸造。高3.4米，重约1.8吨，当时造价 38 万元，配以 1 米高的黑石底座，儒雅、庄重，再现了中国一代圣人的风貌。孔子历来被尊为“先师”“圣人”，古代学生上课之前先要到孔子像前祭拜，然后再上课，以表达对这位圣人的尊重。

七贤雕塑。石鼓山南面的石鼓书院广场西侧，一鼓状巨石上屹立着神态举止各异的七位先贤的雕像，那就是闻名遐迩的石鼓七贤。他们分别是李宽、韩愈、李士真、周敦颐、朱熹、张栻、黄榦。

韩愈（768—824），唐代文学家、哲学家，位列唐宋散文八大家之首。河阳（今河南孟州南）人。字退之，自谓郡望昌黎，世称韩昌黎。贞元八年（792）进士，累官至吏部侍郎、京兆尹，卒谥文。永贞元年（805）由阳山令改江陵法曹参军，途经衡阳，尝游石鼓山。有《题合江亭寄刺史邹君》二十韵传世，世人叹为千古绝唱，亦成为石鼓书院肇创者李宽选定石鼓山构屋究学的诱因。

李宽，又作李宽中，字裕卿，唐陇西人氏。自幼尚儒学，习经义，虽饱学而不入仕。元和三年（808）至衡州，在石鼓山筑庐读书究学，始称读书堂，旋改称书院，招徒授业，实为石鼓书院之肇始。李宽亦因讲学石鼓定居衡州，开衡阳石鼓李氏一派并繁衍至今。元和五年（810）夏，衡州刺史吕温（772—811）尝登石鼓山造访之，有《同恭夏日题寻真观李宽中秀才书院》诗。

七贤雕塑

李士真，字子固，李宽后裔，衡阳石鼓李氏七世祖。宋至道（995—997）初登进士第，后绝意仕途，潜心向学。至道三年（997）援李宽故事请于郡守，以其私财在石鼓山李宽读书堂故址重建书院，以居衡之学者，并讲道其中。其所为系承前启后之举，得到朝廷褒奖及颁赐敕额，为石鼓书院得以延续千年并扬名天下奠定了基础。

周敦颐（1017—1073），北宋理学家。本名敦实，字茂叔，号濂溪，道州营道（今湖南道县）人。以荫入仕，曾知郴州，擢广南东路转运判官，移提点刑狱，后以疾求知南康军致仕。精于易学，为道学创始人，开宋明理学先河。自幼聪慧，少孤，依舅父龙图阁学士郑向居衡州读书。读书生活有多处，亦在石鼓书院附近，未知其是否有直接渊源，抑或渊源多深。在衡州究学经历，为其成为理学鼻祖奠定了坚实的学术基础。后以龙图荫补入官。

朱熹（1130—1200），南宋理学家、教育家。字元晦，号晦庵，亦号晦翁，别称紫阳，徽州婺源（今属江西）人。寓居建阳（今属福建）。绍兴十八年（1148）进士。尝三次监潭州南岳庙。绍熙五年（1194）除知潭州、荆湖南路安抚使。其哲学思想集理学之大成，被提到儒学正宗的地位。淳熙十四年（1187）应提刑宋若水之请作《石鼓书院记》，倡导以义理之学授徒，成为中国古代书院遵循的准则，在石鼓书院亦得到很好的传承。

张栻（1133—1180），南宋理学家。字敬夫，一字乐斋，号南轩。汉州绵竹（今属四川）人，迁于衡州。累官至右文殿修撰。为胡宏高足，湖湘学派主要代表人物之一。与朱熹、吕祖谦齐名，时称“东南三贤”。尝讲学石鼓书院，使石鼓书院成为湖湘学派创立及传播的重要阵地。作石鼓山《武侯祠记》《风雩亭赋》，并亲书韩愈《题合江亭寄刺史邹君》诗，刻碑嵌于合江亭壁。

黄榦（1152—1221），字直卿，号勉斋，宋福州闽县人。少时从朱熹学，后成为其女婿，并被朱熹视为道统继承人。以荫补官，历知新淦县、汉阳军、安庆府等，以大理寺丞转承议郎致仕。卒谥文肃，赠朝奉郎。提举湖南学事时，见石鼓书院经费拮据，即奏请朝廷，以公帑购置茶陵田 395 亩（一曰 350 亩）为石鼓书院学田，给养诸生。

组 织 管 理

一、办学理念——教学传道并重

石鼓书院创立于唐元和年间，衡阳秀才李宽在石鼓山上寻真观悉心读书，为书院之雏形。宋至道年间，李宽族人李士真在这里开堂讲学、广招弟子，使书院具备了教学与传播思想、学术交流的功能。这也成了石鼓书院近千年的办学理念，既招生授业，又讲学布道。

到了宋代，官学的弊端逐步显露，各级官学成了科举考试的附庸，把儒学倡导的“道”抛到脑后。理学家们认为，这是读书人的耻辱，于是，他们纷纷通过创办或利用书院来传播自己的思想。石鼓书院因先后两次获宋太宗、宋仁宗赐匾而独享尊荣，而诸多理学大师把这里作为学术交流与思想传播的平台则是其走向鼎盛的重要原因。

元朝一代，书院基本处于政府监控之下，石鼓书院，是少有的受统治者重视的书院。元时著名官宦学者奚汉伯颜、契玉立、李处巽、陈松年都题写过与石鼓有关的诗文胜景，石鼓书院在当时是享有盛名的。但南宋的自由讲学之风，已经荡然无存。

到了明代，石鼓书院再一次成为全国性的学术交流中心。其中一个关键人物就是湛若水。湛若水，字甘泉，属明儒理学的白沙学派，主张“随处体认天理”的理论。湛若水之所以对衡阳情有独钟，主要原因是他视南岳和石鼓书院为传播理学的圣地。他先后五次到石鼓书院讲学，高扬心学旗帜，湖湘学子慕名而至，极大地推动了心学对理学的变革，石鼓书院成为当时全国的学术中心。嘉靖十年，王阳明的弟子邹守益慕名而来，讲学石鼓书院，阐述“致良知”的思想，从学者蜂拥而至。石鼓书院作为“王湛之学”最重要的传播平台之一，众多一流的学术大师交相辉映，一时名重天下，形成了南宋之后的又一个鼎盛高峰。

到了清代，随着船山书院的新建和兴盛，石鼓书院的教育教学功能、学术交流传播功能逐渐式微。

二、教学活动——首开山长之制

山长制度。书院的主要负责人习称山长，亦称主讲。从宋代开始，山长负责制就在石鼓书院逐步得到确立。据相关资料考证，石鼓书院是全国著名书院之中首开山长之制的书院。元代正式设立山长一职，将其纳入官学体制，并明确讲学之外，总领书院事务。清代朝廷规定山长由督抚学臣从“本省邻省”“已仕未仕”中选择“经明行修足为多士模范者”，采取聘任制担任。山长掌教书院，一方面，山长就是书院的主讲，其他副山长、讲授等为副讲，书院的讲学内容和理念、学术研究和发展思路、外来学者交流会讲、学员考课奖惩等均由山长决定。另一方面，书院相关制度的建立和如何执行等也由山长最后定夺。山长在书院中的地位决定了山长必须学识渊博、操守清良。因此，历代朝廷都非常重视山长人选的确立，一般山长或由学官兼任，或由官府延请，遴选十分慎重严格。

山长代表。石鼓书院在宋代可考的几位山长中，哲宗元祐三年（1088）的王定民为衡阳县令权衡州州学教授，孝宗乾道八年（1172）的虞诘为衡州州学教授，孝宗淳熙十四年（1187）的山长系衡阳县主簿程洵代理，理宗淳祐七年（1247）的林耕为衡州州学教授等。

元时有记载的石鼓书院山长有邓大任、程敬直、王复、康庄等人。元时，为夺回被不法僧人强占的学田，石鼓书院历任山长率诸生一道诉诸官府。其中顺帝至元二年（1336）书院山长程敬直一句“所不复兹田者，有如二水”，斩钉截铁，掷地有声，给书院师生以极大的鼓舞。正是由于这些最牛的山长率领诸生长期不懈地抗争，最终收复学田，维护了书院的权益，才在中国书院史上为石鼓书院写下了独具魅力而又极具典范意义的一页。

明代衡阳石鼓书院的山长见于史乘、有据可稽的唯叶钊一人。叶钊（1468—1510），字时勉，号丰川，明江西丰城人。自幼聪慧，做人不务浮华。其一生好学，每公余回家，必读书至夜分，且无论寒暑，均正襟危坐，冠服不废。明弘治十四年（1501），江西乡荐第二，次年登进士第，授南京刑部广东司主事。视察应天府，览稽陈牍，核治讼狱。应天府豪家贵戚势力甚嚣，叶钊一举一动都受到掣肘，然其不畏权势和恐吓，秉公依法办事，且所稽敏断无留。时，守备中贵有夺芦洲田者，即判归于民。升员外郎。弘治十七年（1504）上书，陈言“一修君德，二止盗源，三禁民害，四清刑罚”。武宗立，应诏条陈八事，“一正君心，二选将材，三择权要，四用谠言，五守成宪，六崇大体，七绝异端，八革冗员”，直言任用宦官之弊，又请诏还前兵部尚书刘大夏（1436—1516），致遭权宦刘瑾（1451—1510）诬以断狱诖误，入京师锦衣卫狱，后被废为民。出狱后，叶钊涉洞庭，浮沅湘，登祝融之峰，息岳麓之野，游四方以求道。正德四年（1509）春，叶钊来到石鼓山探寻朱熹、张栻二夫子遗踪，为石鼓书院悠久的历史和丰富的人文内涵所动，遂决定留下主石鼓书院讲席。

石鼓书院最牛的山长还有清乾隆嘉庆间的余廷灿。余廷灿（1735—1798），字卿雯，号存吾，湖南长沙人。乾隆二十六年（1761），进士，授翰林院检讨，充《三通》馆纂修，常与纪昀、戴震切磋学问。善为古文，并通授时历法。掌教石鼓书院，馆规整肃，诸生勤奋勉力，教学秩序井然。一日，衡州协兵牧马于石鼓书院。余廷灿劝说无效，命生徒剪其马尾。兵弁回营告之副将，副将大怒，嗾使部卒到石鼓书院寻衅起哄，意欲羞辱书院师生。余廷灿据实告于道府，道府从中调停，最终罚副将向余廷灿及书院赔礼道歉方才了结。自是武衙弁卒方知书院之重，再也不敢恣意骚扰。

吴炯，清汉川人，举人。康熙四十六年 (1707), 任衡阳县训导。五十九年 (1720) 受湖南巡抚赵申乔委派移署石鼓书院任监院。吴炯监院石鼓，实则兼任书院山长。

王敔 (1650—1730)，字虎止，号蕉畦，清湖南衡阳人，明末清初思想家王夫之次子。雍正年间 (1723—1735), 初掌教石鼓书院，凡四载，传授船山学说，学者多从游焉。

宋蓟龄，字席云，清湖南衡阳县人。雍正七年 (1729) 应衡州知府陈沆之请主讲石鼓书院，以义理之学授徒，尤慎许与，至设誓以绝请托，书院风气肃然。

石鼓书院最后一位山长为曾熙。曾熙 (1861—1930)，初字嗣元，更字子缉，晚年号农髯，湖南衡阳人，光绪二十九年 (1903) 进士。曾熙自幼好学，诗文俱佳。书法得夏承碑和张黑女神髓，并受谷朗碑的影响，与李瑞清并为书坛领袖，时称“南曾北李”。光绪二十六年 (1900)，应湖南当局所请，掌教衡阳石鼓书院。讲授春秋公羊学说，阐明春秋大义，以自己的亲身经历教育诸生关心国事，图雪国耻。诸生多所启发，思想与学风焕然一新，对后来湖南学人亦产生了较大的影响。光绪二十八年 (1902)，石鼓书院改制，更名为衡阳高等学堂。曾熙尝应湖南当局所请，主持湖南推行新政、改革教育相关事宜，并先后担任湖南南路优级师范学堂监督、湖南教育学会会长多年，大力推行新学，培养了大量优秀人才。辛亥革命后，孙中山两次偕王闿运登门拜访，力请曾熙出山共商国是。曾熙认为富民强国重在培养人才，故力辞不出，坚持教育和学术事业。

朱熹曾与张栻畅游衡山，共同研讨理学话题。朱熹专门写了一篇《石鼓书院记》，对书院办学的指导思想、教学内容、教育重点、教学方法作了具体阐述。尤其是他倡导的将义理之学、修身之道作为书院的办学宗旨，为天下学子打开“入德之门”，以达到“明道义正人心”的教育目的，不仅为当时全国各书院所效法，而且对元、明、清之后的办学都有深刻的影响。朱熹与张栻将石鼓书院的声望推向了顶峰。见证朱熹、张栻与石鼓书院关联的是一块著名的三绝碑。所谓三绝，是指朱熹作《石鼓书院记》、张栻亲书《石鼓书院记》和韩愈《合江亭》诗文。后人依此镌刻石碑，置于石鼓书院内，名曰“三绝碑”。

衡阳石鼓书院部分山长、主讲名录（可考）

姓名	朝代	掌教时间	备 注
李士真	北宋	至道三年（997）	进士
陈 胄	北宋	熙宁五年（1072）	
王定民	北宋	元祐三年（1088）	衡阳县令权衡州州学教授
汪 澈	南宋	绍兴间（1131—1162）	衡州州学教授，官至枢密使
施 鼎	南宋	绍兴间（1131—1162）	衡州州学教授
苏总龟	南宋	乾道间（1165—1173）	衡州州学教授
虞 诘	南宋	乾道八年（1172）	衡州州学教授
戴 溪	南宋	淳熙十三年（1186）	南岳庙监，官至工部尚书，龙图阁学士
程 洵	南宋	淳熙十四年（1187）	衡阳县主簿
李 肃	南宋	淳熙间（1174—1189）	衡州州学教授
傅梦泉	南宋	绍熙间（1190—1194）	衡州州学教授
林 耕	南宋	淳祐七年（1247）	衡州州学教授
李 访	南宋	景定（1260—1264）初	不详
邓大任	元	世祖至元二十一年（1284）	不详
王复元	元	不详	不详
康 庄	元	泰定间（1324—1328）	不详
程敬直	元	顺帝至元二年（1336）	不详
李宥孙	元	至正七年（1347）	不详
金文海	元	至正间（1341—1370）	不详
朱仁仲	元	至正间（1341—1370）	不详
叶 钊	明	正德五年（1510）	进士，刑部员外郎
吴 炯	清	康熙五十九年（1720）	举人，训导
王 敌	清	雍正间（1723—1735）	贡生，明经候选训导

姓名	朝代	掌教时间	备 注
宋蓟龄	清	雍正七年（1729）	举人，湖北教谕
江 昱	清	乾隆二十一年（1756）	诸生，有“国士”之誉
李继圣	清	乾隆二十四年（1759）	举人，江西万年、广丰知县
林学易	清	乾隆二十六年（1761）	进士，授检讨
旷敏本	清	乾隆三十四年（1769）	进士，改庶吉士
潘世晓	清	乾隆间（1736—1795）	进士，衡州府儒学正堂
旷圣元	清	乾隆间（1736—1795）	副贡
罗廷彦	清	乾隆间（1736—1795）	进士，庶吉士
王光国	清	乾隆间（1736—1795）	举人，国子监学录
陈士雅	清	乾隆、嘉庆间	进士，官至礼部尚书
余廷灿	清	乾隆、嘉庆间	进士，翰林院检讨
罗 瑛	清	嘉庆间（1796—1820）	进士，选庶吉士
谭鹏霄	清	道光间（1821—1850）	进士，知县，充乡试
刘高阁	清	道光十二年（1832）	举人，兴宁教谕
常大湘	清	道光间（1821—1850）	举人，奉政大夫
刘祖焕	清	道光间（1821—1850）	进士，文水知县
徐锡溥	清	道光间（1821—1850）	不详
张少衡	清	道光二十一年（1841）至咸丰初年	进士，台湾同知
孙鼎臣	清	咸丰四年（1854）	进士，翰林院侍读
左宗植	清	咸丰、同治间	解元，内阁中书
蒋琦麟	清	同治（1862—1874）初	进士，顺天府尹
邹焌杰	清	同治八年（1869）	进士，监察御史
萧杞山	清	同治十年（1871）	
张启鹏	清	同治（1862—1874）间	举人
冯 梭	清	同治十二年（1873）	
王 楷	清	同治十三年（1874）	进士，云南普洱知府

姓名	朝代	掌教时间	备 注
邓传密	清	光绪间（1875—1908）	
李扬华	清	光绪五年（1879）	举人，兵部主事
左 斌	清	光绪间（1875—1908）	官至知州
莫重坤	清	光绪间（1875—1908）	举人
曾 熙	清	光绪二十六年（1900）	进士，与李瑞清在书坛并称“南曾北李”

三、学术学风——湖湘学派之源

石鼓书院是湖湘文化重要发源地。湖湘文化可追溯到先秦两汉时期的屈原、贾谊，但作为一种文化形态真正成形于南宋期间。从时间上看，湖湘文化的成形之时，正好是石鼓书院兴盛之际。石鼓书院发端于唐朝末年，是我国最早的书院之一，北宋时名列天下“四大书院”之一，南宋时更是集教育、学术、文化三大功能于一身。相对于湖湘文化，石鼓书院发端在前，发展在前，兴盛在前。唐、宋两朝，作为人才培养基地、学术研究阵地、文化传承平台，石鼓书院兴贤育德，化民成俗，英才辈出，成就斐然，为湖湘文化的兴起奠定了坚实的基础。

历经几十年的苦心经营，石鼓书院逐步建立并健全了讲学、祭祀、藏书、学田等规章制度，肩负授徒讲学、崇祀先贤、刊刻书籍、收藏典籍、传播文化、传承文明等历史重任，享有极高的美誉度和影响力，成为当时书院的典范，全国各地前来求学的人不绝于途。石鼓书院不仅留下了李宽、韩愈、李士真、周敦颐、朱熹、张栻、黄榦“石鼓七贤”的故事，还培育了众多的石鼓士子，积蓄了文化资源，树立了文化自信，为湖湘文化的兴起营造了文化氛围，搭建了文化平台。

南宋期间，石鼓书院作为书院典范，肩负人才培养、学术研究、文化传承等多重历史使命，并通过传承程朱理学和湖湘学大放异彩。借助《衡州石鼓书院记》，朱熹传扬理学思想，壮大理学队伍，扩大理学阵地，石鼓书院再度成为南宋书院的典范，文化地位进一步提升。当时书院与学术研究也呈现出一体化趋势，这促成了湖湘文化的兴起，也促成了石鼓书院成为湖湘文化的大本营之一。湖湘文化最初由湖湘学派胡安国、胡宏父子开创。随后，胡宏高足、湖湘文化集大成者张栻以岳麓、石鼓、城南等书院为基地，使湖湘文化最终确立并发扬光大。公元1168年，张栻应邀作《诸葛忠武侯祠记》，赞诸葛亮为“弘毅之士”，勉励石鼓学子见贤思齐，见德思齐，树仁义气节，怀武侯气度。从此，该精神高扬石鼓、高扬湖湘，日渐融入了石鼓学子、湖湘学子的日常行为之中，并成为一种根植于心的文化自觉，成为石鼓学子、湖湘学子的共识、追求和风范，对石鼓书院、湖湘文化产生了化及千年的影响。

石鼓书院与湖湘文化交融共长。一方面，石鼓书院成为养育湖湘学派、建构湖湘文化的大本营之一，石鼓学子成为湖湘学派的生力军，成为湖湘文化强有力的继承者、推动者和引领者。另一方面，石鼓书院借助于湖湘学派、湖湘文化再续辉煌，元朝成为朝廷在北方推行书院的标杆，明朝成为湖南最有生气的学术中心，清朝成为第一所被朝廷允许恢复开办的书院。作为湖湘文化的大本营之一，石鼓书院对于湖南文化、教育的普及，湖湘学派的扶持，湖湘人文精神的建构，湖湘文化的传播、继承与创新，发挥了积极的作用。

明代是石鼓书院的大发展时期。嘉靖年间（1522—1566），石鼓书院以开放的精神迎接新的学术大潮——王湛心学，前来传经论道的著名学者络绎不绝，如湛若水、邹守益、蔡汝楠、赵贞吉、茅坤等。石鼓书院学术活力空前高涨，学术氛围空前浓郁，再度开启了与学术研究交融之门，石鼓成为王（王阳明）学、湛（湛若水）学的传播阵地。石鼓书院也借王学、湛学盛况空前。

清初，石鼓书院作为第一所被朝廷允许恢复的书院闻名于世。清顺治十四年（1657），清政府以石鼓书院恢复开办为起点，从严禁设立书院到积极支持书院兴贤育才。以石鼓为代表的湖南书院英才辈出，思想家、政治家、军事家济济一堂，对当时政治、军事格局产生了重大影响。尤其是晚清，以“中兴之臣”彭玉麟为代表的石鼓学子，与曾国藩、左宗棠等岳麓学子一道，将湖湘文化推向华夏神州，尽显千年学府的文化底蕴。

石鼓书院与湖湘文化精神特质共通。无论石鼓书院作为湖湘文化的重要发源地之一，还是石鼓书院与湖湘文化的互生共长，两者的关系都是血脉相连、心气相通。历经千年互动，历经千年沉淀，石鼓书院与湖湘文化表现出诸多共通的精神特质，如心系天下的爱国情怀，传道济民的入世情怀，自由民主、融会贯通的人文精神，兼收并蓄、博采众长的开放精神。得益于石鼓师长、学子的千年传承和千年践行，这种精神日渐成为湖湘文化特有精神品质和思想内涵。

四、经费筹措——官助富捐之举

经费是书院赖以生存和发展的前提条件。书院基本职能所需刊刻和收藏典籍，按制祀典先圣先贤，必需的院舍，位斋生意的膏火钱、奖赏钱，所聘山长、教授及其经理、管事和斋夫门斗等的薪俸与之食，基本设备设施及其日常维护管理等，无不以资金物资为基础和根本保证，而资金的主要来源则是书院的学田租税。

衡阳石鼓书院最早的学田为宋景祐二年（1035）仁宗所赐学田5顷。其后，随着书院的不断发展，经费需求量的不断增加，学田租税的渠道亦不断拓宽。归纳起来，大致有以下几个方面：

官府扶助。淳熙十三年（1186），邑人廖行之（1137—1189）撰《石鼓书院田记》载，潘畤重修石鼓书院后，延揽教席，遴选诸生以为弟子员，筹措缗钱供给书院开支，制度十分完备。不久即考虑到，这种由官府筹资的做法终非长远之计，于是将官府登记在册而又荒废未种之田归于石鼓书院。由于采取了种种措施，当时书院学田达2240余亩。宋时，湖南提学黄榦莅衡视学，发现石鼓书院“芹藻地薄”，经费不济，奏请朝廷同意，以公帑购置官田助之。是田计395亩有余。由此可知，宋代后期石鼓书院学田至少有2640亩。

元代，石鼓书院在弥勒庄等处的学田官司，加上新城、祁阳、衡山等地被富室豪右隐匿侵夺的学田复归。明代以后，石鼓书院的官田陆续增加。

官司拨给。地方官府除动用库银为石鼓书院购置学田外，还采用将犯人赔赃田塘直接拨给石鼓书院的办法，资助书院办学。

官绅捐置。石鼓书院的学田，有些是地方官绅私人慷慨解囊，捐金购置的。

地租。除田产外，石鼓书院经费来源还有屋宇基地等租税。

莲实局税金。莲实即莲子，系衡阳土产，不仅产量大，而且品质好。

每年农历六月，农家将收获的莲实卖与铺户，永州、宝庆一带亦于衡阳交流，销售范围很广。由是，官家土豪便设行抽税。高人鉴以御史莅衡州知府任，创立莲实局，收其税津贴石鼓书院，增加正副课额膏火，评阅评卷，优给奖赏而规模愈扩。

官员捐俸考课。衡阳不少地方官员对石鼓书院的教学和生徒培养极为关注，他们不仅公余诣书院讲经论道，析疑解难，而且亲自考课诸生，严格赏罚。所需费用，则倾力解囊，捐俸为之。这种捐助，不以置田产屋宇的租税体现，但作为石鼓书院日常运作经费不可或缺的部分，为书院的发展起到了积极的推动作用。

石鼓书院的经费、学田有着严格的管理制度，宋时即“矩度甚设”，官府对此亦倍加关注。

五、学规训义——规范管理之道

中国古代书院在长期发展过程中，院舍规模不断扩大，功能日趋完备，生徒日益增加，而且管理逐渐完善。规约训义对书院生源、遴选标准、生徒学业和德行、日常制度及规费等均有详尽而严格的规定，是维持书院正常教学秩序的根本保证，也是书院管理规范化、制度化的体现。

石鼓书院的规约训义有山长规定、名师倡导和官府制定等，无不以延续湖湘学脉为要，呈现出不断制度化、规范化发展的脉络。

宋淳熙十四年（1187），朱熹撰写《石鼓书院记》，倡导以文理立学授徒，成为石鼓书院办学准则。书院内刊立许多《训义碑》。“脱去凡近，以游高明。勿为婴儿之态，而有大人之志。勿为终身之谋，而有天下之虑。勿求人知，而求天知。勿求同俗，而求同理。”“敬以直内，义以方外。”明代有邹守益所著《语石鼓诸生二十五篇》，对识性、求实、时习、笃行、慎独、戒慎、格物、致知等进行精辟阐述，成为诸生向学的至理名言。

至嘉靖二十八年（1549），知府蔡汝楠重整书院，订立规约，以学文敦行、辨志慎习、等伦常、识仁体训士。这些规矩是对《礼记·中庸》中博学之、审问之、慎思之、明辨之、笃行之学习思想的继承和发展。学文敦行，辨志慎习，强调学习方法和态度，要求学生要明辨义理，格物致知，积极参与社会实践，笃行真理；等伦常，识仁体，则强调学习目的。学习是为了了解和遵守封建等级制度，存天理，灭人欲，实现自我与外物、自然与人类社会相互融通。

清代更详具章程二十条，勒碑于书院嘉会堂。

六、社会往来——兴学济世之地

官吏讲学。石鼓书院肇创伊始，即得到地方官府及各级官员的呵护与扶持。千百年来，各级官吏中之贤明者亲临石鼓书院讲学释疑、考课诸生，将兴文教、振士风作为守土一方，厚民俗、淑人心的重要举措，并因此成为石鼓书院师资的重要组成部分。

宋代刘清之（1134—1190），临江人，徙居庐陵，字子澄，世称静春先生。高宗绍兴二十七年（1157）进士，由宜春主簿历官知宜黄县。以荐召对，论“古今未有俗不可变、弊不可革者”。历太常寺主簿、鄂州通判等职。孝宗（1162—1189）时，诸司荐知常州，上改衡州。知衡期间，重教化，废陈规，革陋习，多有惠政。衡州自建炎军兴，有所谓大军月桩过湖钱，每年送漕司达七八万缗。刘清之虑民不堪负，上疏朝廷，请求减免。又作《谕民书》，简而易从，每户一册，非理之讼，日渐衰息。为了振作士风，每月按期讲学石鼓书院。

明代李焘亦于石鼓书院有惠。李焘，生卒不详，明广东河源人，号斗野。进士出身。万历（1573—1620）中以部郎出知衡州。守衡期间，移风易俗，力行节俭。尝取四大礼度民所能行者辑为简仪，又手书司马温公训俭刊示民间。与此同时，勤于政事，注重调查，闾里恶少，皆密治其姓名奸状，一旦事发则历数之，人皆惊叹若神。关心并刻意扶植石鼓书院，制定各项规章制度，确立选定书院会长、会副及各类管事，政暇常诣书院，讲授四书五经时义，亲加考课点阅，并与诸生对食粗粝，以身示教。李焘升任离衡后，诸生思慕，立主尸祝于石鼓书院广益堂。

清代以后，讲学并有惠于石鼓书院的地方官吏中，高人鉴值得一书。高人鉴，清浙江钱塘人，号螺舟。道光六年（1826）进士，授翰林。清道光二十二年（1842）由御史出任衡州知府。守衡期间，对石鼓书院倾力培植。亲诣石鼓书院讲学，考课诸生，亲阅课卷，认真褒贬，有识人慧眼。其时，彭玉麟（1816—1890）就读石鼓书院，因膏火薄，不足自食，投衡州协标，充书识，复补马兵，得例支月饷，同时仍兼试书院，月可积钱三四千，乃从衡阳县渣江迎寡母王氏于衡州城中居住。高人鉴于副将署见彭玉麟牍稿，叹曰："此子当大贵，且有功名。"即召见之，令其入府署读书，并亲为课之（按：后来彭玉麟果然官至兵部尚书）。以彭玉麟的天赋，却因为家庭贫困、生徒膏火又不足自食而不能安心驻院攻读，当给了高人鉴极大的震撼。高人鉴创莲实局，收其税补贴石鼓书院，并增广生徒膏火，免除诸生后顾之忧，不致造成人才流失。为了满足石鼓书院生徒日增的需要，高人鉴还以修城捐项所余万金鸠工庀材，扩建书院号舍。然未几，高人鉴因修城浚池，朝夕视工，积劳成疾而卒于任，所遗万金为继任伍恂所吞，致使其事不果。直至20余年后的同治十年（1871），时任兵部右侍郎的彭玉麟捐金重修石鼓书院，扩建两庑号舍并各置重屋，方了却高人鉴未竟之愿，亦报了早年困窘时高人鉴的知遇拔识之恩。

在石鼓书院讲学的众多地方官员中，明嘉靖间（1522—1566）的衡州知府蔡汝楠和胡安尤为石鼓诸生和郡邑官绅称颂，"前有白石，后有乐山"一直为邑人津津乐道。

"前有白石"，所指为蔡汝楠。蔡汝楠（1516—1565），字子木，号白石，明浙江德清人。儿时听湛若水讲学，辄有解悟（一说"七岁从厥考夷轩翁师事阳明先生闻良知之学"，"为阳明先生之徒"）。中年潜心经学，与王守仁（1472—1529，别号阳明）高弟子钱德洪（1496—1574，人称绪山先生）和王畿（1498—1583，号龙溪）同为嘉靖十一年（1532）进士，习称"同年"，故"日相与切劘，密证深研，超然独诣"。登第后，始授行人，迁刑部郎，出守河南归德府，以丁忧归。起为衡州知府，擢四川按察副使。后参政江西，与邹守益、罗洪先游，学识益进。官至南京工部右侍郎。有《自知堂集》《说经札记》等。

"后有乐山"所指为胡安。胡安，字仁夫，号乐山，明浙江余姚人。嘉靖二十三年（1544）进士。三十六年（1557）以职方郎知衡州府。守衡期间，为民垦灾除暴，恪尽职守，唯恐弗及。胡安莅衡之初，恰逢头年大水，石鼓书院东、西两庑号舍及围墙崩塌，而修葺举工维艰。

胡安慨然以兴起斯文为己任，委托推官胡文孚董役，修治倾圮，号舍焕然一新。胡安博雅好儒，尤长于举业。政暇常诣石鼓书院讲学，与诸生扬榷经义。月课诸生，凡课文之皆逐一批改。诸生受其影响颇深，以致“湖湘举业一变而有江浙之体裁”。嘉靖间（1522—1566）石鼓书院之高足如朱炳如、王万善、廖汝恒、欧希稷等均先后师从蔡汝楠、胡安。诸生及官绅感其德，故“为之歌曰‘前有白石，后有乐山’”。

游讲学者。游讲学者是石鼓书院师资的重要组成部分。这些学者只是来书院与山长、主讲作短暂的学术交流、质疑讨辩，或举办学术讲座，或作专题讲学，并不长期驻院掌教席。然而由于他们均为名儒贤达，在学术领域里各有建树，每每让书院诸生接触到不同的学术观点和治学方法，拓宽究学的视野和思路，丰富自己的学识而备受欢迎，成为石鼓书院教学和发展不可或缺的因素。

石鼓书院的游讲学者当中首推朱熹和张栻。关于朱熹讲学石鼓，世有争议。

明理学家湛若水（1466—1560）是讲学石鼓书院的又一大儒。明万历《石鼓志·卷之上》载：“湛甘泉……至书院与督学应公会讲。”清乾隆《清泉县志·卷十七·人物志·流寓》亦称：“嘉靖甲辰年（即嘉靖二十三年，公元1544年）……兵巡潘子正请（湛若水）开讲于石鼓书院。”过了10年，即嘉靖三十三年（1554），湛若水复游衡州石鼓山，题诗讲堂壁间。其诗《石鼓书院讲堂题壁》云：“衡云烂睡六十日，江南痛饮蒸湘头。含情吊古无言说，石鼓无声江自流。”此次栖息石鼓山，湛若水尽管已90高龄，然“庞眉皓首，颜若童稚”，精神矍铄，敏锐依然，与石鼓诸生讲订一二，亦不是不可能的。

曾国藩（1811—1872）也曾来石鼓交流讲学。曾国藩尝于道光十四年（1834）就读岳麓书院，期间试辄第一，声名甚噪，十八年（1838）举进士，朝考一等第三名，进呈宣宗，拔置第二名，授庶吉士，名益显。次年出游路经衡阳时，尝寓居石鼓书院，盘桓数日。除会讲究学外，闲暇遍游石鼓山，对石鼓山势及周边环境细加观览，了然于心。后来选定在衡阳石鼓山一带训练湘军，创建湘军水师。

相关名人

一、汉晋

诸葛亮（181—234）。字孔明，三国琅琊阳都（今山东沂南南）人。以军师中郎将驻兵临蒸，督零陵、桂阳、长沙三郡，调其赋税，以充军实。曾居衡阳石鼓山，后人就其故宅建“武侯祠”祀之。张栻为此专门写就《武侯祠记》。

罗含（292—372），字君章，号富和，东晋衡阳郡耒阳县（今衡阳市耒阳市）人。思想家、哲学家、文学家、地理学家，中国山水散文的创作先驱。所著《湘中记》三卷是第一部关于湖南地理的著作。其中有关石鼓的记载：“石鼓在蒸口南，湘水西，叩之声闻数十里，此鼓今无复声。”

郦道元（约470—527），字善长，范阳涿县（今河北涿州市）人。北魏时期地理学家。郦道元的《水经注》中有关石鼓山的记载：“山势青圆，正类其鼓，山体纯石无土，故以状得名。《水经注》还有记载：

"县有石鼓，高六尺，鼓鸣，则土有兵革之事。"鼓响就有战争发生，因此就有了后来卢龙大力士将石鼓推进深潭的传说。

庾阐，字仲初，颍川鄢陵（今河南鄢陵西北）人。东晋时期文学家、官员。他在担任零陵太守时出游石鼓山作诗《观石鼓》：

命驾观奇逸，径骛造灵山。朝济清溪岸，夕憩五龙泉。
鸣石含潜响，雷骇震九天。妙化非不有，莫知神自然。
翔霄拂翠岭，绿涧漱岩间。手澡春泉洁，目玩阳葩鲜。

二、唐代

韩愈（768—824），字退之，河南河阳（今河南孟州南）人。自称"郡望昌黎"，世称"韩昌黎""昌黎先生"。唐代杰出的文学家、思想家、哲学家、政治家。韩愈与石鼓书院的渊源，是因其为方志史料所载登合江亭览胜之第一人。

合江亭自唐贞元间（785—805）经衡州刺史齐映创建、宇文炫"增其制"，之后十余年，登临观景者应不乏其人。然而，或因为名望有限，或因为未有赏景抒怀之作，或虽有咏叹却非上乘，史料未曾留下赏游者相关信息。直到永贞元年（805），韩愈的身影在合江亭出现才改变这一状况。韩愈的一首诗《题合江亭寄刺史邹君》将其本人定格在衡阳地方和石鼓书院的历史中，成为合江亭有姓名可考的最早的游客。正因为如此，韩愈的这首诗也就成为迄今为止所能见到的最早吟咏石鼓山合江亭的诗。全诗二十韵，曰：

红亭枕湘江，蒸水会其左。瞰临眇空阔，绿净不可唾。
维昔经营初，邦君实王佐。翦林迁神祠，买地费家货。
梁栋宏可爱，结构丽匪过。伊人去轩腾，兹宇遂颓挫。
老郎来何暮，高唱久乃和。树兰盈九畹，栽竹逾万个。
长绠及沧浪，幽蹊下坎坷。波涛夜俯听，云树朝对卧。
初如遗宦情，终乃最郡课。人生诚无几，事往悲岂那。
萧条绵岁时，契阔继庸懦。胜事谁复论，丑声日已播。
中丞黜凶邪，天子悯穷饿。君侯至之初，闾里自相贺。

淹滞乐闲旷，勤苦劝慵惰。为余扫尘阶，命乐醉众座。
穷秋感平分，新月怜半破。愿书岩上石，勿使泥尘涴。

诗人以高度洗练而又极具神韵的文辞，描述了合江亭所处独特的环境，地方官员创立、扩建合江亭的慧眼和睿智，合江亭的宏伟壮丽以及刺史邹君对贬官韩愈的热情接待。依韩愈刚直不阿的性格，诗中对奸佞恶吏也给予了无情的鞭笞。整首诗气势磅礴，格调隽永，挥洒自如，一经吟出，即为世人推崇和传诵，步其韵而和者代不乏人。有明一代，和者有冯麟、林俊、沈钟、邓淮、陈凤梧、颜鲸、邹守益、甘公亭、翁世资、黄希宪、庞泮、陈淑绍、王大韶、李大韶、杨三聘等。

和韩昌黎韵吟合江亭一诗辑入明万历《石鼓志》，特照录如下：

群峰映后前，二水抱右左。朱陵洞朗照，流泉急如唾。
峭拔孤峦高，环拱万象佐。城市真山林，廛井溷商货。
一亭秀插空，我舟恒兹过。于焉跻高眺，长啸惟我挫。
韩公遗咏存，阳春谁属和。文起八百衰，今古能几个。
我欣获历览，劳奔愧坎坷。独对此江流，倦来抱月卧。
有时梦不成，灯檠把诗课。疏散何所拘，适志更无那。
前修谁云往，第惧禀资懦。菲材临楚邦，皇言代宣播。
国计重运饷，近来坐困饿。草窃既芟夷，上下胥庆贺。
居安可思危，诸司察勤惰，咸秉辅翊心，翘然仰帝座。
使旋别江亭，完璧幸无破。竦然自珍重，可使片瑕涴。

齐映（743—795），高阳（今属河北省）人。贞元三年（787）任衡州刺史，建合江亭于石鼓山。韩愈《合江亭》诗云："维昔经营初，邦君实王佐。翦林迁神祠，买地费家货。"即指齐映。后人对合江亭甚多赞咏。《旧唐书》卷 136、《新唐书》卷 150 有传。

吕温（772—811），字和叔，别字化光。河东（今山西永济西南）人，德宗贞元十四年进士，曾任左拾遗，以侍御史为入蕃副使，使还转户部员外郎、刑部郎中等职，因与宰相李吉甫有隙，贬道州刺史，后徙衡州。有惠政，与南岳九真观田良逸等友善，乐道参玄。尝奉敕祭告南岳。有《吕衡州集》。《旧唐书》卷137、《新唐书》卷160有传。

李宽，亦作李宽中，衡州人，唐处士。元和（806—820）年间结庐衡州石鼓山寻真观为读书处。衡州刺史吕温撰有《同恭夏日题寻真观李宽中秀才石鼓书院》。石鼓书院始自此。光绪《南岳志》有其简传。

刘禹锡（772—842），字梦得，洛阳（今属河南）人。唐代著名诗人。曾在湖南寓居十年，两次经过衡阳、衡山，撰有《望衡山》《寄南岳灵彻上人》《哭吕衡州，时予方谪居》等诗。《旧唐书》卷160、《新唐书》卷168有传。

三、宋代

周敦颐（1017—1073），字茂叔，原名敦实，号濂溪，道州营道（今湖南道县）人。北宋五子之一，著名思想家、理学先驱。其母舅郑向，衡阳人，官至龙图阁学士，故宅在石鼓山西南。敦颐幼时就读舅氏家，及长，补任监主簿。衡州人因建濂溪书院于郑氏故宅。院址在衡州西湖，早废。《宋史》卷427有传。

胡铨（1102—1180），字邦衡，号澹庵，庐陵（今江西吉安）人。因上疏劾奏秦桧主和议误国，被贬送昭州管制。桧死，铨移衡州，寓居西湖寺，与衡士讲学，周览衡岳之胜。后人在集贤书院内置其神主，与李邺侯（泌）、韩昌黎（愈）、赵清献（抃）、陈忠肃（瓘）、周元公（敦颐）、胡文定（安国）、朱文公（熹）、张宣公（栻）合祀一堂。《宋史》卷374有传。

范成大（1126—1193），字致能，号石湖居士，南宋诗人，苏州吴县（今江苏苏州市）人。乾道八年（1172），由吴县出发到广西静江任知府，次年二月经过潭州，曾游南岳与石鼓书院，著《骖鸾录》，全书85条，其中有6条记游南岳的经过。乾道十年，他重游南岳。两次游岳诗作收入《石湖诗集》中。《宋史》卷386有传。

张栻（1133—1180），张浚之子，字敬夫，又字乐斋，号南轩。与朱熹、吕祖谦齐名，世称“东南三贤”。汉州绵竹（今属四川）人。幼受家教，长从胡宏，问学衡山。主持岳麓书院教事，从学者众，奠定了湖湘学派的规模。朱熹对其学问评价甚高，云其成就“足以名于一世”（《南轩集序》）。乾道三年（1167），与朱熹、林用中游南岳，吟诗唱和，汇成《南岳唱酬集》。后人于方广寺侧建二贤祠以为纪念，岳麓书院亦有朱张祠。

朱熹(1130—1200)，字元晦，后改仲晦，号晦庵，别号紫阳。徽州婺源（今属江西）人，因寄居建阳（今属福建）考亭，世称考亭先生。朱熹为南宋大儒，著名思想家、教育家、理学集大成者。乾道（1165—1173）初监南岳庙，讲学岳麓书院。乾道三年（1167）十一月偕张栻、林用中游衡岳，有唱和诗并《序》。绍熙五年（1194）任湖南安抚使，兴学岳麓，更建书院约百余间，广置学田额以处四方游学之士。由是学者云集，湖湘正学远播。曾撰写《石鼓书院记》。曾讲学石鼓书院。《宋史》卷429有传，另见卷34-39、41-46、51、67、81、100、105、114、122、125、131、142、153、202-205、247等。

李芾（？—1276），字叔章，湖南衡州（今衡阳市）人，年幼聪敏，勤奋好学，十九岁以荫补南安司户，历任祁阳尉、湘潭知县、永州知州等地方官。咸淳元年（1265）因不附贾似道被罢黜。不久，被起用为潭州知府，兼湖南安抚使。德祐元年（1275），元将阿里海牙围困潭州，李芾率诸将士与城内居民一道御敌，奋战三个月，终因兵尽粮绝，城被攻破。李芾令属下杀其全家与其本人，以身殉国。后追谥为忠节公。衡州市民在石鼓山建“李忠节公祠”祭祀。著作有《南岳衡山记》。《宋史》卷450有传，另散见于卷46、47、411、474。

四、元代

邓大任、程敬直等。元朝石鼓书院田产于至元十九年（1282）为灵岩寺僧强占，经邓大任、王复、康庄、程敬直等历任山长长达62年的争讼，才得归还。

傅若金（1303—1342），字汝砺，后改字与砺，又字文可。新喻（今江西新余）人。元代诗人，有《傅与砺文集》，中收《衡府判于公复学田序》。

五、明代

湛若水（1466—1560），字元明，号甘泉。广东增城人。明理学家，官至南京吏、礼、兵三部尚书。少从学于陈献章。初与王守仁同讲学，后各立门户。嘉靖辛丑（1541），时年七十五岁，第一次游南岳，因遇雨未上山，作《神游南岳》组诗11首，怅怅而返。嘉靖甲辰（1544），年七十八岁，受武陵蒋信之约请，携门人第二次游岳，于衡岳讲堂（即甘泉书院）为门人和衡州学人讲学。尝为衡阳祝泳撰《岣嵝书堂铭》。嘉靖丙辰（1556），时已九十岁，又第三次游岳。舟泊石鼓，题诗讲堂壁间。《明史》卷293有传。

王守仁（1472—1529），原名云，后更名守仁，字伯安，别号阳明子，学者称阳明先生。浙江余姚人。明著名理学家，宋明时期心学集大成者。官至南京兵部尚书。正德（1506—1521）间，因忤逆宦官刘瑾，谪贵州龙场驿丞，道经湘中，吊屈原、贾谊，于岳麓书院讲学。至嘉靖（1522—1566）初，复与其徒钱德洪等游南岳，后于南岳、石鼓等处为衡州学者讲学，从者百余人。《明史》卷195有传。

邹守益（1491—1562），字谦之，号东廓，学者称东廓先生。明理学家。江西安福人。官至南京国子祭酒。免官以后来南岳，主教石鼓书院，于南台寺侧建东廓书院，宣扬王阳明的"致良知"学说，从者甚众。《明史》卷283有传。

刘稳，字朝重，号仁山，湖南酃县（今炎陵）人。官至南京太仆寺卿。告归后，结庐衡山。又构精舍于回雁峰之麓，凿石为洞，日宴坐其中，巡抚赵贤题曰"龙雁书院"，因自号龙雁山樵。

曾朝节（1534—1604），字直卿，号植斋。衡州人。官至礼部尚书。万历十九年（1591），首倡于石鼓山下侧建来雁塔。晚年退出官场，回归故里，足迹遍南岳各景区。写有《游观音岩》《流杯池观泉》《宿方广寺》《南台即事》《九仙观址》《甘泉书院》及《从学记略说》等诗文。研讲王阳明、湛甘泉心学，与胡直、王龙溪、伍让、刘稳、刘尧诲等切磋学问，并置义田为办学之用。

蔡汝楠，字子木，号白石。湖州德清人。官至河南巡抚。任衡州知府时，重视书院建设，延揽理学大师至石鼓书院讲学，衡州人曾建白石书院以为纪念。他喜山水，曾遍游衡岳，赋诗多首，但均已不存。他重新刻印了唐代李冲昭撰写的《南岳小录》，并为之作《序》，此书已收入《四库全书》。《中国人名大辞典》载有简介，另见《明史》

卷 287。

邓云霄，字虚舟，一说字玄度，广东东莞人。明嘉靖（1522—1566）中任衡郴兵备副使，曾遍游南岳名胜，重编《南岳志》。现存有其记游诗七律、绝句多首。见光绪《南岳志》卷 12。

徐霞客（1587—1641），名弘祖，字振之，号霞客。南直隶江阴（今属江苏）人。明地理学家。崇祯十年（1637）正月二十一日来南岳游览考察。在岳七天，先后游览了水帘洞、九真洞、半云庵、湘南寺、南天门、观音岩、祝融峰、会仙桥、龙池、福严寺、明道山房、天台寺、方广寺等名胜。对石鼓书院同样评价很高，记载甚详。并将其经过载入《楚游日记》中。

六、清代

王夫之（1619—1692），明末清初著名思想家。字而农，号姜斋，晚年居衡阳石船山，世称船山先生。出生于回雁峰下王衙坪（今衡阳市城南区）。曾求学于石鼓书院。明崇祯壬午（1642）举人，官南明行人司行人。王夫之一生著述极丰，有各种著作百余种，共四百余卷，八百多万字。《清史稿》卷 180 有传，另见《明遗民录》《小腆纪传》《明诗纪事》《国朝先正事略》《碑传集》《清人文集别录》等。

赵申乔（1644—1720），字慎旃，光绪《南岳志》云字松伍，武进（今属江苏）人。康熙四十四年（1705）以偏沅巡抚奉旨修南岳庙，至四十六年告成。其庙貌崇宏，皆其所经划。同时，为迎康熙帝南巡，又将胜业寺扩建为行宫，后改为祝圣寺。其寺规模风貌，保持至今。《清史稿》卷 263 有传。

旷敏本（1699—1782），字鲁之，号岣嵝，衡山县人。清乾隆丙辰（1736）进士。曾任岳麓、石鼓书院山长。撰有《岣嵝集》《岣嵝诗文草》《岣嵝韵语》《岣嵝鉴撮》《韵笺》《周易启蒙》《禹贡发蒙》《仿古吟》《岣嵝山杂志》等著作，并重修《南岳志》。光绪《南岳志》有载。

魏源（1794—1857），原名远达，字默深。湖南邵阳人。清末思想家、文学家。爱游览名山大川。年轻时，曾游览南岳，写有《衡岳吟》七律一首、《衡岳》五律二首。云“唯有南岳独如飞”，形神兼备，道前人所未道。《辞海》《中国近现代人名大辞典》载有简介，《清史稿》卷 486 有传。

彭玉麟（1816—1890），字雪琴，晚年自号“退省庵主人”。衡阳县人。官至兵部尚书。曾于石鼓书院读书，在蒸水畔操练湘军水师。同治十年（1871）倡捐千金重修石鼓书院，使千年学府再焕青春。《清史稿》卷 410 有传。公元 1871 年，又为“来雁塔”题写塔名。

七、近现代

曾熙（1861—1930)，衡永郴桂道衡州府（今衡阳）人。字季子，又字嗣元，更字子缉，号俟园，晚年自号农髯。中国杰出的书法家、画家、教育家，海派书画领军人物。清光绪二十九年(1903)进士，官兵部主事、提学使、弼德院顾问，先后主讲衡阳石鼓书院、汉寿龙池书院，任湖南教育会长。工诗文，擅书画。书法自称南宗，与李瑞清的北宗颉颃，世有“北李南曾”之说。

夏明翰（1900—1928），字桂根，湖南省衡阳县人，出生在湖北秭归，12 岁随全家回乡。1917 年，出身豪绅家庭的夏明翰违背祖父心愿报考新式学校。1919 年在衡阳参加学生爱国运动。曾在石鼓书院短暂学习。1924 年任中共湖南省委委员，并负责农委工作。1925 年兼任中共湖南区委组织部部长、农民部部长和中共长沙地委书记。极力主张武装农民。1927 年春，任全国农民协会秘书长兼武汉中央农民运动讲习所秘书。6 月，调回湖南，任中共湖南省委委员兼组织部部长。中共八七会议后，在湖南积极参加组织秋收起义。10 月，兼任中共平（江）浏（阳）特委书记。1928 年初，调任中共湖北省委常委。同年 3 月，在汉口被敌人逮捕。1928 年 3 月 20 日，夏明翰在武汉汉口余记里被杀，时年 28 岁。夏明翰是无产阶级革命家，革命烈士。2009 年被评为“100 位为新中国成立作出突出贡献的英雄模范人物”。

谢彬（1887—1948），名作法，字兰桂，号晓钟，衡永郴桂道衡州府清泉县东阳石桥（今衡阳市蒸湘区雨母山乡群益村）人，生于衡阳县金兰镇，为辛亥革命元老、中国著名爱国学者、教育家、经济学家、旅行家、著作家。历任广州革命政府经济顾问、国民革命军第六军秘书长、第八军秘书长和湖南省政府秘书长、陆海空军抚恤委员会中将委员、军事参议院中将参议兼代行院务、衡阳船山中学(今衡阳市一中)校长。毕生著述20余种，1000余万言，出版14种，《新疆游记》《中国关税史》为其代表作。

王祺（1890—1937），字淮君，又号思翁，别署醁散，中国民主革命先驱、政治家、教育家、书画家、地政学者。衡永郴桂道衡州府衡阳县西乡狮子桥东田冲斗牛山(今衡阳县石市乡东田村)人。16岁在石鼓高等学堂读书时，加入同盟会，参加过辛亥革命、武昌起义、讨伐袁世凯、北伐战争，历任中华民国内务部秘书，中华革命党湖南省支部参议，湖南护国军总司令部秘书长，广州中华民国军政府秘书，北伐军第六军秘书长，湖北省政府委员兼农工厅长、水利局局长，国民党中央党部训练部秘书，湖南省政治委员兼治淮委员，国民党第四届候补中央执行委员、监察委员，第三届立法委员，国民党“五大”被选为国民党中央执行委员，参与起草《五五宪章》。

屈子健（1890—1983），号天壁，湖南省衡阳县人。出身寒门，祖辈均系贫苦农民。父亲帮人做杂役，辛苦卑微一生。1911年毕业于湖南省立优级师范理教科。武昌起义成功后长沙随之光复，屈曾与同盟会会员刘思尚等在衡阳草桥一带集合数百人响应起义。随后入上海立信会计学校习会计一年。1913年起，屈先后执教于衡阳衡郡联合中学、湖南省立第三师范学校。1949年初，屈在衡阳参加“新民主主义联合会”，与中共地下党组织取得了联系。4月加入民盟，曾参与策动衡阳市市长和警察局局长起义。1951年，民盟衡阳市分部正式成立，屈被推为主委。其后相继当选为第一届湖南省人大代表，第一届、四届、五届湖南省政协常委，衡阳市政协副主席。

石鼓书院生徒选录

姓 名	朝代	时 间	备 注
王居仁	南宋	乾道间 (1165—1173)	进士，隐居不仕，尝掌教常宁东芹书院
祝 咏	明	正德间 (1506—1521)	进士，陕西布政司左参政
王 询	明	正德间 (1506—1521)	通判
欧阳迁	明	正德间 (1506—1521)	举人
李 誉	明	嘉靖间 (1522—1566)	进士，李宽后裔
曾朝节	明	嘉靖间 (1522—1566)	探花，礼部尚书，充东宫侍讲
伍定相	明	嘉靖间 (1522—1566)	名儒，入祀乡贤
刘尧诲	明	嘉靖间 (1522—1566)	进士，南京兵部尚书
王万善	明	嘉靖间 (1522—1566)	解元
廖汝恒	明	嘉靖间 (1522—1566)	举人，湖口知县
欧希稷	明	嘉靖间 (1522—1566)	进士，河南右布政使
王大韶	明	嘉靖间 (1522—1566)	举人，泗州知府
曾 乔	明	嘉靖间 (1522—1566)	贡生，潞南知州
朱炳如	明	嘉靖间 (1522—1566)	进士，陕西左布政使
刘 稳	明	嘉靖间 (1522—1566)	进士，南京太仆寺少卿
彭玉麟	清	道光间 (1821—1850)	兵部尚书
彭 述	清	同治间 (1862—1874)	传胪，都察院御史
李吟秋	清	光绪 (1875—1908) 末	孙中山总统府顾问，预选湖南省省长

历代游览石鼓胜迹名贤选录

姓 名	朝代	时 间	备 注
诸葛亮	东汉	建安十三年 (208)	刘备麾下军师中郎将
庾 阐	东晋	咸康六年 (340)	零陵郡太守
罗 含	东晋	建元 (343—344) 前后	长沙相，江左名士
郦道元	北魏	约宣武帝 (499—515) 前后	地理学家，散文家
刘长卿	唐	大历间 (766—779)	诗人，官终随州刺史
齐 映	唐	贞元三年 (787)	以宰相贬衡州刺史
宇文炫	唐	贞元十七年 (801)	衡州刺史
韩 愈	唐	永贞间 (805)	文学家，唐宋八大家之首
吕 温	唐	元和间 (806—820)	才子，衡州刺史
柳宗元	唐	元和十年 (815)	文学家，唐宋八大家之一
刘禹锡	唐	元和十年 (815)	文学家，哲学家
张齐贤	北宋	太平兴国间 (976—984)	官至宰相
范成大	南宋	乾道九年 (1173)	诗人，中书舍人，参知政事
张 栻	南宋	绍兴二十年 (1150)	理学家，湖湘学派创始人之一
张孝祥	南宋	绍兴间 (1131—1162)	词人，荆湖北路安抚使
辛弃疾	南宋	淳熙间（1174—1189）	知潭州兼湖南安抚使
赵汝鐩	南宋	嘉定间 (1208—1224)	诗人，温州知府
刘克庄	南宋	嘉定至绍定间 (1208—1233)	工部尚书兼侍读，龙图阁学士
文天祥	南宋	咸淳九年 (1273) 前后	右丞相兼枢密使
黄清老	元	顺帝间 (1333—1368)	湖广儒学提举
契玉立	元	顺帝至正间 (1341—1370)	海北海南道肃政廉访使
谢 宇	明	成化间 (1465—1487)	兵部尚书
黄廷用	明	嘉靖间 (1522—1566)	工部右侍郎
陈宗契	明	天启 (1621—1627) 前后	兵部右侍郎

续表

姓名	朝代	时间	备注
徐霞客	明	崇祯十年(1637)	地理学家、旅行家
朱常瀛	明	崇祯间（1628—1644）	桂王
王夫之	清	顺治间(1644—1661)	思想家
洪承畴	清	顺治间（1644—1661）	以兵部尚书总督江南军务
曾国藩	清	咸丰四年（1854）	时任礼部侍郎
彭玉麟	清	同治十年（1871）	时任兵部右侍郎
王闿运	清	光绪间（1875—1908）	鸿儒、翰林院检讨加侍读衔

诗文拾遗

一、诗词名篇

观石鼓

〔晋〕庾阐

命驾观奇逸，径骛造灵山。
朝济清溪岸，夕憩五龙泉。
鸣石含潜响，雷骇震九天。
妙化非不有，莫知神自然。
翔霄拂翠岭，绿涧漱岩间。
手澡春泉洁，目玩阳葩鲜。

合江亭

〔唐〕韩愈

红亭枕湘江，蒸水会其左。
瞰临眇空阔，绿净不可唾。
维昔经营初，邦君实王佐。
翦林迁神祠，买地费家货。
梁栋宏可爱，结构丽匪过。
伊人去轩腾，兹宇遂颓挫。
老郎来何暮，高唱久乃和。
树兰盈九畹，栽竹逾万个。
长绠汲沧浪，幽蹊下坎坷。
波涛夜俯听，云树朝对卧。
初如遗宦情，终乃最郡课。
人生诚无几，事往悲岂那。
萧条绵岁时，契阔继庸懦。
胜事谁复论，丑声日已播。
中丞黜凶邪，天子悯穷饿。
君侯至之初，闾里自相贺。
淹滞乐闲旷，勤苦劝慵惰。
为余扫尘阶，命乐醉众座。
穷秋感平分，新月怜半破。
愿书岩上石，勿使泥尘涴。

题寻真观李宽中秀才书院

〔唐〕吕温

闭院开轩笑语阑，江山并入一壶宽。
微风但觉杉香满，烈日方知竹气寒。
披卷最宜生白室，吟诗好就步虚坛。
愿君此地攻文字，如炼仙家九转丹。

合江亭

〔宋〕范成大

石鼓郁嵯峨，截然踞沧洲。
有如古盟主，勤王会诸侯。
蒸湘伯叔国，禀命会葵丘。
敢不承载书，戮力朝宗周。
混为同轨去，崩奔不敢留。
宜哉百谷王，博大无与俦。
毡毳昔乱华，车马隔中州。
未闻齐晋勋，包茅责诛求。
威文亦宏规，尚取童子羞。
安知千载后，但泣新亭囚。
我题石鼓诗，愿言续春秋。

石鼓书院

〔宋〕范成大

古磴浮沧渚，新黉锁碧萝。
要津山独立，巨壑水同波。
俎豆弥文肃，衣冠盛事多。
地灵钟杰俊，宁但拾儒科。

诸葛武侯画像赞

〔宋〕张栻

惟忠武侯，识其大者。
仗义履正，卓然不舍。
方卧南阳，若将终身。
三顾而起，时哉屈伸。
难平者事，不昧者几。
大纲既得，万目乃随。
我奉天讨，不震不竦。

维其一心，而以时动。
噫侯此心，万世不泯。
遗像有严，瞻者起敬。

游石鼓观湘水

〔宋〕程洵

按行又复到江干，近水遥山照眼寒。
从此潇湘在胸次，不须更向画图看。

合江亭二首

〔宋〕文天祥

其一
天上名鹑尾，人间说虎头。
春风千万岫，合水两三洲。
客晚惊黄叶，官闲笑白鸥。
双江日东下，我欲赋扁舟。
其二
西楚惊鸿晚，东淮落木秋。
蒸湘今石鼓，句宛古宣州。
白日聊清赏，青山总旧游。
不知沧海水。何处接天流。

石鼓书院

〔元〕契玉立

石鼓崇黉馆，朱陵起洞房。
逶迤环二水，错落翳群芳。
衿佩来游艺，川原慨战场。
遗祠重关葛，流演发朱张。
风堕松花老，秋余桂子香。
飞甍琼玉岛，巍殿水晶乡。

雾敛东岩旭，寒侵曲栈霜。
丹枫翚蜃阁，青草跨虹梁。
绿水浮文鲤，高冈集彩凰。
禹门翻锦浪，虞陛览朝阳。
窃药窥蟾迹，攀萝散鹭藏。
题诗镵石翠，把钓荐橙黄。
抔饮窊尊古，巢居树幄凉。
湘波澄碧镜，岳黛出新妆。
采菊堪充茹，纫兰欲佩裳。
岭云招隐约，滩濑自宫商。
按节休清旷，征帆度渺茫。
惊乌非匝绕，回雁谩翱翔。
城郭凌烟紫，林峦带晚苍。
归与桥市月，渔唱起沧浪。

石鼓书院讲堂题壁

〔明〕湛若水

衡云烂睡六十日，江南痛饮蒸湘头。
含情吊古无言说，石鼓无声江自流。

朱张祠书怀示同游二首（其一）

〔明〕王守仁

林间憩白石，好风一时来。
春阳熙百物，欣然得予怀。
缅思两夫子，此地相徘徊。
当年靡童冠，旷代登崇阶。
高情讵今昔，物色遗吾侪。
顾谓二三子，取瑟为我谐。
我弹尔为歌，尔舞我与偕。
吾道有至乐，富贵真浮埃。

若是成大化，匆愧点与回。

石鼓书院

〔明〕邹守益

宇宙一逆旅，驱车慎无左。
鸾凤乃脍炙，豹狼或笑唾。
卓矣卧龙翁，抱膝睨王佐。
向非鱼水欢，椟玉岂易货。
督饷出三湘，云鸟时一过。
炎德虽未恢，忠贞讵肯挫。
后来子韩子，古调亦寡和。
赤帜排佛老，魏晋能几个。
山阳与海潮，百折甘坎坷。
廓清评武事，老罴当道卧。
南渡得朱张，绝学最上课。
元气天所培，伪禁理则那。
太极剖南山，贲育鼓群懦。
譬彼百亩灾，悯悯勤种播。
岂无来牟积，拯此洚水饿。
艾齿始岳游，逢奇辄自贺。
怀古追千里，中道敢云惰。
邦君时虚席，群彦粲盈座。
九合器犹小，千驷梦已破。
稽首江汉诀，皓皓安可涴。

石鼓诸生李孟彰、王大韶、谭汝赓、徐应南、彭良臣、陶宾中式，诗以咏之

〔明〕蔡汝楠

紫微秋晓五云开，衡郡联翩六子来。
听讲旧筵希鼓瑟，迎宾新燕共登台。

文星早见朱陵聚，桂树何年赤帝栽。
三楚古来闻国士，绛纱帷下更多才。

石鼓藏修道业成，谈经端不事虚名。
人言此日看鹏运，予亦重来听鹿鸣。
白屋并逢明世显，宝珠那有暗投惊？
还知无愧王文正，岂为登科负此生。

郡大夫招饯石鼓书院，联舟泛江，乐甚，赋此纪之

〔明〕曾朝节

湘江张乐蔽中流，何异神仙海上游。
诘旦驱车人万里，清秋出祖郡诸侯。
东西雅奏骊驹曲，上下光浮彩鹢舟。
旋取鲤鱼供佐酒，夜深石鼓共登楼。

摸鱼儿·石鼓江山（《潇湘小八景词》之二）

〔明〕王夫之

瞰蒸湘，曲影双清，流下洞庭秋远。危崖突兀玉峰寒，界破苍流一线。谁许见，只鲛宫，金绳夜拥鱼龙怨。画船歌扇。对笑水江花，窥楼晕月，惹尽流霞片。

行乐地，记取韶光迅转，画栏彩笔题遍。云杳潇湘千顷碧，瞥眼武陵溪畔。君莫羡。君不见，渔阳挝断霓裳宴。沧桑已变。想眉黛娇青，眼波凝绿，不是旧时面。

摸鱼儿·朱陵仙洞（《潇湘古八景》之七）

〔明〕王夫之

向苍崖，笛声吹裂，斜阳一片危岸。江流北泻雁南征，洞里春光无算。星灿烂，都应是，云中剑舞珠光按。花蹊棋馆。留满地苍苔，数峰烟树，掷与人间看。

仙户启，石乳倒垂银蒜，空山翠杳天半。百花桥阻玉壶远，谁

倩鸳鸯低唤。君莫叹，君不见，彤云故锁三山断。罡风吹散。想华表鹤归，天台人返，怕见人民换。

蝶恋花·石鼓危崖（《潇湘十景词》之五）

〔明〕王夫之

蒸水东流湘水北，一曲沧浪，映带青山色。旧是朱陵仙洞客，鹤归不向乌衣国。

江树迷离潭影侧，画槛筠帘，梦断春消息。击鼓冯夷寻未得，馋龙怪舞云生墨。

宋席云柬邀偕修邑乘，卧疴石鼓山下，和昌黎韵述怀

〔清〕王敔

良史翼麟经，千秋称国左。
班马继后尘，魏姚拾残唾。
嗣起六一公，可称参贰佐。
直洗百斛尘，不重千艘货。
南宋与金元，企望孰能过。
如何墨沈余，能免笔锋挫。
晨华经夕萎，于唱喍喁和。
猬踪沙画梅，鸡蹋泥印个。
文心无曲折，琢字成磊砢。
黑夜幻魅形，白日令人卧。
可知鸣豫穷，未受击蒙课。
洗砚不能净，含毫遂无那。
我生虚岁月，垂老益衰懦。
恶乎名可成，甘为世所播。
缭戾早戒寒，吐弃晚成饿。
以此老冯唐，贻嗤少李贺。
吾友志砭庸，叠笺足警惰。
食旰安邑馆，携杖明府座。

楚机敢修明，晋乘理残破。
加飧不努力，汗浃苎衣涴。

石鼓书院怀古追和昌黎先生原韵

〔清〕罗廷彦

孤亭控双江，丰碑峙右左。
鸿词似珠玉，纷纷霏咳唾。
缅维昌黎伯，謇谔实贤佐。
抗疏斥异端，义同远色货。
忠言主不寤，窜逐罚殊过。
南夷苦瘴疠，壮志独无挫。
崎岖越乡县，行吟孰酬和。
扬舲吊湘娥，斑竹森个个。
灵均及贾傅，后先同坎坷。
靡盬为王事，未肯学高卧。
至今岭海南，美绩尚堪课。
惜当师道废，蒿目真无那。
不有朱与张，谁为振颓懦。
坠绪费追寻，微言赖传播。
孜孜广教育，功胜拯寒饿。
我生郅治世，明良四方贺。
年衰谬通籍，乞归志颇惰。
蝎来开讲帷，时对江亭座。
狂澜冀可回，奥窔苦难破。
邈哉百世师，皓皓谁能涴。

合江亭和江松泉韵

〔清〕欧阳正焕

年来心迹付名山，买得扁舟乞放闲。
上下湘流天一幕，风光应在草庐间。

望中亭榭镜中山，输却渔翁把钓闲。
那得朱陵仙洞药，归来烹向白云间。

游石鼓书院二首

〔清〕聂铣敏

偶出城闉便豁然，双流如镜写春烟。
白沙岸上明官路，翠竹荫中聚客船。
岩壑数重全傍水，楼台几折半参天。
朱张高躅浑如昨，长被流风听诵弦。

十字栏杆一径通，江亭云树郁茏葱。
诗寻秘洞荒蹊畔，人在山光水色中。
遗庙犹能存汉祀，灵岩曾说驻仙翁。
韩碑终古无尘涴，倒影澄潭净碧空。

江亭春望

〔清〕饶泰

雨霁江明暮色迟，红亭登眺景依稀。
平堤柳暗迷青陌，隔岭烟浓锁翠微。
时有琴尊临水槛，不劳竿饵坐苔矶。
乡心枨触云天外，春到衡湘雁独归。

江亭晚眺

〔清〕贺夔

极目江皋暮景赊，湘波杳渺接天涯。
帆随远渚迎斜日，鸟去长空带落霞。
却羡岩头留钓客，为怜岸曲有残花。
凭栏欲写伤春意，无恙溪山感鬓华。

石鼓山谒武侯祠

〔清〕周学濂

闷宫仿佛锦城游，碧草黄鹂春事幽。
此地祷祠同沔上，当年转饷比鄼侯。
皇图毕竟终西土，湘水于今向北流。
太息三分何处是？宗臣俎豆自千秋。

石鼓书院新定八景诗（八首选四）

〔清〕江青枫

塔影凌空

悬崖塔影势玲珑，万顷洪流砥柱中。
会看凌云题雁字，一枝文笔插天空。

开轩待月

曲槛疏棂四扇开，座中有客驾云来。
停琴久驻空山里，直待圆光顶上回。

长桥烟雨

轻烟漠漠雨潇潇，一幅江城淡墨描。
得过升仙从此去，且容骑马坐题桥。

古壁留题

绝壁空青乳窦流，攀崖独自费冥搜。
苔深印去高人迹，刺史犹余姓字留。

石鼓书院听读书声

〔清〕吴山青

湘江屹石鼓，江亭镇南土。
古调吟山色，清音咽秋雨。

遥遥溯伊人，落落望庭宇。
绿树净尘氛，深山藏龙虎。
触我怀旧心，奋衣欲起舞。
皎皎洞庭月，绵绵照千古。

春夜大观楼闻笛

〔清〕李舒锦

谁家残笛度夷犹，响入危栏韵未休。
为听大篴小篴曲，不知蒸水湘水流。
催残旅思船收缆，透出吟怀客依楼。
一样团圞近夜月，故园阶上有人愁。

访石鼓书院

〔清〕谢芳润

济济英才聚此山，偶缘寻友切登攀。
莫嫌舟子谊哗甚，忙者自忙闲者闲。

夜泊石鼓书院下

〔清〕杨恩寿

两水汇蒸湘，中流一苇航。
江山余唾绿，鼓角破昏黄。
石鼓传高咏，明师开讲堂。
谁为韩吏部，日月焕文章。

朱陵仙洞

〔清〕田宗湞

朱陵洞里王十八，卖菜得钱养两亲。
未识神仙佳种子，并同栽法付何人。

二、记赋章程

衡州新学记

〔宋〕张孝祥

先王之时，以学为政。学者政之出，政者学之施，学无异习，政无异术，自朝廷达之郡国，自郡国达之天下，元元本本，靡有二事。故士不于学，则为奇言异行，政不于学，则无道揆法守。君臣上下，视吾之有学，犹农之有田，朝斯夕斯，不耕不耘，则无所得食，而有卒岁之忧。此人伦所以明，教化所以成，道德一而风俗同。惟是故也，后世之学，盖盛于先王之时矣。居处之安，饮食之丰，训约之严，先王之时，未必有此。然学自为学，政自为政，群居玩岁，自好者不过能通经缉文，以取科第。既得之，则昔之所习者，旋以废忘。一视簿书期会之事，则曰我方为政，学于何有？嗟夫，后世言治者常不敢望先王之时，其学与政之分与？国家之学至矣，十室之邑有师弟子，州县之吏以学名官，凡岂为是观美而已！盖欲还先王之旧，求政于学，顾卒未有以当上意者，则士大夫与学者之罪也。衡之学曰石鼓书院云者，其来已久。中迁之城南，士不为便而还其故，则自前教授施君鼎。石鼓之学，据蒸湘之会，挟山岳之胜。其迁也新，室屋未具。提点刑狱王君彦洪、提举常平郑君丙、知州事张君松，皆以乾道乙酉至官下。于是方有兵事，三君任不同而责均，虽日不遑暇，然知夫学所以为政，兵其细也，则谓教授苏君总龟，使遂葺之居。无何而学成，兵事亦已，环三君之巡属，整整称治。夫兵之已而治之效，未必遽由是学也，而余独表而出之，盖乐夫三君识先王所以为学之意，于羽檄交驰之际不敢忘学。学成而兵有功，治有绩，则余安得不为之言，以劝夫为政而不知学者耶？凡衡之士知三君之心，则居是学也，不专章句之务，而亦习夫他日所以为政，不但为科第之得，而思致君泽民之业，使政之与学复而为一，不惟三君之望如此，抑国家将于是而有获与！明年八月旦，历阳张某记。

（录自《于湖居士文集》）

石鼓书院田记

〔宋〕廖行之

淳熙十有三年春，石鼓书院成，始有田养士，提点刑狱成都宋公若水之举也。先是金华潘公畤议复书院，规创栋宇，会易帅番禺，而公继之，选建师儒，较试诸生充弟子员，出缗钱供亿，矩度甚设。已而念曰："是恐不可久。"乃籍在官闲田归之。时括苍管公监提举常平茶盐，亦相与怂恿。会有习佃常平田者，因畀之书院，使入租于官，取其赢为养士助诸生。行视畦亩，分画文簿，第其租入，岁率有程，赀用取具。他日，公谓某曰："书院废百有余年，今幸复旧，又畀之田，以侈国家养士之泽，既闻诸朝矣。田故有籍，以周知会计，第传之吏手，人不具见，脱文书缘绝，后将安考？吾欲揭诸石，与众保之，以是属之子。"某退而稽寻颠末，盖石鼓旧有书堂，祥符初元奉夫子庙迁焉，书院之名始著。景祐三年，诏许衡州立学，自是为学宫。书院因废，不别建。贤使者相与次第复之，有屋以居，有田以养，虑远用周，视前益备。或曰：郡有学所以育士，书院废兴奚预损益？是不然。礼过于养人者，君子所不厌，况白鹿、岳麓相望江湖。揆则度类，事有本始，非苟而已。且荒丘废馆，昔贤所尝经行，来者犹乐兴坠补坏，则是役盖非徒作者。凡田以亩计二千二百四十有奇，合为米六百二十七斛有奇，其隶某县某乡与某人当输者，畴分汇列，载于下方。湖南地瘠，率一亩为米不过二三斗，士来益众，惧无以为继也。后有贤者稍增益之，其必续书于此矣。是年五月十日，修职郎、前岳州巴陵县尉、巡提私茶盐矾兼催纲廖某记。

（录自《文渊阁四库全书·石鼓书院田记》）

蒸湘岣嵝祠坛记

〔宋〕刘清之

按《礼》：守土者，得祭其境内之山川。而本州名山大川未立坛壝，水旱疾疫，祷祀无所。近者，闵雨虽望拜于北楼，惧未足以称祇事山川之意。报州学及议听官详议。据州学教授鲍桝、州学正陈三业、衡阳县主簿权石鼓山长程洵、堂长周栋及生员所议：今州郡，古之方国。《礼》：诸侯祭山川在其境者。夫山川之所有为神灵，以其气之所蒸为云为雨，可以润泽群物，一得其正则水旱疾疫。为民致祷，宜有其地，徒谒道、释诸词，于理未安。惟岣嵝、蒸湘，此邦之名山大川，宜建坛致祷词之实。又据军事判官王思勤、军事推官赵公卤、录事参军吴允中、耒阳县主簿权司理参军陈元、司法参军朱滚、司户参军詹大椿等议祭法：山川能出云为风雨，皆曰神。天灾流行，国家代有，为民致祷，孰先于山？今乔岳在望，而地属长沙。惟岣嵝名山尚隶州境。湘水至郡，与蒸合流，三湘之号，斯谓蒸湘，实为此郡山川之望。而城西北隅瞩岣嵝，东瞰蒸湘，幽静高爽，可严望祀。州司准敕名山大川，严洁致祭。又令山川为小祀，又令州县有水旱，长官以下分诣山川祈祷。今从众议，于城西北隅建坛，望祀岣嵝、蒸湘，于理为允者。右刻石坛，所以告后来，勿使淫祀得紊典常，以严山川大神之威灵。

（录自清同治《衡阳县志》）

省斋集原序

〔宋〕戴溪

衡阳廖氏，为其州之望族，世登儒科。天民，讳行之，为淳熙十一年进士。始调岳州巴陵县尉，既数月弃官，以便亲养。再调潭州宁乡县主簿，未上而卒。余官于衡，识天民。其为人博学多闻，孝友急义，州有大事，率赖公为谋。清江刘清之子澄为守，以其名荐于朝，不报。廖氏世有力于学校，学者咸遵之。石鼓书院成，天民与有力。其子谦，初试人为首选，明年遂继乃翁登科，衡人以为盛。余分教霅川，得谦书云：先君不幸，日月易失。谦既服阕矣，裒平生遗文，得拾卷。不肖之孤，惧湮没不传，愿有以序，次之余序。石鼓书院累置田近三十顷，尝欲以其事记之石鼓。文难其人，访诸学者，咸曰：主簿公能文学者，素所尊信。傥得公文记之，庶几不朽。今集中所载田记是也。余观公为文率典，实有教化，不为浮辞虚说，非求以文字著名者，随事应用，时见其一二尔。惜也，年不及中，志所欲为千百，不一施此，尤可恨也。绍熙二年秋九月，永嘉戴溪序。

（录自《省斋文稿》）

跋三游诗

〔宋〕周必大

右《三游诗》，总一百七十篇。陈胄，字圣予，其先淮南人，而家于衡。熙宁中，郡守王中和延为石鼓山长。时，忠肃刘公自御史谪监盐仓，命与二子同游南岳，马上唱酬，集为三卷。公亲以长篇继之，词翰俱美，士大夫所当宝藏，况其曾、玄乎！纯亦后改字斯立，众允改字公允，困于党籍，仕皆不达，圣予亦未尝仕云。绍熙癸丑四月二十二日，周某书而归之刘氏。

（录自《益国周文忠全集》）

衡府判于公复学田序

〔元〕傅若金

衡石鼓书院故有田在属邑茶陵者，东西庄凡六百亩有奇。茶陵既自为州，三分其一入州学，独东庄仍为书院田。不幸庄近灵岩寺，寺僧恃地阻险，而去衡又远，校官力弗能制，数夺有其田。事即闻，有司恒受僧赂，易置曲直，前后数十年，田三复书院而三夺之。然文牍藏学官，虽未得田，犹不可泯。或教僧购得其牍毁之，以灭踪迹，自是积十余年，莫与理者。后至元三年，程义孚为山长时，会监察御史、部使者俱至郡，以其事白之御史，按有司得实，即移湖南两府，使复田书院而罪寺僧，且征田租。御史去，寺之主僧泰赂藩府文法吏求解。吏受赂，乃檄衡判府于公会茶陵守吏详诘其是非，实欲缓之。泰自喜，阴使人行赇于公。公弗受，泰乃夜遁。公至茶陵，悉致寺僧案，得其奸状，上之藩府。文法吏受僧赂者驳前议，非泰辞不听。复田檄再下，公益自坚，不为利夺。未至茶陵，先遣人至寺，执泰送州。州不受，欲纵使逸去。公闻之，驰至茶陵，立治泰诬夺书院田状。泰具服，不得有所隐。狱上，文法吏不能破矣，卒复其田。衡之士德公者各为歌诗，以道其实，俾余序之。嗟乎！君子之食禄于上者，将使司平于下也。凡民有争，犹必视其曲直而理之，不敢有所阿私。矧书院田以供先圣之祀，而为邦家育材者乎！前时有司不顾是非之正予夺之，宜徒感于浮屠氏而利其赇赂，视公所为而不愧且死，则非人矣。士之歌公有以也。夫公治衡，善政不少，复田特其一事云。

（录自《傅与砺诗文集》）

书石鼓书院志后

〔明〕王大韶

息园避客五年于兹，偶郡博罗君辈奉宪祖毅所先生黄公檄，持《石鼓书院志》以纂辑属余，辞不获命。披志展阅，中间简脱字漫，至不可读。俯而思，仰而叹，此何时哉！清朝熙洽，人文炳郁，盖理学昌明之会也，石鼓书院乌有若而志哉？作而言曰：衡岳南纪之宗，石鼓衡岳之胜。扶舆清淑之气，郁结磅礴，嶷然屹立于潇湘之上流。灵之所钟，必有俊杰之士生于其间，而振作兴起，固必待其人而后成，岂偶然哉？由今观之，昔者乡贤李宽辟构其上，而昌黎先生为之品题。李士真复兴故址，而朱、张两先生唱和不倦。使非得文肃公黄勉斋先生提举学校于兹，则书院之为书院只亦如是已耳。流藻垂光，将何似哉？文肃公而后，千有余载，编摩屡更，渐次复敝，志之坏乱，未有甚于今日焉者。士阅此志，欷歔久之。恭遇我公以简命督学湖南，慨然以斯道自任，而叹文献之无征，继往开来，恻然在念，爰命邑宰缙云施君杀青锲枣，督两学官师校雠翻阅，勒成一代伟典。余愧非其人也，而纂辑敢谬窃哉？嗟乎！紫阳记有之，今郡县学宫置博士弟子员，皆未尝考其德行道艺之素，其所授受又皆世俗之书、进取之业，使人见利而不见义，士之有志于为己者，盖羞言之。是以常欲别求燕闲清旷之地，以共讲其所闻而不可得。以故于潘侯畤、宋侯若水役志书院者两高之，而其教学者，则又拳拳印证张敬夫义利之辨，使之严核而精讨之。书院之建，而岂徒哉？志以纪实，修以尽志，苟徒于登眺诗篇间属意，而于理学不一究心焉，则亦与学宫举子业等，何裨于院，何补于志哉？余不佞穷日夜之力，搜遗缉残，既仍其旧，复采寓贤、名宦教言之在石鼓者，谨书而备录之，以无负委托盛心。不然，则文肃公鬻田储士之美，与今日稽古考献之实，将焉用之。所谓士之豪杰而圣贤者竟不可得，亦徒有愧于山川灵秀焉耳矣，岂我公垂世之志哉。《志》成，肆叙其颠末，僭书以告将来。万历己卯冬日，制科九人奉直大夫、知直隶凤阳府泗州事、前江西建昌府推官、先奉诏御史书奏孝廉文学、衡岳野樵王大韶书于城西草堂。

（录自明万历《石鼓书院志》）

石鼓山书院记

〔清〕李继圣

天下四大书院之名，石鼓峙焉，载籍流传已久。后人削石鼓以应天补之，岂嵩阳与白鹿、岳麓皆不可去一乎？谓吾湖南独不可有二乎？而僻吾衡乎？山川景物奇秀不足道，惟是院祀七贤，唐韩文公、李处士、宋朱子考亭、张子南轩、黄公勉斋、李公士真、叶公丰川也。余尝考索丰川之名讳事实而不得，请当道芟其祀。至于诸贤接踵，千百年来赫然斯在。虽山不甚高，自足雄视宇宙。山之阳，故有诸葛武侯祠。想其平蛮南下，经耒抵衡，登览胜概，遂留芳躅。说者据史谓为中郎将来调三郡赋，则于兹山无涉矣。后之君子能思诸贤何以表人伦、兴古学、扶道统、振王业，即不必区区争名于四大，而两江之水可埒巨洋，一撮之土可抗乔岳。予自息老后遗世事，乾隆己卯春，应郡太尊饶公聘坐讲席，因忆宰江右时尝抵南康，望白鹿洞不得游，视昌黎之于滕王阁郁尤甚。以为滕王阁不过一才人登啸地，非白鹿洞比。窃又思之，其洞则吾李氏涉、渤兄弟遁迹之处也，畜一白鹿，而后乃有书院以此名。石鼓山亦吾李氏处士宽读书之所也，毁道家寻真观，得山阴一古洞，而后乃有书院以此显。

昔以不得游鹿洞为恨，今因鹿洞感石鼓辟荒之人遥矣，而抚心滋愧矣，游栖之贤众矣，而环顾吾党滋惧矣。无高行何式，无伟才何陶，区区为石鼓争名哉！余与诸君其免旃。

不描山川景物，不叙诸贤德业，止以不争四大美名立论。后即抽出鹿洞作陪，追原辟荒，皆出于其家李氏。感叹一番，觉相承而来，自难为此地掌教。扫去记体多少滥套头。唐李宽元和中创书院，宋李士真至道中会境内儒流讲学于此，上闻赐额。二李皆衡阳人，并志。

（录自清李继圣《寻古斋诗文集》）

续衡州艺文志序

〔清〕旷敏本

盖闻古之学者，原本道德，措之则为事业，而笔之则为著述，所谓本深而末茂也。后世不解此义，经济文章，歧而为二，识者病焉。我郡伯西川峨峰李公，研穷义理，学有本源。所著《辨志论》《寻孔颜乐处说》《劝学箴》等，篇醇乎儒者之言，不以文词为工，其出而典郡也。三楚入闽，所至著循声。莅吾衡仅数月，拳拳于士习民风，如建育婴，禁游惰，教树畜，严丧礼，诸所设施，皆教养大政。七邑士民倾心向道，翕然改观。莫知所为虽古，所称默化之神亦不过是。而公所早夜孜孜嘉惠罔倦者，尤并力于石鼓。石鼓者，四大书院之一也。旧有禹碑在焉，千古干济，无如疏凿，文字奇古，无如螺书。嗣是武侯驻节，韩柳留题，朱张讲学，传为名迹，即一石鼓而道学之标准竖焉。惟历年既久，诸多湮没。公至，即谋修葺，重刻禹、韩二碑，凡朱、张手书，悉与表章，今登其堂者隆隆。石碣上下四千余年，治法心源荟萃，罗列若掌纹。石鼓道脉一线不绝，非公其孰绵之？自今以往，仕于斯者，公余省览，自得治己治人之本；学于斯者，瓣香景仰，勉为国家有用之材，皆公之赐也。其大有造于吾衡，岂一世之□哉？衡之（原文佚）

（录自清乾隆《衡州府志》）

石鼓寻碑记

〔清〕张启鹏

郦道元《水经注》："临蒸有石鼓，高六尺。"今其地在衡阳东北境，瞻岳门外二里许，环山皆石也。唐贞观中，刺史宇文炫书"东岩""西溪"四字，径八寸，镵山旁两崖。唐以后自宋迄元，游石鼓题名者，不下十余种。顾外间鲜墨本，观察使太仓陆公语余曰："石鼓诸碑虽久，或不佚，余心稔之。"壬申十月十六日，偕江雨田肇成、金立堂兆基、蔡齐三映符、章芝林采、吕小香方薰、金己生庭桀，先后往视。既抵东麓，见石高耸，森然如张牙。石罅碧草蒙茸，左右参错。稍北大石斜插，忽突起，拗怒若蛟螭吐舌。架云梯登之，峭立不能试步。有圆若覆盂者，底平上峻，皆无字。宋时程传文等题名，摩崖南向，数百余年，陵迁谷变，不可见矣。乃循崖际，自蒸水入湘处折而西，濒水开一径，滑不任足。攀树缓行，石或凸或凹，树根入石，倒穿破土上出。拓工以刀剔藓，藓没见字。次第拂泥滓，初试水涩而不濡，水尽加纸于石，蘸以墨，字透纸背。一宋元祐七年柳韶题名，一元大德九年史杠题名，一"史焘拜观"四字，右则真书"西溪"二字，左为"玉蟾岩"三字，更右一碑，残蚀过半，有文理可句读者，曰"致岳阜名山"、曰"官司委靖"、曰"承直提调鼎建"、曰"轮换一新"、曰"创此亭镌以记岁月"、曰"丙申元年孟春"、曰"衡阳县"。此外脱落难以辨识，考《通志》为元衡阳主簿郭某题名。更上一碑为"刘挚莘老跂蹈侍"，新修《清泉志》有"来游"二字，拓未审也。行十数武，有土地祠。祠上石浅绛色，质微润。为宋张公绶题名，摹之仅存四十八字。又顺治四年丁酉，衡阳知县余天溥碑一。天溥，字博也，衡阳志列入循吏传。一康熙元年壬寅衡州府张时碑。一陈淞年碑，不知时代。一"襟带蒸湘"碣，不著姓氏。下一碑为"孙应赓题"四字，他皆漫漶。越数日，清泉杨庚云澍于书院之东廊出"东岩"二字，隶书，两碑分嵌诸壁。最后一碑，约略可见者曰"八十三年"、曰"拂拭"、曰"感怆"，盖宋刘震孙原题也。石鼓题名，至雍、乾时始显于海内，录金石者甚珍之，盖衡湘石刻传者至鲜。至江恂知清泉，其兄昱好碑版文字，假官力移护之。然今不百年，绝少拓本。诸家著录，其果闻而书之邪？抑拓而见之邪？但得一拓本而曰原石今存，其亦郑渔仲之金石略耳，舛互何可胜道。欧阳子曰“物莫不聚于所好，而常得于有力之强”。今天下有力者、好古者，不难得其山头水涯，或多游迹所未至。若兹山近城，人人知有古刻，及尽力求之，所得者曾不及所传者之备，是强有力之所谓聚其好者，未必其果聚也。虽然，使果非好非有力，则求此数本者，已必不可得。嗟夫！杜征南沉碑，立石者曾不闻其流传，而苍苔蔓草中，犹见古人之姓名。则信夫好之之胜于知之者也邪！故为之记，以广传之。同治十一年壬申十一月，长沙张启鹏。

（录自清同治《衡阳县志》）

浩然台记

〔清〕孙鼎臣

溯湘而南至衡州城北，蒸水东来注之，有石崒然当其冲，离立特起，苍翠蒙密，亭台高下，错出于其间者，石鼓之山也。山之趾为合江亭，昌黎之所为诗者也。其巅为石鼓书院，朱、张之所讲学者也。后轩广袤数筵，为燕休之所。余以去年五月来主讲兹地，而罗君罗山亦适领兵戍衡，时时与之坐轩中，而论兵事也。轩之东，启之以临湘；轩之西，启之以临蒸。二水汇其北，祝融、岣嵝诸峰却立而送之。轩之外因石为台，翼之以栏，可倚而俯也。有垣横其间，凿窦如圭，以通出入，余甚恨之。罗山命工彻其垣，更为牖十二，以远观览。然后大川出于下，巨岳峙于旁。波涛之浩漾，烟云之倏忽，雄伟怪丽，可喜可愕之状，皆坐而收之。罗山曰：是宜名之曰浩然之台。工将竟，罗山被檄去，余亦遂归。今年余又来于此，而罗山方别将兵击贼于江西。风雨喷喝之交，星月澄明之夕，独登台四望，山经川互，天穹地隆，浩然之气，仿佛见之。遥想罗山置身于剑槊撞搪之间、营幕参错之地，发谋决虑，一日百变。其视余之所见闻，未知有以异否？余意罗山之居于彼，与余之居于此同也。罗山习宋儒之书，一旦帅乡兵杀贼，所至有功。去年克武昌，论功最诸将。人谓罗山不可测，吾谓罗山岂不可测，彼测之者自不测罗山耳。为天下之事，固不可以无学，世之遇小利害颓然自沮丧者，何可胜数，如罗山乃真学者也。然以罗山之学，不遇时会，令与诸生角文字之得失于有司，其幸不幸未可知也。则夫天下豪杰、有为之才汩没于岩壑中如罗山者，又岂少也？罗山之始鸠工，余固已许之为记。今余独来此，而罗山不得与余共游也。怅然怀之，故书其事如此。咸丰五年五月，善化孙鼎臣撰。

（录自清李元度《南岳志》）

三、匾额楹联

禹碑亭

楹　　联：蝌蚪成点画

天地衍大文

撰　　联：佚名

书　　法：陈文质，湖南株洲人，中国书法家协会会员，衡阳市著名书法家。

匾额书法：史穆，湖南长沙市人，中国书法家协会会员，原长沙市书法家协会主席。

山门

楹　　联：修名千佛上

至味五经中

撰　　联：佚名

书　　法：文怀沙，祖籍湖南，著名学者，治学以研究《楚辞》称世。

山门匾额：石鼓书院

匾额书法：沈鹏，江苏江阴市人，著名书法家，原中国书法家协会主席。

武侯祠

楹　　联：心远地自偏　问草庐是耶非耶　此处想见当日

江流石不转　睹秋水来者逝者　伊人宛在中央

撰　　联：〔清〕范鹤年，号琴山，山西洪洞县人，进士。乾隆六十年（1795）任湖南清泉县知县。

书　　法：李铎，湖南醴陵人，全国著名军旅书法家，享受国家特殊津贴，中将军衔。

匾额书法：钱绍武，江苏无锡人，中央美院教授，雕刻家、画家、书法家。

李忠节公祠

楹　　联：义烈炳潭州　千秋英名垂竹帛

崇祠仍故宅　一龛清供有梅花

撰　　联：〔清〕彭玉麟，字雪琴，谥刚直，祖籍湖南衡阳县渣江镇。湘军将领，官至兵部尚书，曾就学于石鼓书院。

书　　法：欧伯达，号铁樵，祖籍湖南衡阳县，中国书法家协会会员，衡阳著名书法家。

匾额书法：何满宗，湖南常宁人，国家一级美术师，湖南省文联副主席，湖南省书法家协会主席。

大观楼

楹联一：坐对岳云开　权将小阁重楼当他广厦

俯临湘水去　却喜渔歌樵唱答我书声

撰　　联：〔清〕李镐，清同治九年（1870）任衡州知府，守衡期间，曾筹资扩建石鼓书院斋房号舍。

书　　法：林岫，浙江绍兴人，号柴竹居士，著名书法家、诗人。

楹联二：珠玑文字任流传 昌黎首唱 石湖继吟 霞客纪游
　　　　姜斋感旧 佳节数从头 太息前人俱往矣
　　　　锦绣江山烦指点 左挟岣嵝 右挹回雁 前连青草
　　　　后接朱陵 风光都在眼 喜看形胜更超然

撰　　联：欧建鸿，湖南衡阳市人，当代楹联家。

书　　法：朱大何，当代书法家，曾留学日本，衡阳市首届书法研究会会长。

匾额书法：史树青，河北人，当代中国著名学者，史学家，文物鉴定专家。

合江亭

楹联一：石鼓双江水
　　　　昌黎一首诗

撰　　联：〔明〕邓淮，江西吉安人，进士。弘治二年（1489）出任衡州府同知，摄知府事。

书　　法：宋军，湖南醴陵人，当代书法家。

楹联二：广厦构众材 报道蛟龙腾浪去
　　　　两水夹明镜 合信风月入亭来

撰　　联：〔清〕祝澹溪，湖南衡阳县人，进士。石鼓书院历史上最有名望的山长之一。

书　　法：颜家龙，湖南人，中国书法家协会原理事，湖南书法家协会名誉主席，当代书法家。

匾额书法：吕章申，河北人，高级建筑师，中国国家博物馆原馆长。

楹联三：此真净绿唾不可
　　　　我实薄才歌奈何

撰　　联：〔清〕阮元，江苏仪征人，进士。清朝名臣，一代学人宗师。

书　　法：虞逸夫，著名书法家，湖南省书法家协会顾问。

绿净阁

楹　联：石出蒸湘攻错玉
　　　　鼓响衡岳震南天

撰　联：〔清〕王闿运，号湘绮，祖籍湖南衡阳县，后迁湘潭，晚清经学家、教育家、文学家。

书　法：谢宏治，湖南衡阳人，中国书法家协会会员，曾任衡阳市人民政府副市长，中共衡阳市委常委、宣传部部长，衡阳市人大常委员会党组书记、常务副主任。

匾额书法：陈文质，湖南株洲人，中国书法家协会会员，书法家。

遗址文物

一、碑刻

石鼓山上旧有历代碑刻，主要为历次重修石鼓书院及建筑时所刊，惜今无存。2006 年修复石鼓书院，翻刻部分碑记，按时代先后依次嵌于石鼓书院广场二级平台东侧石壁。翻刻碑记目录如下：

〔宋〕范成大 《石鼓山记》
〔宋〕朱 熹 《石鼓书院记》
〔宋〕张 栻 《武侯祠记》
〔宋〕张 栻 《风雩亭赋》
〔宋〕汤 汉 《石鼓书院记》
〔元〕黄清老 《石鼓学田记》
〔元〕刘 简 《复田记》
〔明〕翁世资 《重修书院记》
〔明〕薛 纲 《大成殿重修记》
〔明〕江崇潮 《修合江亭记》
〔明〕胡文孚 《重修石鼓书院记》
〔明〕王大韶 《重修石鼓书院记》
〔明〕周洪谟 《重修石鼓书院记》
〔明〕沈 铁 《沧浪亭记》
〔明〕邓云霄 《重修石鼓书院鼎建大观楼记》
〔明〕廖汝恒 《蔡白石先生讲院记》
〔明〕陈 安 《衡阳八景赋》
〔明〕徐南金 《叶丰川从祀石鼓书院碑文》

〔明〕黄希宪 《石鼓书院志记》
〔明〕王大韶 《石鼓书院志后序》
〔明〕王添表 《石鼓奉诏图赞并序》
〔明〕杨　铨 《刊石鼓遐思卷序》
〔清〕袁廓宇 《重修石鼓书院疏》
〔清〕蒋景祁 《合江亭寄》
〔清〕崔鸣族 《重修石鼓书院碑记》
〔清〕邹定周 《大中丞赵公去思碑记》
〔清〕陈　沆 《重修忠节祠碑记》
〔清〕陈　沆 《重修合江亭记》
〔清〕李　徽 《重建合江亭记》
〔清〕舒成龙 《倡捐衡郡要务各工碑记》
〔清〕饶　佺 《重修石鼓书院记》
〔清〕李　拔 《重修石鼓书院记》
〔清〕李　拔 《倡修石鼓书院崩岸序》
〔清〕李　拔 《留待轩说》
〔清〕朱　潮 《重修石鼓书院记》
〔清〕罗泽南 《浩然台跋后》
〔清〕余廷灿 《补修石鼓书院记》
〔清〕李　镐 《重修石鼓书院记》

石鼓山记

〔宋〕范成大

十四日，泊衡州，谒石鼓书院，实州学也。始，诸郡未命教时，天下有书院四：徂徕、金山、岳麓、石鼓。石鼓，山名也。州北行，冈垄将尽，忽山石一峰起，如大石矶，浸江中。蒸水自邵阳来，绕其左，潇湘自零陵来，绕其右，而皆会于合江亭之前，并为一水以东去。石鼓雄踞要会，大约如春秋霸主会诸侯勤王。蒸湘如兄弟国奔命来会，禀命载书，乃同轨以朝宗，盖其形势如此。合江亭见韩文公诗，今名绿净阁，亦取文公诗中“绿净不可唾”之句。退之贬潮阳时，盖自此横绝取路以入广东，故衡阳之南皆无诗焉。西廊外石磴缘山，谓之西溪，有洼尊及唐李吉甫、齐映题刻。书院之前有诸葛武侯新庙，家兄至先为常平使者时所建。十五日，舍舟遵陆，登回雁峰，郡南一小山也。世传阳鸟不过衡山，至此而回。然闻桂林尚有雁声。又云此峰与南岳七十二峰之数，然相去已远矣。

（录自清乾隆《衡州府志》）

石鼓山記
宋 范成大
十四日泊衡州謁石鼓書院實州學也始諸郡未命教時
天下有書院四徂徠金山嶽麓石鼓山名也州北行
岡隴將盡忽山石一峰起如大石磯浸江中烝水自邵陽
來繞其左瀟湘自零陵來繞其右而皆會於合江亭之前
併為一水以東去石鼓雄踞要會大約如春秋霸主會諸
侯勤王烝湘如兄弟國奔命來會禀命載書乃同軌以朝
宗蓋其形勢如此合江亭見韓文公詩今名緑净閣亦取
文公詩中緑净不可唾之句退之貶潮陽時蓋自此橫絕
取路以入廣東故衡陽之南皆無詩焉西廊外石磴緣山
謂之西谿有窪尊及唐李吉甫齊映題刻書院之前有諸
葛武侯新廟家兄至先為常平使者時所建十五日捨舟
遵陸登回雁峰郡南一小山也世傳陽鳥不過衡山至此
而回然聞桂林尚有雁聲又云此峰與南嶽七十二峰之
數然相去已遠矣
清乾隆衡州府志
丙戌年秋王宏書

石鼓书院记

〔宋〕朱熹

石鼓据蒸湘之会，江流环带，最为一郡佳处。故有书院，起唐元和间，州人李宽之所为。至国初时，尝赐敕额，其后乃复，稍徙而东，以为州学，则书院之迹于此遂废而不复修矣。淳熙十二年，部使者东阳潘侯畤德鄜始因旧址，列屋数间，榜以故额，将以俟四方之士，有志于学而不屑于课试之业者居之，未竟而去。今使者成都宋侯若水子渊又因其故益广之。别建重屋以奉先圣先师之像，且纂国子监及本道诸州印书若干卷，而俾郡县择遣修士以充入之。盖连帅林侯栗，诸使者苏侯诩、管侯鉴，衡守薛侯伯宣，皆奉金赍、割公田以佐其役，逾年而后落其成焉。于是宋侯以书来曰："愿记其实，以诏后人，且有以幸教其学者，则所望也。"予惟前代庠序之教不修，士病无所于学，往往择胜地、立精舍，以为群居读书之所，而为政者乃或就而褒表之，若此山，若岳麓，若白鹿洞之类是也。逮至本朝庆历、熙宁之盛，学校之官遂遍天下，而前日处士之庐无所用，则其旧迹之芜废亦势固然也。不有好古图旧之贤，孰能谨而存之哉？抑今郡县之学官置博士弟子员，皆未尝考德行道义之素，其所受授又皆世俗之书、进取之业，使人见利而不见义，士之有志为己者，盖羞言之。是以尝欲别求燕闲清旷之地，以共讲其所闻而不可得。此二公所以慨然发愤于斯役而不敢惮其烦，盖非独不忍其旧迹之芜废而已也。故特为之记其本末以告来者，使知二公之志所以然者，而无以今日学校科举之意乱焉。又以风晓在位，使知今日学校科举之教其害将有不可胜言者，不可以是为适然而莫之救也。若诸生之所以学而非若今之人所谓，则昔吾友张子敬夫所以记夫岳麓者语之详矣。顾于下学之功有所未究，是以讲其言者，不知所以从事之方，而无以蹈其实。然今亦何以他求为哉？《亦》曰：养其几于未发之前，察其几于将发之际，善则扩而充之，恶则克而去之，其亦如此而已，又何俟于予言哉！

（录自清乾隆《衡州府志》）

石鼓書院記
宋 朱熹
石鼓據烝湘之會江流環帶最爲一郡佳處故有書院起唐元和間州人李
寬之所爲至國初時嘗賜勅額其後乃復稍徙而東以爲州學則書院之列
於此遂廢而不復修矣淳熙十二年部使者東陽潘侯畤德鄜始因舊址列
屋數間榜以故額將以俟四方之士有志於學而不屑於課試之業者居之
未竟而去今使者成都宋侯若水子淵又因其故益廣之別建重屋以奉先
聖先師之象且摹國子監及本道諸州印書若干卷而俾郡縣擇遣修士以
充入之蓋連帥林侯栗諸使者蘇侯詡管侯鑑衡守薛侯伯宣皆奉金齎割
公田以佐其役踰年而後落其成焉於是宋侯以書來曰願記其實以詔後
人且有以幸教其學者則所望也予惟前代庠序之教不修士病無所於學
往往擇勝地立精舍以爲羣居講習之所而爲政者乃或就而表之若此
山若嶽麓若白鹿洞之類是也逮至本朝慶歷熙寧之盛學校之官遂徧天
下而前日處士之廬無所用則其舊迹之蕪廢亦勢固然也不有好古圖舊
之賢孰能謹而存之哉抑今郡縣之學官置博士弟子員皆未嘗考德行道
義之素其所受授又皆世俗之書進取之業使人見利而不見義士之有志
爲己者蓋羞言之是以嘗欲別求燕閒清曠之地以共講其所聞而不可得
此二公所以慨然發憤於斯役而不敢憚其煩蓋非獨不忍其舊迹之蕪廢
而已也故特爲之記其本末以告來者使知二公之志所以然者而無以今
日學校科舉之意亂焉又以風曉在位使知今日學校科舉之教其害將有
不可勝言者不可以是爲適然而莫之救也若諸生之所以學而非若今之
人所謂則昔吾友張子敬夫所以記夫嶽麓者語之詳矣顧於下學之功有
所未究是以講其言者不知所以從事之方而無以蹈其實然今亦何以他
求爲哉亦曰養其全於未發之前察其幾於將發之際善則擴而充之惡則
克而去之其亦如此而已又何俟於予言哉
清乾隆 衡州府志 丙戌年秋陳文質書

武侯祠记

〔宋〕张栻

自五霸功利之说兴，谋国者不知先王仁义之为贵，而竞于末涂。秦遂以势力得天下，然亦遂以亡。汉高帝起布衣，一时豪杰翕然从之，而其所以建立基本，卒灭项氏者，乃三老董公仁不以勇、义不以利之说也。相传四百余年，而曹氏篡汉。诸葛忠武侯当此时，间关百战，左右昭烈父子立国于蜀，明讨贼之义，不以强弱利害二其心，盖凛凛乎三代之佐也。侯之言曰：汉贼不两立，王业不偏安。又曰：臣鞠躬尽瘁，死而后已，至于成败利钝，非臣之明所能逆睹。诵其所言，则侯之心可见矣。虽不幸功业未竟，中道而陨，然其扶皇极，正人心，挽回先王仁义之风，垂之万世，与日月同其光，可也。夫有天地则有三纲，人类之所以别于庶物者，以是故耳。若夺于利害之中，而忘夫天理之正，则虽有天下，不能一朝居。此侯之所以不敢斯须而忘讨贼之义，尽其心力，至死不悔者也。方天下云扰之初，侯独高卧，昭烈以帝室之胄三顾其庐，而后起从之，则出处之际，固已有大过人者。其治国，立纲陈纪而不为近图；其用兵，正义明律而不为诡计。凡其所为，悉本大公，曾无纤毫姑息之意，顾皆非后世所可及。至读其所上表之辞，则知天下之物欲举不足以动之，所养者深，则所发者大，理固然也。曾子曰：士不可以不弘毅。若侯者，所谓宏且毅者欤？孟子曰：富贵不能淫，贫贱不能移，威武不能屈，此之谓大丈夫。若侯者，所谓大丈夫者耶。侯既没，蜀人追思，时节祭于道上。后主用廷臣之议，立庙沔阳，使得申其敬。去今千有余岁。蜀汉间往往有祠，奉祀不替，侯之泽在人者深矣。衡州石鼓山旧亦有祠。按《蜀志》，昭烈牧荆州时，侯以军师中郎将驻兵临蒸，以督零陵、桂阳、长沙三郡，调赋以充军实，今衡阳是也。蒸水出县境，经石鼓山之左会于湘江，则其庙食于此固宜。考昌黎韩愈及刺史蒋防诗碑，祠之立有自来矣。乾道戊子之岁，湖南路提举常平万君成象始以图志搜访旧迹，得废宇于榛莽中。乃率提刑狱郑君思泰、知衡州赵君徙于高明而一新之，移书俾栻为记。栻惟侯之名不待祠而显，而侯之心亦不待记而明。然而仁贤昔时经履之地，山川草木，光彩犹存。表而出之，以诏来世，使见闻者竦然知所敬仰思慕，当道术衰微之际，其为有益盖非浅也。惟栻不敏，不足以推本侯胸中所存万一，是愧且惧焉。

（录自清乾隆《衡州府志》）

风雩亭赋

〔宋〕张栻

眷岳山之回隩，有元诵之一宫。郁青林兮对起，皆绝壁之穹窿。独樵牧之往来，委榛莽其蒙茸。试芟夷而欲视，翕众景之来宗。擢连娟之修竹，森偃蹇之乔松。山靡靡以旁围，谷窈窈而潜通。翩两翼兮前张，拥千麾兮后从。带游江之浮绿，矗远岫兮横空。何地灵之久閟，昉经始乎令公。况栋宇之宏开，列阑楯之周重。抚胜概以独出，信兹山之有逢。予揆名而诹义，爰远取于舞雩之风。昔洙泗之诸子，侍函丈以从容。因圣师之有问，各跽陈其所衷。独点也之操志，与二三子兮不同。方舍瑟而铿然，谅其乐之素充。味所陈之纡余，夫何有于事功。盖不忘而不助，亦何始而何终。于鸢飞而鱼跃，实天理之中庸。觉唐虞之遗烈，俨洋洋乎日中。为夫子之所与，岂虚言之是崇。嗟学子兮念此，溯千载以希踪。希踪兮奈何，益务勉乎敬恭。审操舍兮斯须，凛戒惧兮冥蒙。防物变之外诱，遏气息之内讧。浸私意之脱落，自本心之昭融。斯昔人乎妙旨，可实得之予躬。循点也之所造，极颜氏之深工。登斯亭而有感，斯用力于无穷。

（录自清乾隆《清泉县志》）

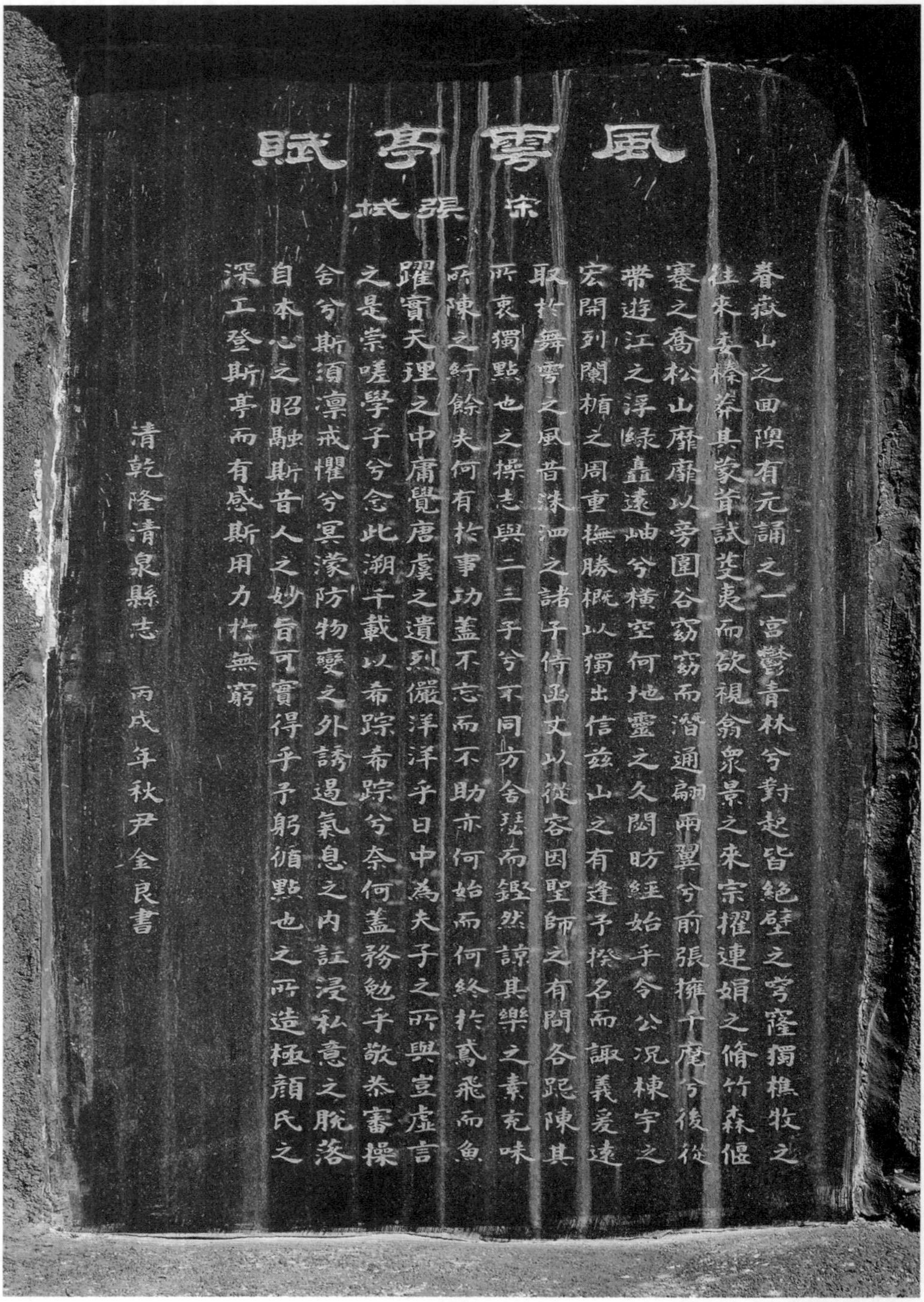
風雩亭賦
宋 張栻
眷嶽山之回隩有元誦之一宮鬱青林兮對起皆絕壁之穹窿獨樵牧之
往來委榛莽其蒙茸試芟夷而欲視翕眾景之來宗擢連娟之脩竹森偃
蹇之喬松山靡靡以旁圍谷窈窈而潛通翩兩翼兮前張擁千旄兮後從
帶遊江之浮綠矗遠岫兮橫空何地靈之久閟昉經始乎令公況棟宇之
宏開列闌楯之周重撫勝概以獨出信茲山之有逢予揆名而諏義爰遠
取於舞雩之風昔洙泗之諸子侍函丈以從容因聖師之有問各跽陳其
所衷獨點也之操志與二三子兮不同方舍瑟而鏗然諒其樂之素充味
所陳之紆餘夫何有於事功蓋不忘而不助亦何始而何終於鳶飛而魚
躍實天理之中庸覺唐虞之遺烈儼洋洋乎日中為夫子之所與豈虛言
之是崇嗟學子兮念此溯千載以希蹤希蹤兮奈何蓋務勉乎敬恭審操
舍兮斯須凜戒懼兮冥濛防物變之外誘遏氣息之內訌浸私意之脫落
自本心之昭融斯昔人之妙旨可實得乎予躬循點也之所造極顏氏之
深工登斯亭而有感斯用力於無窮
清乾隆清泉縣志
丙戌年秋尹全良書

石鼓书院记

〔宋〕汤汉

石鼓书院建于淳熙，宋朱子为文以记，今既七十有余年矣。岁己未冬，兵革之所过而废焉。在昔碑板照耀，扫灭无余，而朱子之记岿然独存。越明年，刑狱使者俞侯下车按视，抚穹石而叹曰：斯文之未丧。宁非天哉！扫地更新，岂不在我？及幕属赵崇垟与山长李访，拓旧址，授成模，斥钱粟，以召工役。不数月，燕居之祠，会讲之堂，肄习之斋，廪庖门庑，奂焉大备。典籍所栖，先贤所奉，各适位置。外则风雩诸亭映带后前，尽复旧观。增一亭于山之巅，扁曰仰高。大辟射圃，将以暇日观士之德。又作祠以肖诸葛公之遗像。厥既就绪，侯则取明德新民之章为诸生丕扬其义，绝响再闻，士风复振。侯于是以书来曰：为我记之。嗟乎，中国之所以服四夷者，岂有他哉？亦曰礼义而已矣。庠序之教，闲燕之讲，礼义所宣明，亲其上，死其长，之所从出也，岂不重欤？侯方观风求瘼于焚骚，凄怆之余，而汲汲乎扶持斯文于几坠，可谓知本也已。昔衡山一邑能兴庙学于金甲排荡、青衿憔悴之日，杜少陵为之激烈赋诗，谓足以恢大义而压戎马之气。以今视昔，侯之所建不又韪欤？是则少陵之所欲载笔而记者也。若予之荒陋，曷敢以不韪之辞自附于大儒先生之作！独念平昔之所感发，有可为湖湘之士言者，乃不辞而遂书之。

（录自明万历《石鼓书院志》）

石鼓書院記

石鼓学田记

〔元〕黄清老

石鼓山，衡之附庸也，奇崛耸拔，中高而外秀。蒸、湘二水左右环之，既合，汤汤浩浩，同归于洞庭。书院当二流之交，回澜渟渊，远嶂森列，楼阁如在虚空中，盖湖南第一之胜地也。唐元和间，州人李宽中结庐读书其上。宋景祐丙子始赐额，与四书院并称于天下。勉斋黄文肃公提举湖南学校，视芹藻地薄，请于朝，以公帑粥籍入官田在茶陵之哀鹄乡者助之。自是衣冠济济，有上庠之风焉。圣朝混一，仍置学官主其地。至元十九年，茶陵升州，宣阃以吾故田鸦鹊塘及弥勒庄悉畀其学。士有辞，乃中析之，以弥勒庄归我。田素号善地，远书院而迩灵岩寺。无赖僧谓其名浮屠也，可以力夺。既鼓众取其禾，且置伪碑垄上，曰崇宁八年某舍。崇宁本无八年，而听者不能辨。前山长广信邓大任、番阳王复、庐陵康庄相继讼理，暂得遏失。久而弊滋，案牍俱泯。后至元丙子冬，新安程君敬直来长是山，诸生以告，即誓曰："所不复兹田者，有如二水。"闻者壮之。适分宪姚公子征来按郡，上书白其事。公为穷追故牍，出于府之小胥家，乃移郡定议。既而南台监察御史伯颜公九成、甄公允中继至，又以白。复得异时省委湘乡尹张询所拟成卷，移文郴桂分宪，指挥茶陵，俾以田复，且上其事。所隶僧技穷，赂主书者，更遣官覆稽。既至茶陵尹吴思义、衡倅于守中均适以公至潭，白于宪使郭公宋道、阃帅沙班公，皆为分遣行人速成。及履其亩，乃得编户陈自占名数，其言佃石鼓田，与簿籍参验较著。僧乃钳口退伏。至是行省命下，完璧来归，凡三百九十有五亩有奇，岁内租一百石。自启纷迄今六十有二年矣！石鼓诸生谓，春秋大复地，不可无纪，具本末来请。予观程君立志于初，竭力三载，卒酬其言，固宜大书。然有事伊始，主张纲维，率皆佥宪姚公之功，而九成、允中两御史继之，宪使、阃帅二公成之，斯文赖以不坠，法应特书。若宪司知事李公克温、察院书吏王雍、高绚赞画于上，路总管杨侯倬、知事赵璧奉行于下，其劳皆得书。且石鼓之田有在衡之新城庄者，素为豪右所匿，君发其节，得粮二十石；有在祁阳及衡山之紫盖乡者，利归富室，行之八九，君悉更地佃而租咸复旧，亦宜附书。

（录自清乾隆《衡州府志》）

复田记

〔元〕刘简

石鼓书院有田一区，曰弥勒庄，为亩三百九十有五有奇，在茶陵之哀鹄乡三十一都弥勒庙山下，因得名。后为灵岩寺僧乘隙觊觎，妄起争端，相持日久。泰定中，省府以事未白，知湘乡州张珣奉议决之。公阅案籍，辨是非，别情伪，排前议之不公者，一举而正诸事，遂定田复。越二十一年，天子思治未隆平，赫然斯怒，遣使天下。僧复以为言。使者命衡州核实其事。府受命，务已讼，议欲两解而中分之，别驾余公希元不可，迟迟未决。会湘南佥宪张公按临莅止，诸生造庭争曰："天下之事，是曰是，非曰非，岂有中分之理。"公莞尔而颔之，议定如张守，士论欢然。予时适当赴郡，诣府庭参，得诸闻见助，为之喜。山长李君宥孙因请记。诺且未暇，无何李代，今山长金文海始以书来。因忆方张湘乡论之时，予也忝录衡庠，庐陵康君庄实长是山。檄至之日，其喜洋洋，若奉垂棘而归诸晋也。斯文交贺举酒，相谓去年事或纷纭，而公论复定则又在焉。二十年间，邂逅两见，固所大快者！何幸而得僭名于其间也，而其概则尝闻之矣。初，茶陵邑士之翘楚者，率隶业石鼓。庄本没官田，勉斋黄公从士请，粥籍以助养焉，因入书院。归附初，邑升州，始不衡属，而田仍隶石鼓。坐佃有谭，厚入而轻输，同室媢嫉，欲中夺之。间言州校，争之不可。于是阴启灵岩寺僧，倡以庄弥彼佛，为名所与。有冠儒而素非李其姓者，恨士类不齿，实为伪撰碑文，诡立张本，而争自此始，时至元二十有一年也。盖自少时，侍教乡老先生，咸言如此。嗟乎！人无所不至，惟天不容伪。起一憾嫉之私，而召五六十年髡缁攘袂，宫墙之敌，理伪之相为胜负如彼，其久而既定矣。譬诸已仆之木，顾尚有孽焉，何哉？圣人之道，诗书礼乐，与异端刑祸利福之说万万不侔。俾其碑刻之谬，戾地名之非，据皆且未论。由昌黎火书庐居之义言之，虽夺彼于此，宜无不当，况勉斋先生拨赐之田，石鼓载籍之旧昭然易见，可以片言而决。悠悠岁月，此是彼非，依违两可，鲜克明断。盖三十余年而后定于湘乡公之手，又二十余年幸遇今佥宪公之明。两张公者，非信道不惑之君子，能如是乎？《春秋》书：齐人来归郓、讙、龟阴之田，心悦诚服，自来归也。今彼释贪诬，干正感世，非是之比，故备书其田侵复本末，以著二公之盛。而于设淫始俑者，直显其氏而没其名，非讳之也，恶以氏著而名不足使称于后也。佥宪名珪，散官，同张守，河南人。宪使曹侯、王敬、何永年，赞议与有力焉，宜书。诸生之庭争者，兀都蛮、玉镇、朱诚、郭玟、严植，可谓圣门之徒也，宜皆得书。至正八年正月上日，征仕郎衡州路酃县尹兼劝农事前进士古云刘简记。

（录自清光绪《国朝石鼓志》）

重修书院记

〔明〕翁世资

窃惟兴废之数寓于物，兴废之机存于人。得其人则废者复兴，否则虽兴亦废矣。然则人者，其废兴之机欤？衡故有书院，在城北郭，处蒸湘之会，晦庵先生以为一郡佳处是也。考之郡志，为唐元和间，有郡人李宽尝即石鼓山为书院，书院之名立矣。岁榛芜不治。至宋至道三年，李士真者援李宽故事告郡重建，以居学者。石鼓之名由是闻天下矣。虽岳麓、睢阳、白鹿洞殆不是过。厥后复废。淳熙间，提刑宋若水芟薙故址而益度之，别建重屋，以奉先圣先师之像。开庆己未毁于兵燹，而书院复为荆榛雉兔之墟焉。至元复有建者，年久载敝。国朝郡守史中者，去故为新，易腐为坚，实永乐十一年癸巳，距今天顺庚辰，为年四十有八。向之新者，日以漶漫，植者日以倾仆。坚者腐，完者敝，风雨不能庋圣贤之像，修饰刊落，学者无所考德而受业，四方游观者无所起其瞻仰、致其恭敬，良可愧也。一日，钱塘沈公庆以翰林五经博士擢副臬司，来按于衡。公暇，偕一二缙绅诣书院，礼谒先圣，既而顾瞻徘徊，惕然兴叹曰：为政者之罪欤！退即檄推官余敬董其事。敬字致恭，浮梁人，由国子生授今官。能知先务，毅然以兴复为己任。然时方劳窘，民力凋瘵，心虽勤于役而功罔克就。会予来守是邦，乃相与协成之。同知李睦，通判郭良、刘诚，经历潘瑜，亦皆戮力佐成厥美。凡百之费，不取于民而用自足。始事天顺四年四月，立棂星门以防无籍之徒，为大成殿以妥圣贤之像，妆饰有严，高广咸称，殿高四仞，为楹称殿，丹雘辉焕。构书院以来学者之弦歌，修碑亭以庋先代之封诰。院之为门者前后各三，亭之为楹者长短凡一十有六。院之左右又各有房三间，以便来者之寝食。缭以土牖，牖周四十丈。甃以露台，台高丈有奇。越明年秋九月二十七日落成，释奠且有日，谓予不可无记。夫为政之道，莫先于厚风俗，淑人心，然则舍学其何以哉？盖学即所以明孔子之道者也。能知学则道明，道明则易治。为父子者知所亲，为君臣者知所义，为长幼者知所序，为朋友、为夫妇知所信与别，风俗厚矣。风俗厚则于治化之行也易耳。为政者岂可缓哉，岂可轻易且忽哉？然是书院自唐迄今，兴者凡几，废者凡几，岂非有数存乎？过此以往，凡为政者皆能推此心以为心，吾知书院莫不复兴，而教道之常明，风俗之厚也又可知矣。是为记。

（录自明嘉靖《石鼓书院志》）

大成殿重修记

〔明〕薛纲

石鼓一山，屹立于蒸湘二水间，诚一郡之清绝处也。唐人李宽首筑室讲道其上，而书院之名始闻矣。宋初尝赐敕额，遂与岳麓、白鹿洞相颉颃，而书院之名始盛矣。淳熙间，部使者宋若水加修之，以居四方之学者，别建祠宇以奉孔子燕居之像，侍之以颜、曾、思、孟四子，又得晦翁朱子为之记，而其名益盛矣。自是而后，废置不一。入我国朝，鸿儒硕士，颇知向慕，惜吏于兹土者，方急催科讼狱，虽郡县各一庙学，尚不能及，奚暇于此乎？是以日就荒废，使燕居之祠覆庇，圣像岿然如鲁灵光之独存，可慨也夫。成化戊戌，汝南何侯来守是邦。越四年，辛丑，岁熟民滋，百废具举，若石鼓书院尤其所急。乃谋诸通判长寿高昶、贵溪徐凤、推官金华李悌，各相经营规画，先建讲堂、号房及仰高楼，凡为屋若干间，欲易燕居祠为大成殿，计工直繁重，待时而举。又三年，甲辰，侯视时力可为，乃撤旧易新，筑基以固，甃石以坚，择工以善，选材以良，躬为程督指画，略无难色。于时，适同知潮阳柯汉、通判四明施应麒复任，亦有以赞成之也。不半载而讫功，规模轩敞，金碧辉煌。前为棂星门，左右为门，以便出入，周垣言言，式称具瞻。水若浚而深，山若增而高，石鼓若击而鸣，先圣之像若申申夭夭之容复生矣。侯喜其成，卜日行释菜礼，礼聘名经师以教学者。春秋无师，侯兼任之，暇则亲诣讲说。弦诵洋洋，士风增倍，此昔之盛万万矣。一日，督学至衡，同知柯汉率诸生以记请。予惟自唐迄今，兴复书院者，独宋若水得称为好古图旧之君子，以有晦翁之文也。顾予何文，能彰侯之名邪？虽然文固不逮，而侯之用心实不异于若水也，敢推明之，以告夫二三学者。夫衡之郡邑，已有庙学矣，科贡宾具已不乏人矣。而侯汲汲于是者，正以衡山蜿蟺盘礴之气，产为人材无穷，设此以待豪杰之士不屑屑于科目者也。呜呼！当今之时，舍科目无由进，程试之文固不能废，亦当知有所重。执经以讲道，即物以穷理，师贤圣以践诸行。矧睹蒸湘之浩如也，足以启吾智之明；仰石鼓之屹如也，足以固吾仁之守；式瞻先圣之德容申申如也，天天如也，足以养吾中和之德。若然，则是役有功于吾道也大矣。衡之士不徒科目之士，而侯岂徒为好古图旧之君子哉？侯名珣，字廷瑞，与予为同年进士。守衡多善政，兹特其一事云。

（录自明嘉靖《石鼓书院志》）

修合江亭记

〔明〕江崇潮

予自少时读韩昌黎诗，知衡州合江亭为湖南以第一临观之美，童石有可游之日。已而官于朝，愿莫之遂。前年谪官南海，私幸得当经衡以观所谓合江亭者，后以迫于程限，径取疾江右而去，又不遂其所愿矣。今年蒙恩还旧官，赐归田里，取道零林，繇永至衡，获登斯亭，愿游之心积久而后遂，其为忻快可知矣。亭据石鼓山头，山与衡峙，负郭之北，地形特异。起于蒸湘二水之间，二水合流其下，亭因以得名。其始作于唐故相齐映守衡之日，中更废兴屡矣。今重修之者，则衡二守潮阳柯时昭也。时昭名汉，成化丙戌进士，有学有守。其为此举，不卒遽，不苟且，先事区画。募工运石，附山址而甃砌之，筑土于上，以大其基，然复循故址作亭。亭之制，不移前人，不废后观，以仰高楼为负扆，以三面水为藩堑，以白云为户牖，以两岸之人烟为邻居，以衡山七十二峰为屏障，以风帆、沙鸟、渔歌樵唱为目前之景，以宋张南轩所书碑刻、韩昌黎之诗及历代名公诸作为延客之具，亭之胜亦云备矣。然尤以为未足以尽其意之委曲，乃当亭中断石砌台，台上如蒙古篆文凿坎，以接山泉流通其中，曰流杯池。而于台下又凿小池，以止坎水。客至，重布席，列坐台次，罗肴馔坎上，坎中则流觞以饮客，仿佛乎兰亭之乐。亭之盛于是乎益增焉。矧予素愿游，一旦得寄目于此，又得时昭以为之主，则夫人与物相高，初不知其孰为胜耶？时同游者别驾高彦晖、徐延瑞、施应祥，节推李顺之，检校庞资用，衡阳令孙时贡，客自外至者，南乐儒学训导泰和李穆元载，皆斯文之契也。既游之，明日，时贡请予记其事。时贡名桥，予故人礼部郎中安岳廷兰公之子，其言有足重者。顾予虽不能如昌黎之留题其上，窃恐遗山亭之愧，故为记之。时成化己巳十月记。

（录自明嘉靖《石鼓书院志》

其孰為勝耶時同遊者別駕高彥暉徐廷璋施應祥節推李順之檢校寵貢
用衡陽令孫時員容自外至者南樂儒學訓導泰和李穆元載皆斯文之契
也既游之明日時員請予記其事時員名檣予故人禮部郎中安岳廷蘭公
之予其言有足重者顧予雖不能如昌黎之留題其上竊恐遺山亭之愧故
為記之時成化己巳十月記
明嘉靖石鼓書院志
丙戌年秋林樂倫書

重修石鼓书院记

〔明〕胡文孚

丙辰春，大水平地，突奔寻丈，沿湘上下，屋庐漂溺。乃石鼓书院当蒸湘二水交流之冲，东西岸削数千尺，惟圣庙、贤祠、讲堂居山之巅，两庑倾压，周墉崩塌，修筑工举维艰。时郡帅乐山夫子自觐归，进孚而与之曰：斯院也，其颓其葺，其斯道显晦之候乎，是惟予二三子。孚作曰：斯道之显晦也，譬诸天地之旦暮然，然不可与几矣。夫子曰：盈虚消息，与时偕极，虽太虚亦不得而与也。石鼓肇仪于天地，至唐，韩子迁谪寓焉，石鼓遂以韩子之贤名重。寻至宋，南轩张子、紫阳朱子倡道，黄子勉斋从之，讲切晏息于斯，石鼓又以二三子之贤名重。先乎唐不知其几，得韩子而始显。后乎唐亦不知其几，得朱、张两夫子乃再显。其显其晦，殆天所启耶？孚作曰：然则孰可与几。斯院也，创自郡李宽，后有作者，亦数百年而得一李士真。夫子斯举，乃再见其颓其葺，一显一晦，苟非其人，吾惧其终。于是，夫子深乎若有思谢乎。修筑之举，郡事也，吾不敢让。若斯道之显晦，吾将有待于斯世之贤。于是孚与二三僚吏黄虬峰子时康、聂罗源子文元、林少泉子腾鲤进。斯举也，郡事也，道之显晦乎。

（录自明嘉靖《石鼓书院志》）

重脩石鼓書院記
明 胡文學
明嘉靖石鼓書院志 丙戌年秋 易潤根書

重修石鼓书院记

〔明〕王大韶

天下四大书院，衡州石鼓其一。晦庵、南轩讲学于兹，昌黎韩退之经过驻节，李宽李士真读书于其上，盖文献地也。人杰则山灵，星聚则名显，自古以来，未之或改。逮我明兴，文治郁乎其盛，肆今迁安裕居李公来守是郡，不逾月，命官重修。工既竣，别驾肖泉柯公适署县事，走使谓予曰：郡成鸿巨，光尔乡邦，不可无记，非君其孰记？予闻之叹曰：兹举也，岂谫薄所能哉！盖胜地必有资于名贤，旷典要惟借诸贤守。予曾修《石鼓书院志》，考见前贤，若奏请而赐额者，有若集贤校理刘沆；若黉田以养生徒者，有若提举学校黄榦；若建号舍以聚来学之士者，有若刺史齐映、吕温、宇文炫其人。我朝成、弘以来，迄于正、嘉，若罗山之何廷瑞，若咸宁之刘用齐，若都昌之邵尧臣，若通海之乔汝修。我先师德清蔡公汝楠，亦越姚江胡公安，亦越临海金公立爱，亦越睢州张公一霁，亦越仁和周公浩，亦越河源李公焘。注厝彰施，今复得公。大哉，恢恢乎！无以尚已。夫书院有孔子燕居，有合江，有仰高楼，有风雩亭，有东岩晓日，有西溪夜蟾，有蒸湘二水，有钓矶渔唱，有栈道，有咿唔书声，有朱陵洞。公之重修，得无意哉！盖为诸生讲学读书、进德修业基也。诸生肄习其间，何以报德？勿论拖金曳玉，佩绯纡朱，为提调他日之光，即今睹燕居，宁无步趋之思乎？而诵法孔子，勃乎其不能遏。睹合江，宁无观澜之念乎？而盈科后进，俛焉日有孳孳。睹仰高，宁无上达之志乎？而希圣希天奋然自不可止。睹风雩，宁无咏归之趣乎？而胸次悠然，不知乾坤之在我。睹晓日夜蟾，宁无激昂之气乎？而古今旦暮，曾不容以一瞬。睹蒸湘二水，宁无风行水上之感乎？而经纬错综，涣天下之至文。睹钓矶渔唱，宁无沧浪之听乎？而濯足濯缨，惟其自取。睹栈道，宁无险侧之慨乎？而居易俟命，以坦荡荡自期。睹书声咿唔，宁无天在山中之象乎？而多识前言往行，以蓄其德。睹朱陵洞，宁无静深之求乎？而自强不息，要于其进无疆。公莅郡未几，而首先书院，诸生果能触物动念，随见兴思，庶几体公之心，无负重修之雅。公藉诸生生色，亦无忝于先代诸名公留心于书院者。此无他，学问以朱、张为的，文章以昌黎为准，读书以乡先正二李为宗，则蔑不胜矣。此重修意也。落成之日，公展谒诸贤祠下，喟然叹曰：舂陵周元公，其兹乡文章道德之宗乎，不得与诸贤并祀，此守土者责也。即日，约郡丞云桥张公、别驾莘洪顾公、节推紫峰唐公，卜吉祔主于其上，此旷典也。记成特书，以诏将来。

（录自明嘉靖《石鼓书院志》）

重修石鼓书院记

〔明〕周洪谟

古者党庠州序之外，闾巷有塾。自秦焚灭之后，汉始置郡国学，而闾塾未建。唐武德中，诏诸州、县及乡皆置学。开元中，诏天下州、县每里各置一学。是以当时衡阳李宽中建书院于石鼓山，盖遵里学之制，此石鼓书院所由名也。宋至道间，郡人李士真援故事，愿以私财即合江亭故址造书院，以居衡之学者。景祐中，赐敕额及田五顷。淳熙中，提刑宋若水再建于州学之南，朱子为之记。开庆中，火于兵，移置于州学旧址。至元中重建。国朝永乐中，郡守史中撤其故而新之。旧制有礼殿以奉先圣及颜、曾、思、孟像，殿之前有棂星门，殿之后有韩退之、张敬夫二先生，左右有书舍，凡六间，一柄游学者。天顺中，今户部尚书翁公时为之守，大加营缮。今二十余年，日滋损漏。今守何公珣以政事莫先于风化，故笃意诗书礼乐之教，既修郡学，又新斯院，易朽以良，易滥以坚。且谓朱子与敬夫讲道衡湘，乃入朱子于韩张祠内，为三先生。继于祠后建重屋三间，扁曰“仰高”，取高山仰止之义。即毕工，乃使人求予记其事。於乎：昔楚陈良悦孔子之道，北学于中国，孟子称为豪杰之士。今斯院者，二李迭创于前，诸公既葺于后，凡多士游其间者，不必如陈良远涉江汉，以学于他邦。第雍容于里闬之内，亲贤取友，尽心教学，则讲明孔子之道，如指诸掌。盖孔子之道，亘万世，深四海，人人之所共由者也。自一言一动之微，以极夫万事万物之变，道无不在。特以昧之而惑于他歧者，则失之远耳。今即遗经以讲之明而践之力，父必慈而子必孝，君必仁而臣必忠，夫必义而妇必听，兄必友而弟必恭，以至朋友之交，共全共信。处焉行之家，出焉行之国，则道之在我者，可以不离矣。若然，岂不可称为衡阳豪杰之士哉？故予以识书院梗概，而并以告其后之来学者。

（录自清光绪《国朝石鼓志》）

重脩石鼓書院
明 周洪謨
清光緒國朝石鼓志 丙戌年秋楊寶琳書

沧浪亭记

〔明〕沈铁

石鼓之山，蒸湘二水交会处也。唐刺史齐映名其亭曰“合江”，旧矣。余观二水，一清一溷，合而汇流，窃取孺子歌沧浪之义，上扁之曰“沧浪亭”，下扁之曰“濯缨濯足”，盖缪以崇善去恶之意，冀都人士共之也。客有讶之者云：沧浪去武当山数千里，《书》所谓嶓冢导漾，又东为沧浪水者。兹石鼓也，而以沧浪名，得无赝乎？余曰：孺子之歌，夫子取之，岂真是汉水沧浪哉！凡水之清浊皆可以沧浪称者，如周郎赤壁，原在嘉鱼境上，而坡老以齐安矶头当之。是石鼓沧浪也，亦黄州赤壁类耳。客曰：沧浪之说，敬闻命矣。但水一也，而湘清蒸溷，其故何欤？余曰：水之出于山也，涓涓耳，决之东西惟人，导之清浊惟人，引之汇流惟人。湘水出于兴安，清流固矣。蒸水出自邵阳，溷岂其性乎？良由雾气薰蒸所发然也。至合湘流，则与之俱化，而浊者亦清矣。人性之善，何以异此！

（录自清光绪《国朝石鼓志》）

滄浪亭記
明 沈鈇
曰合江舊矣余觀二水一清一涸合而匯流竊取孺
子歌滄浪之義上扁之曰滄浪亭下扁之曰濯纓濯
足蓋繆以崇善去惡之意冀都人士共之也客有誚
之者云滄浪去武當山數千里書所謂嶓冢導漾又
東為滄浪水者茲石鼓也而以滄浪名得無贋乎余
曰孺子之歌夫子取之豈真是漢水滄浪哉凡水之
清濁皆可以滄浪稱者如周郎赤壁原在嘉魚境上
而坡老以齊安磯頭當之是石鼓滄浪也亦黃州赤
壁類耳客曰滄浪之說敬聞命矣但水一也而湘清
蒸涸其故何歟余曰水之出於山也涓涓耳決之東
西惟人導之清濁惟人引之匯流惟人湘水出於興
安清流固矣蒸水出自邵陽涸豈其性乎良由霧氣
薰蒸所發然也至合湘流則與之俱化而濁者亦清
矣人性之善何以異此
清光緒國朝石鼓誌 丙戌年秋羅家年書

重修石鼓书院鼎建大观楼记

〔明〕邓云霄

宋时，海内有四大书院，而衡阳石鼓居一焉，至今不废。夫石鼓一拳石耳，何足大，大以书院也。海内为书院者众矣，兹独列四大，大以人也。然则兹院之兴废盖道脉之绝续，四方之观瞻关焉。余承乏湖南，有慨于楚俗之剽悍而未易陶也，推其故，繇敝于士习。夫士者，四民之表，而书院者，士之市肆也。院久而颓，讲业无所，弦诵阒寂，学荒习偷，蚩蚩近民，且以吾儒为诟病，而况能式四方！余甚惧焉。会直指史君巡行至衡，其致慨于楚俗剽悍，犹余志也。登石鼓而遐眺，曰："铸士陶民，其在是乎？何其颓而隘也，士安栖矣？"乃指其巅曰："盍楼诸？"又次第其殿、祠、号舍曰："盍新诸？"已而又曰："兹举也，为铸士以陶民也，其毋烦我民，我两人其各捐俸为守令倡。"于是，醵俸庀材，鸠工募夫，不数月而楼成。檐牙嵌空，流丹若虹，四面玲珑，言言窿窿，殿、祠、号舍罔不完葺，交映而郁葱。诸士可聚业乐群而弦诵其中矣。余请楼额，直指曰："宜大观。"楼下有堂，郡邑诸公请予额，予曰："宜回澜。"多士进而请曰："楼堂之额，其说云何？"予曰："浅言之，在境也；深言之，在心也。又深言之，则帝所以帝，王所以王，师所以师，一以贯之者也。"夫登兹楼者，揖衡岳，拱九疑，襟览三湘，眼空七泽，观非不大也，而非其大也。予慨然吊古，不下带而道存焉，而不见楼前广陌，非大舜南巡之辙迹耶？望里江流，云沙浩浩，固神禹所谓访龙威而麾疏瀹处也。夫舜、禹始而相，终而帝王，都丰食腴，养尊而处逸，可以自大也。乃仆仆焉不惮周游方岳，车殆马烦，卒殁身于荒服，甚至股无胈，胫无毛，手足胼胝，面目黧黑，甘臣隶之作，又何小也。乃孔子称之曰："巍巍乎，舜、禹之有天下也，而不与焉。"夫有天下而不与，可以语大矣。孔子登东山而小鲁，登泰山而小天下，东山、泰山非独孔氏登也，而孔氏独能见其大，以其心舜、禹之心，而不局其量也。夫万物一体，六合同量，故孔氏曰："吾非斯人之徒与，而谁与？"卒至辙环老死而不悔，依然舜、禹家法矣。故小其身乃大其心，以身劳天下者，心载天下者也。彼二氏者，沦空耽寂，其人之有亡，曾不足当九牛之一毳，彼自谓大耳，曷大焉？又况乎竞利于锥刀，争名于蜗角，一居要津，仅固荣宠，不复顾天下国家之计，此夫犹存乎蓬艾之间，安知大为何物？虽然，有所以大者也。大之本在刚执。夫大者，量也，虚而圆；刚而执者，力也，实而方。世未有心不镇定而能任道载天下者也，而又不见楼前片石耶？砥柱双流，力敌阳侯之怒，狂澜东倒，障之而回。然后而可以石载楼，楼载人，人载心，心载天下。苟石齾（缺齿。比喻器物残缺）。而土虚，蚁穴一决，汩没漂決。斯楼也，当在历阳之都矣。尚能嵌空流虹，言言窿窿，而称大观耶！故直指命楼取其大，予命堂取其刚。夫大者，弘也；刚者，毅也。大者，主识量精也，刚者，主定力一也。故曰帝所以帝，王所以王，师所以师，具是义矣。多士又请曰："今古游兹院者，若而人矣，孰能当此者乎？"余曰："嘻，委靡波流，滔滔皆是。所谓舟中之人，五色无主者也，奚语大观无已。其近之王、湛耶，具体而未大也，远之朱、张耶，大矣，而未化也。夫酌水寻源，登岳循蹬，从数子而入，可以不失道矣。余不敏。愿与吾侪交勉，以光胜地，轶前人，式四方，陶蒸庶。此非独余志，亦直指志耳。"是役也，直指史君捐俸二百六十金。余一百三十，衡州府杨知府钟英、强同知有义、许通判世卿、罗通判三达、李推官汝登各二十，衡阳罗知县梦旸三十。而董其役者，衡州卫经历邵士翼也。直指讳记事，关中人，巡方剔蠹敷膏，特重文教。兹楼也，其他年之砚石乎？余何幸得纪其盛！

（录自清乾隆《衡州府志》）

蔡白石先生讲院记

〔明〕廖汝恒

余尝稽郡乘，论次前后二千石，其以治理自表见者，岂不踔然殊绝乎哉？至若长育人才，纲纪世道，倡绝学以正人心，崇教化而厚风俗者，其惟我白石蔡先生乎！先生名汝楠，字子木，别号白石，浙之德清人也。少颖敏，年十八成进士。七岁从厥考夷轩翁师事阳明王先生，闻致良知之学。已又与绪山钱先生、龙溪王先生为同年，先生皆阳明先生高弟子。先生日相与切劘，密证深研，超然独诣。历官南北比部郎，出守归德，以内艰复，除衡郡。先生治衡，大较缘经术，为辅务在拊循，与民生养休息，一切饰知眩能，规规簿书期会以博名高者，薄不为也。所注意惟旧，然以明学成材为任。政暇，课诸生于石鼓书院。颜东西两斋“主静”“定性”，条为规约，要以学文、敦行、辨志、慎习、笃伦常、识仁体，令诸士日以此相考质。尝谕诸士：“石鼓著名穹壤，其书院与睢阳、白鹿、岳麓并列而四，是固尔乡先哲之所遗，而考亭、南轩与今湛、邹二先生所尝过化之地也。流风未泯，道待人行，而弦诵辍声，学问不讲，将毋诿前修为绝尘，而甘凡民不若哉？吾意诸士必不然矣。”诸士闻其言，莫不凛凛思奋。每朔望，则令诸士分讲五经，有疑难质问者，令条上。先生反复剖析，揭示指归，按条答问，亹亹忘倦。季试较士，则评骘其文，兼采其行，实殿最之，乃大书品目，某某以文行兼优，某某以行称，揭于明伦堂，以示劝惩。一时诸士无问贤与不肖，莫不感激淬励，彬彬向方矣。风声所渐，郡之荐绅与诸文学咸修执弟子礼，愿与观听。而自远方来者，吴子绍周、蔡子制兄弟自宁乡至，江子应昂自攸邑至，伍子典自祁阳至。海内名公以职事过衡者，如内江赵公大洲、归安茅公鹿门、临海敬所王公，莫不延驻石鼓，適观先生之教。先生亦率诸士敦礼请致，以所学互相质证，印可乃已。诸士列侍环听。少间，钟磬铿如声，洋洋衡湘石鼓之上，宛然一邹鲁洙泗之风也。先生尤负人伦之鉴，所题品衡士，或识之久蹶，或识之髫年，验所究竟，毫发无爽。己酉壬子，两掌场屋试卷，所简拔率时名硕，其最著者，江陵钱子錞、崇阳胡子定、蕲水朱子□□、湘阴李子廷龙，后皆以勋业表见，为时闻人，而钱子则尤以忠烈著。至今三楚人士称神鉴者，率称蔡先生云。先生在衡，历己、庚、辛、壬凡四载，癸丑春，擢四川宪副。去之日又九年，为嘉靖辛酉，衡诸父老子弟咸思慕先生不忘。其门下生被服先生之教泽者，尤深且浃，佥相与谋曰："吾党之赖有今日也，启聩发蒙，开迷途而登之觉路者，伊谁赐哉？微先生之力不及此。语曰：得其师为更生。王子亦云：通于夫子，受罔极恩。其吾党之谓乎！俎豆尸祝，图崇报先生之功德于永永者，今日事也。维时诸士，有列为缙绅大夫者，有登贤书者，有青衿者，佥以为然，各相捐俸资有差，遂买地一区于郡城南，乃鸠工为前堂五楹，曰"教思堂"；为后寝亦五楹，奉先生像祀之；堂之前为池，为中门，其径为绰楔，题曰"衡湘书院"。盖先生在衡著作有《说经札记》《衡湘问辨》《太极问答》等书，皆称衡湘，书院今从其称，亦先生志也。工始于辛酉夏六月，明年壬戌春四月落成。祠田则嘉靖甲子诸生捐金所置，而郡司理吴江邹公昆以半助焉。祠典仪节一准甘泉先生祀白沙先生之礼，主祀则必以诸生之长者主之，不佞则以所得于需染服习者次第记之，以识岁月。

（录自清乾隆《衡州府志》）

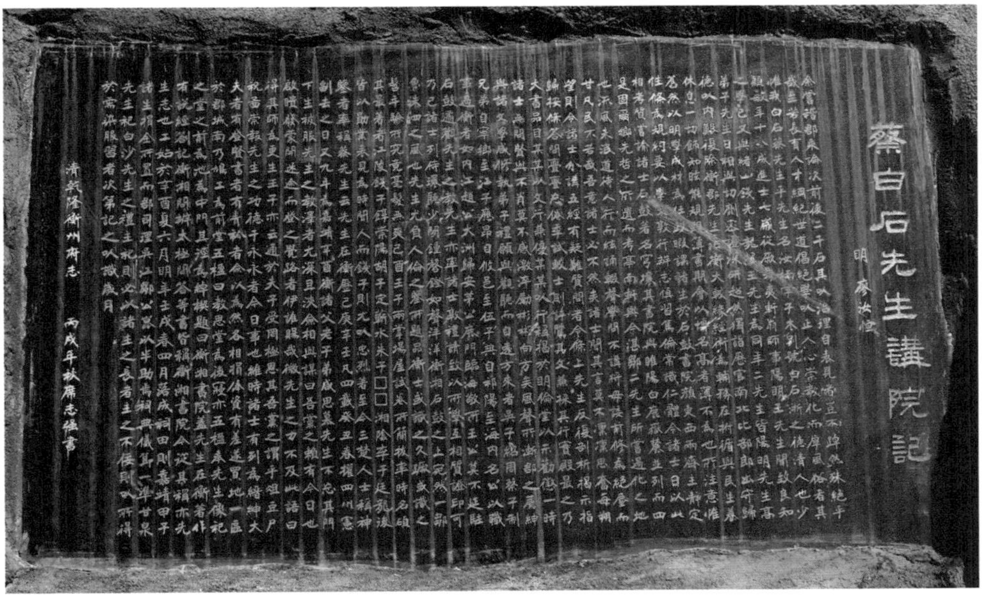

衡阳八景赋

〔明〕陈安

惟二仪之覆载兮，露造物之端倪，粤山川之流峙兮，恒献巧而争奇。彼南纪之辽廓兮，实肇宇乎重黎。景何地而不新兮，人谁游而不诗。若乃域当轸次，邑曰衡阳。北连云梦，南控炎荒，蒸云出雾，列障排冈，郁为佳丽，艳彼篇章。尔其石鼓孤悬，宠嵸巀嶪，匪土崔嵬，不崖碑矶。拱湘揖蒸，擎洲簇岊。挹飞泉于岣嵝，瞻紫气于列缺。爰有圣祠，尊崇正学，缅周程之懿轨，伟朱、张之讲幄。临渊羡化龙之鱼，老桧栖驾仙之鹤。至若峰有回雁，映带潇湘，蜿蜒迤逦，蹲踞颉颃，芳林蔚蔚，古木苍苍。高轩大刹，重阁华堂，钟警东白，鼓肃昏黄。乃霡乃霂之襄润，非云非雾之腾煌。声断秋风之嘹唳，影落云障之翱翔。四望兮烟雨，万井兮鸿茫。亦有东洲，在彼中流，桃花片片，锦浪悠悠，绿杨依岸，红雨随舟，似龙门之骧首，出蛟窟之潜身，跨昆仑而俯视，藐沧海之无津。惟兹青云之万仞，岂云春色之三分。涵起枯之甘澍，成盖世之休征。彼美西湖，芳莲叶叶，拔污出泥，中通外直，翠盖翻青，红葩罩碧，艳拂漪涟，香随风郁。纵炎赫之薰蒸，不改嫱施之颜色。藏冰玉之雪根，展蜂房之药薮。发采女之笑歌，动冶游之叹息。至于花药名山，古称胜境，溪水涓涓，流云隐隐，匪直清幽，维取渊静，据径寻泉，既甘且冷。杨子惠山方斯未盛，杰阁庄严雄楼秀整。窗内蟾辉，帘收云影。常栖五色之禽，不羡十洲之景。学士于焉逍遥，缁流以之脱颖。瞻彼岳亭，雅宜积雪，玉立层巅，光生素月，缟迷白鹤，色映青松。惊漫空之瀑布，疑襄阜之烛龙。三白兮呈瑞，九农兮时丰。至若朱陵有洞，著在仙经，谽谺莫测，坱轧无垠，中连紫盖，后拥衡城、巉岩磊砢，碛碣峥嵘，绿筠交茂，翠柏敷荣，石门密闭，洞宇宏深，感墨客而啸咏，引逸士以陶情，思黄鹄而远举，幻蝴蝶以翾轻。亦有渔家，依依水澨，竹屋蒿墙，茅檐楚堞，草入帘青，水沉玉碧。舴艋往来，罩罧杂沓。灯明两岸之星，棹拂半江之雪，逍遥兮挹片席之轻风，欸乃分载满船之明月。乱曰：肇自元穹，启楚封兮，朱鸟南翔，主祝融兮。暨于虞夏，玉帛同兮，自古文明，此独隆兮。

褰帷剖竹，敢自功兮，四境安澜，和且丰兮。驾言吟啸，操土风兮，登高作赋，愧郢中兮。

（录自清乾隆《衡阳县志》）

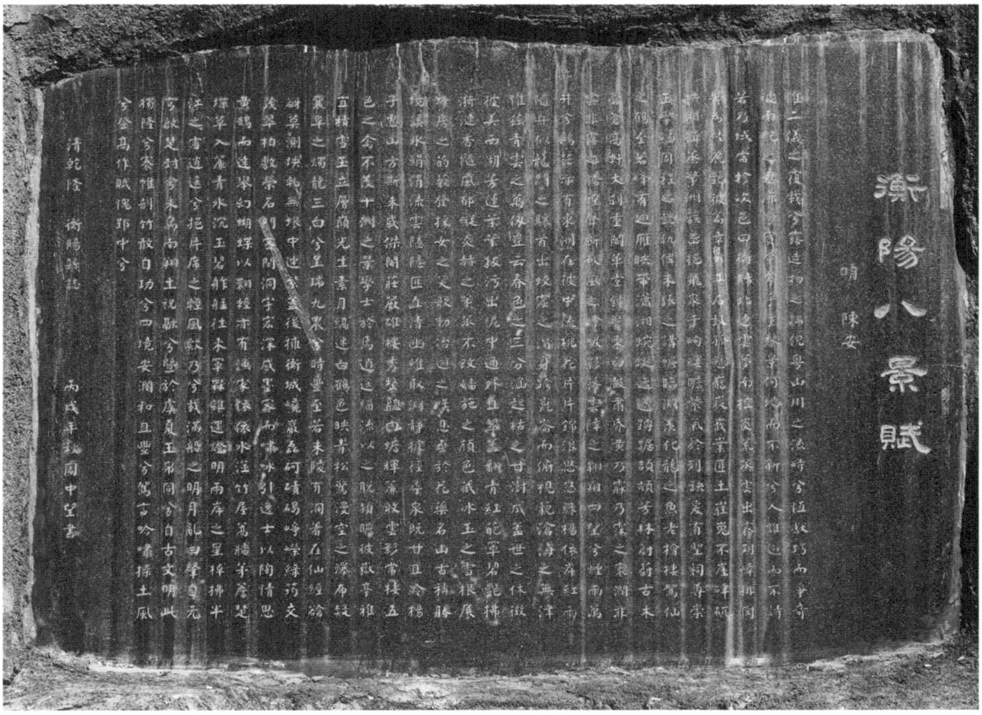

叶丰川从祀石鼓书院碑文

〔明〕徐南金

丰川叶先生，豫章丰城人也。讳钊，字时勉。□颖不群，稍长，即知躬自饬励，不骛浮华务□实。宏治辛酉，江西乡荐第二人。明年壬戌，赐二甲进士，授南京刑部广东司主事，升员外司。故辖应天，讼牒丛集，豪家贵戚在焉，动多格碍。先生至，览稽成牍，决摘淹滞，事干贵戚，一裁以法。豪奸故撼以飞语，不为动。其所治狱，悉敏断无留。时守备中贵有夺民芦洲以擅利者，廉得其实，即判归之民。甲子，南畿灾，上四事：一修君德，二止盗源，三禁民害，四清刑罚。乙丑，应诏上八事：一正君心，二选将材，三择权要，四用谠言，五守成宪，六崇大体，七绝异端，八革冗员。其曰守成宪，则欲令阉寺复扫除之役，而礼部提督之；其曰绝异端，则辨张元庆之谬妄；其曰革冗员，则欲汰武勋之滥受。皆援古义，切今弊。而守成宪一疏，尤忤权珰。会讯鞫功臣家事，有婢妾执词诞谬，稍惩之即归，自经死。守备中贵以尝夺芦洲衔宿怒，欲令诣谢即已，否则以闻人。或劝之往，先生固不听。遂摭以诬奏，竟逮至京师，下锦衣卫狱。时逆瑾用事，亦尝以疏斥，已乃杖废为民。先生既得命，暮归宿旧馆，酣卧自若，无少望。太史邵公锐称其为夫子所未见之刚焉。先生解官，以为出处一致，惟义之安，或悖于道义弥甚，惟学不可以已。于是，锐然有四方求道之志，乃涉洞庭，浮沅湘，登祝融之峰，息岳麓之野，过石鼓览晦庵、南轩二夫子遗迹，顾瞻徘徊，因留止者二岁。时，衡湘之士有知先生者，皆来受学，执贽北面而师事之。先生为之讲圣贤身心之学，道德性命之旨，剖析疑义，阐发幽微，听者亹亹。所著有《人铭根本》《子思孟子之论》。谓学者必践形尽性，人道乃全。有《西铭说》《格物致知说》《遗书辨》《服制辨疑》《太极图说》《学则》《黄钟说》《五经议》，探赜钩深，廓前贤未发之奥。逾年瑾诛，以吏部荐，诏起北礼部仪制司员外郎。令下，而先生卒已七日矣。闻者为之悼痛。先生事继母孝，有疾必扶护，唾秽必亲。童稚时，每饮食未尝先母。其好学，虽在部署，公退必观书至夜分，隆冬盛暑，冠服不废。征士康斋吴先生，江西大儒也。尝私淑其门人熊氏，每有问对，多与康斋语合。其笃信同，故其见解冥契若此。为文务造理，刬削浮艳，诗尚浑澹，以宣性情。嗟乎！学者穷居能自淬励奋往，不徒饬词章以攫声利，必以圣贤为可师。出而持法守正，不挠不回，比其去也，能脱然于宠荣得丧之外，卒以仁义道德为归，以淑其身，以传诸其人。若先生，亦可谓始终有得于学，无愧于圣贤之道者矣。嘉靖二十四年乙巳，予以御史按河南，还报命，先生之仲子秩谒予黄州之署，曰："予先君不幸卒且数十年矣，门人给事祝君岣嵝咏、别驾王君珣、乡贡进士欧阳君迁德先君未有忘，乃率庠校诸生请于提学副使滇南孙公继鲁、□昌应公槚、知府顺德何君彦，以先君从祀于晦庵朱子、南轩张子、勉斋黄子之侧，今已得享春秋祭矣。我公邑人也，其为我志之。"予诺焉。明年，予复按广西，道出衡湘，览登石鼓，顾谒四先生，肃然其上，拜奠以去。顷，予叨转楚藩左使，秩复以文来请。予曰："表扬先哲，俾令闻弗陨，以式是楚之人，是吏于土者之事也，复何可辞。"于是，以质于今提学副使华亭杨公豫孙、兵备副使海盐徐公蠲，咸嘉其事。乃檄衡州守金君立爱为之修葺祠宇，岁时展祭，必虔勿懈，而复令树石载其行事，庶有表于来世。先生有子二人，伯香事母以孝闻，诏旌表其闾；仲秩强学厉行，能益振其家声。铭曰：节彼衡岳兮湘流弥弥，鸿鹄翱翔兮矰缴安施？君之来兮骖雨螭，辛夷车兮桂旗升。祝融兮路逶迤，吊英皇兮历九嶷。采芳荪兮撷幽兰，纷杂佩兮贻所欢。吁天阍兮扣九关，时不遇兮胡浩叹。绎坠绪兮绍前谟，蹈贤轨兮窥圣途。既硕以武兮洵美且都，人之好我兮以游以娱。有位秩秩兮肃肃其灵，荐蘋芷兮洁粢盛永。歆岁祀兮其德孔明，遗芳矩兮为世程。嘉靖四十二年三月吉，赐进士、嘉议大夫、巡抚湖广等处地方兼赞理军务都察院右副都御史、前奉敕提督京畿学政、监察御史、翰林庶吉士徐南金撰。

（录自清光绪《国朝石鼓志》）

分隆冬盛暑冠服不廉徃士康齋吳先生江西大儒也嘗私淑其門人熊氏安
有問對多與康齋語合其篤信同故其見解冥契若此為文務造理刻削浮豔
詩尚渾澹以宣性情嗟乎學者窮居能自淬勵奮往不徒飭詞章以攫聲利必
以聖賢為可師出而持法守正不撓不回此其去也能脫然於寵榮得喪之外
卒以仁義道德爲歸以淑其身以傳諸其人若先生亦可謂始終有得於學無
愧於聖賢之道者矣嘉靖二十四年乙巳予以御史按河南還報命先生之仲
子秩謁予黃州之署曰予先君不幸卒且數十年矣門人給事祝君昀嘍詠別
駕王君珣鄉貢進士歐陽君遷德先君未有志乃率庠校諸生請於提學副使
滇南孫公繼魯□昌應公檟知府順德何君彥以先君從祀於晦菴朱子南軒
張子勉齋黃子之側今已得享春秋祭矣我公邑人也其為我志之予諾爲明
年予復按廣西道出衡湘覽登石鼓謁四先生肅然其上拜奠以去頃予叨
轉楚藩左使秩復以文來請予曰表揚先哲俾令聞弗隕以式是楚之人是吏
於土者之事也復何可辭於是以質於今提學副使華亭楊公豫孫兵備副使
海鹽徐公爵咸嘉其事乃檄衡州守金君立愛為之修葺祠宇歲時展祭必虔
勿懈而復命樹石鐫其行事庶有表於來世先生有子二人伯香事母以孝聞
詔旌表其閭仲秩彊學勵行能益振其家聲銘曰節彼衡嶽兮湘流瀰瀰鴻鵠
翱翔兮增繳安施君之來兮驂而螭辛夷車兮桂旗升祝融兮路逶迤吊英皇
兮歷九疑採芳蓀兮擷幽蘭紛雜佩兮貽所歡籲天閽兮扣九關時不遇兮胡
浩嘆繹瑩緒兮紹前謨蹈贊軌兮窺聖途既頎以武兮洵美且都人之好我兮
以遊以嬉有位秩秩兮肅肅其靈薦蘋芷兮潔粢盛永歆歲祀兮其德孔明遺
芳躅兮為世程嘉靖四十二年三月吉賜進士嘉議大夫巡撫湖廣等處地方
兼贊理軍務都察院右副都御史前奉勅提督京畿學政監察御史翰林庶吉
士徐南金撰
清光緒國朝石鼓志
丙戌年秋陳彬清書

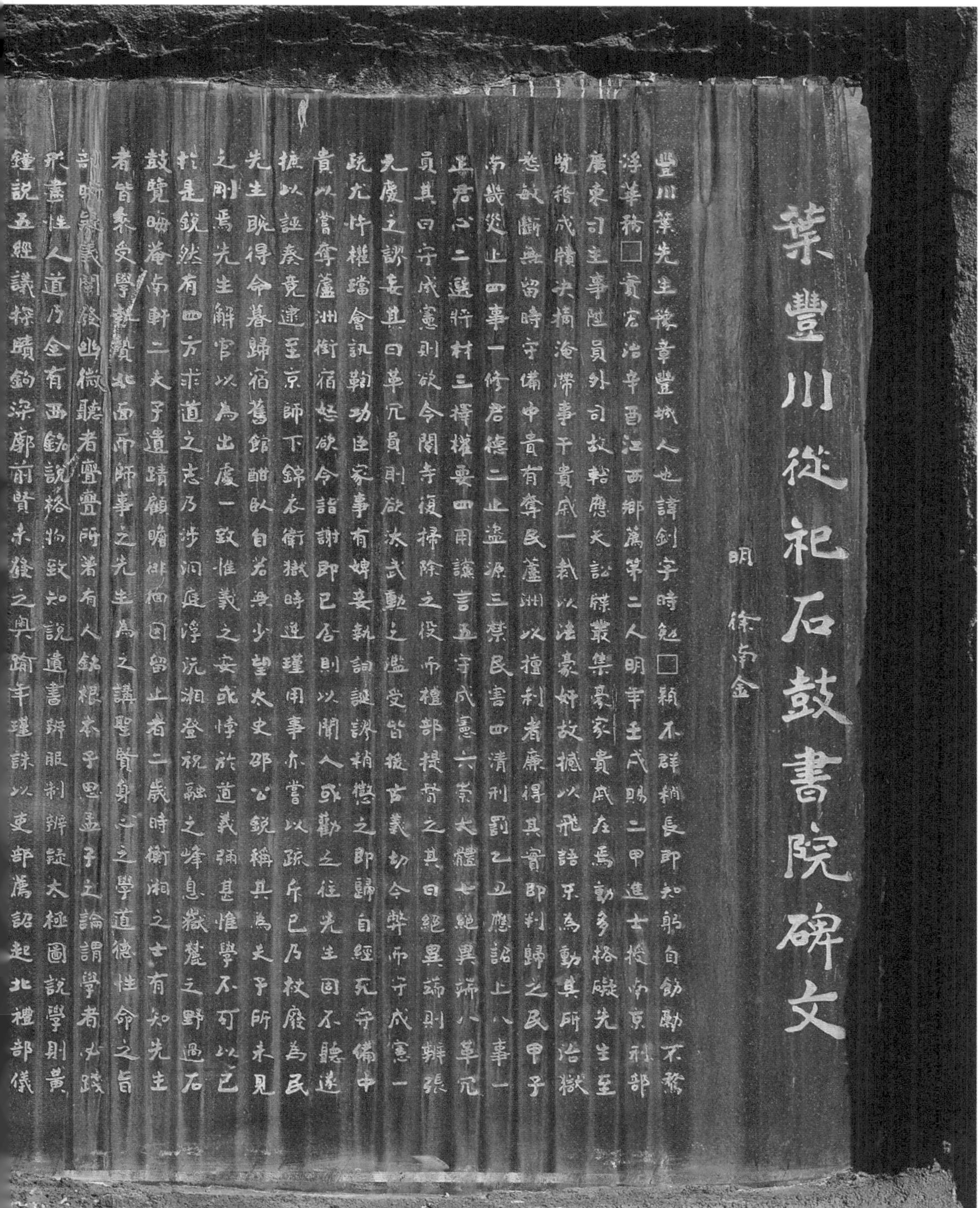
葉豐川從祀石鼓書院碑文
明 徐宗金
豐川葉先生豫章豐城人也諱釗字時勉□穎不群稍長即知躬自飭勵不鶩
浮華稍□賓宏治辛酉江西鄉薦第二人明年壬戌賜二甲進士授南京刑部
廣東司主事陞員外司故轄應天諸牒叢集豪家貴戚左焉動多格礙先生至
覽稽成牘決摘淹滯事干貴戚一裁以法豪奸故撼以飛語弗為動其所治獄
悉敏斷無留時守備中貴有奪民蘆洲以擅利者廉得其實即判歸之民甲子
南畿從上四事一修君德二止盜源三禁民害四清刑罰乙丑應詔上八事一
正君心二選將材三擇權要四用讜言五守成憲六崇大體七絕異端八革冗
員其曰守成憲則欲令閣寺復掃除之役而禮部提督之其曰絕異端則辨張
元慶之誣妄其曰革冗員則欲汰武勳之濫受皆援古義切今弊而守成憲一
疏尤忤權璫會訊鞫功臣家事有婢妾執詞誣謗稍懲之即歸自經死守備中
貴以嘗奪蘆洲銜宿怨欲令詣謝即已否則以聞人或勸之往先生固不聽遂
摭以誣奏竟逮至京師下錦衣衛獄時逆瑾用事亦嘗以疏斥已乃杖廢為民
先生既得命暮歸宿舊館酣飲自若無少望太史邵公銳稱其為夫子所未見
之剛焉先生解官以為出處一致惟義之安或悖於道義彌甚惟學不可以已
於是銳然有四方求道之志乃涉洞庭浮沅湘登祝融之峰息嶽麓之野過石
鼓覽晦菴南軒二夫子遺蹟顧瞻徘徊因留止者二歲時衡湘之士有知先生
者皆來受學執贄北面而師事之先生為之講聖賢身心之學道德性命之旨
剖晰義闡發幽微聽者亹亹所著有人紀根本子思孟子之論謂學者必踐
形盡性人道乃全有西銘說格物致知說遺書辨服制辨疑太極圖說學則黃
鐘說五經議採蹟鉤深廓前賢未發之奧踰年瑾誅以吏部薦詔起北禮部儀

石鼓书院志记

〔明〕黄希宪

石鼓书院自宋赐额，名于宇内尚矣。予自家食时，恒欲涉洞庭，陟祝融，登合江亭，以窥朱、张二先生讲论精蕴。山川阻修，有志焉未之逮也。万历己卯岁春仲，谬叨简命，入衡岳，见书院翼然于蒸湘之上；乃卜吉洁牲，祗拜于三贤祠下，昭彝典也。予因喟然，进诸士言曰：山，一也，有仙则名；水，一也，有龙则灵；人，一也，有道德则胜。《诗》曰：天生蒸民，有物有则，民之秉彝，好是懿德。君子惟患道德之弗能实有诸已焉尔。书院肇自唐宋，迄于今日，岁月屡更，陵谷几变，而昌黎之古诗，朱、张之精论，炳若日星，垂诸宇宙，历千万世而不可泯灭。凡缙绅士大夫经兹地者，莫不仰而思之，跋而敬之，是孰使之然哉？秉彝好德，古今所同，于兹实验之也。是故柳子厚以文章鸣于唐，而愚溪胜焉；周元公以理学鸣于宋，而濂溪胜焉。然则石鼓之胜，非以三贤之道德胜之矣乎？今之论学者，每责备昌黎之学，而尤妄议先儒之愚同。噫，皆非及已实践之功也。君子之学，求诸内匪求诸外，师其心匪师其迹。于昌黎也，而师其说言直谏之忠，于晦翁而师其友躬实践之学，于南轩而师其精严义利之辨，则三贤之心即吾之心，三贤之道皆吾之道焉耳矣。否则，言词皆糟粕也，栋宇一尘迹也，可不惧哉！予不佞，幸偕诸士登堂拜瞻严像，尚当夙夜孜孜以求，无负三贤之遗矩，而上溯周孔之渊源，庶几身心有益，诸士其尚敬勉之哉！旧志散逸枋镘，几不可读。予惧其久而无征也。爰命教授罗梦旸专托心雪王君校正之。事竣，漫书数言，以缀于简。

（录自明嘉靖《石鼓书院志》）

石鼓書院志記
明 黃希憲
石鼓書院自宋賜額名於宇內尚矣子自家食時

石鼓书院志后序

〔明〕王大韶

息园避客五年于兹，偶奉宪伯毅所黄先生命，以《石鼓书院志》属不佞为序，正辞不获命。因阅旧志，简脱字漫，至不可读，是役诚不可已，而不佞非其人也。夫衡岳南纪之宗，而石鼓为尤胜。扶舆清淑之气，磅礴而融萃，屹然据潇湘上游。灵秀所钟，必有俊杰之士生于其间，而振作兴起，固必待人而后成，岂偶然哉？昔者郡人李宽辟构其上，而昌黎先生为之品题；李士真复兴故业，而朱、张两先生为之唱和。使非黄文肃公广厉而维护之，亦何以流藻垂光，至于今称盛哉？洎文肃公而后，复数百余年，其间缙绅先生之往来兹地，相与阐发微言、倡明正学者，代有其人，而志顾寥寥，佚而不书，书而不法，后将何观。黄先生承命视学湖南，慨然以斯道自任，而叹文献之无征，故命不佞以是役，甚盛心也。不佞有感于紫阳记云：命郡县学宫置博士弟子员，皆未尝考其德行道艺之素，其所授受又皆世俗之书、进取之业，使人见利而不见义，士之有志于为己者，盖羞言之。是以常欲别求燕闲清旷之地，以共讲其所闻而不得。以故于潘畤、宋若水二公之有劳于书院者，盖两高之，而其教学者，则又惓惓证张敬夫义利之辨，使之严核而精计之，繇斯以谈书院之设，岂为多士絺章绘句地哉？如以词章而已矣，虽摛藻如春华，终无益于殿最，何以称书院，则亦乌用志也乎哉！不佞穷日夜之力，考诸掌故，粗为删润，复采诸贤教言之在石鼓者备书之，庶诸贤之所为教俟后世于无穷。而士之讲业于斯者，其尚究紫阳为己之旨，绎南轩义利之防，远思文肃置田育士之心，近体宪伯征献作人之意，勿徒绣盘帨而猎声华，是末师而非往哲，乃所谓豪杰而圣贤哉！《志》成，凡若干卷，以复于黄先生。先生命有司刊置书院，而不佞敬用序诸末简。

（录自清乾隆《衡州府志》）

石鼓書院志後序
明 王大韶
清乾隆衡州府誌
丙戌年秋謝宏治書

石鼓奉诏图赞并序

〔明〕王添表

石鼓奉诏图者何，丰城叶子之所作也。叶子所作者何，所以图乃翁丰川先生奉诏于吾石鼓也。先生以明经第进士，官刑部，每讯狱，必执法。以此中贵诬奏，逆瑾得逞私忿，先生遂解官西归。赖平生忠义，表表在人，幸得不即死。公既归田，盖将终老，虽无心于世，而有心于人。正德庚午春游衡湘，慨慕朱、张夫子高风，登岳麓之堂，坐于石鼓阐明遗经，一时学者滃然云从。凡出其门者，后皆为名士。未几，瑾既伏诛，公道亦明。以是年八月二十四日，公奉诏于石鼓时，郡守海宁愈公雅重公，为公具冠带服色，率僚属亲诣书院，朝士赍诏捧读，先生光膺宠命，东向再拜。儿童走卒，奔往乐观，而斯文亦大增色。会吏部寻亦荐公为仪制郎，九月命下，而公卒于书院已七日矣。且公以直道不为世所容，遭时遘难剥之殆尽，高蹈远引，如硕果不食。然道不终废，有命自天。斯正一阳来复之候，而公遂以不起，俾得大究厥施，是可伤也。然愚闻之先生资禀既高，闻道又蚤，虽易箦仅四十有三，而于此亦可无遗憾矣。长子香以孝行闻，已殂世。惟次子秩，时尚在襁褓，既长，每痛念乃翁生长存殁之所与夫生平事功，论述不忍沦丧。乃以嘉靖戊戌冬告于兹闱，远寻于衡，居逾月，延访先生门人故友，得其家藏所著遗稿若干，手录以还。方且命工画其形容，绘其衣冠，以存俨思之意。拟题曰“石鼓奉诏图”，盖不忘其地，且以识宠荣也。图成，特命添表序其事。戚而言曰：孤之于先君，所可传者心，所不可见者形。图之克肖与否，孤不可得而知也。亦惟仪刑于彼，永怀于此，庶几夙夜以少尽吾心焉。尔终天之恨，岂图所能尽乎？呜呼！孝子仁人之用心固如此邪。愚生虽晚，安敢以不敏辞。姑以平日所闻于师者，掇取先生宦游大致序述数语，以应吾子之求。如此，若先生入朝奏议，居家著述与其政事文章，诸各有在，异时当采于太史，刻于金石，传诵于四方贤士大夫之口，以垂不朽。此则愚可略也。矧又有吾子之贤为先生克家乎，其缵承先业，固有辞于永世，奚待愚赘言。赞曰：磅礴乎堪舆之浩气，淬磨乎武士之干将。充之而无所不至，遇之而莫我敢当。殆从容而中乎义理，岂矫激而徒恃乎刚。彼人之委靡，虽苟容于一时，视夫子铮铮名节，至于今有耿光。读孟轲氏之书，已尝登山而观海；振太史公之屐，亦既逾岭而浮湘。巍乎！凛然登岳麓而坐石鼓，执经问难，多士济济以升堂，匪直考德问业，成就乎及门之士。而人之愿见者，获闻绪论，尚多私淑乎。吾党追考亭、南轩之芳躅，真无愧乎寓贤之配飨。噫！衡山苍苍，湘水泱泱。居焉以游，息焉以藏。丰川桑梓之墟，魂谅返乎故都，而公之神在斯地也，则固仿佛乎浴沂风雩之乡。嘉靖己亥春正月既望之吉，衡郡后学王添表拜手撰。

（录自清乾隆《清泉县志》）

刊石鼓遐思卷序

〔明〕杨铨

《石鼓遐思》者，石鼓之门人士思吾丰川叶先生之所作也。作于三十余年之后，二千里地之远，是之曰遐。夫君子之道乎诸己，被诸人，结诸其心而不可解，夫而后有思。思者，人心之官，审于物而衷于理，思之善也。心匪繇弗思，思匪言弗达，言匪文弗永。观于遐思，可以征德，可以明教，可以察衷矣。先生少游月湖尚书杨文恪公之门，探究理学，其于举业程式之文若非得已。比登进士，官南曹，刚正侃烈，无所顾避。当逆瑾时，事忤权珰，构逮锦衣狱，荷校匝月，杖废为民。乃纵游湖湘，抵石鼓书院，访张、朱遗迹，以毕初志。四方之士慕名而从之游。辟席授讲，敷绎理奥，若将终身焉。瑾诛，起礼部员外郎，命下，而先生逝矣。呜呼！治乱盛衰，屈伸进退，时会势几，君子无如之何！独惜夫先生者，遭乱而治，既屈而伸，人定且胜矣，苍苍者无少慭焉，亦世之所惑也。传曰："帝天之命，主于民心。"吾无望于人心乎。大化运行，浑浑噩噩，央轧磅礴，橐钥委顺，缦细摩荡，嘘吸聚散，各惟其遭。若水，浮作沤，凝作冰。罔与故，是故天无心也，寒暑灾祥有愆忒焉。惟人之心秉好恶，明善恶，公是非，严与舍，群而不可挠，百世无僭也。首丘后三十余年为嘉靖己亥，子惟庸以先生殁时方在襁褓，家罹回禄，弗睹手泽，寻游至石鼓，以泄哀痛，遘觅遗稿。石鼓诸君思先生久而愈深，因惟庸而其情愈溢，并声交作，以鸣其思。事实言文，确乎可永，其诸民心之天之不挠无僭者乎？铨少闻绪训于先生未第时，实先石鼓诸君，而乃以口耳词章窃食四方，虽尝渡潇湘，望衡岳，峻迫期会，未能一抠衣步踪以吊游灵，罪浮陈相矣。乃若思之结于心者，则未敢在诸君后也。感咽欷歔，命工刊布，庶几征潜德，慰惟庸，永诸君之思于无斁云。嘉靖二十年岁次辛丑孟秋朔日，门人杨铨拜书。

（录自清乾隆《衡州府志》）

刻石鼓遐思卷序
明 楊銓
石鼓遐思者石鼓之門人士思吾豐川葉先生之所作也作於三十餘年之後二
千里地之遠是亡曰遐夫君子之道予諸己被諸人結諸其心而不可解夫而後
有思思者人心之官寓於物而衷於理思之善也心匪繇弗思匪言弗達言匪
文弗永觀於遐思可以徵德可以明教可以察衰矣先生少遊月湖尚書楊文恪
公之門探究理學其於舉業程式之文若非得已比登進士官南曹剛正侃烈無
所顧避當逆瑾時事忤權璫構建錦衣獄荷校四月枚廢爲民乃從遊湖湘抵石
鼓書院訪張朱遺跡以畢初志四方之士慕名而從之遊闢席授講數繹理奧若
將終身焉瑾誅起禮部員外郎命下而先生逝矣嗚呼治亂盛衰屈伸進退時會
勢然君子無如之何獨惜夫先生者遭亂而治既屈而伸人定且勝矣蒼蒼者無
少憖焉亦世之所惑也傳曰帝天之命主於民心吾無堅於人心乎大化運行渾
渾噩噩央軋磅礴囊籥委順絪縕摩盪噓吸聚散各惟其遭若水浮作漚凝作冰
固與故見故天無心也與暑災祥有適忒焉惟人之心爭好惡明善惡公是非嚴
與舍群而不可撓百世無僭也首丘後三十餘年爲嘉靖己亥予惟庸以先生殁
時方在繈褓家罹回祿弗覩手澤尋遊至石鼓以泄哀痛遍覓遺稿石鼓諸君思
先生久而愈深因惟庸而其情愈溢拉殷交作以鳴其思事實言文庸乎可永其
諸民心之天之不撓無僭者乎銓少聞緒訓於先生未第時一實先石鼓諸君而乃
以口耳詞章竊食四方嘗渡瀟湘望衡嶽峻迫期會未能一摳衣步蹤以弔遊
靈罷浮陳相矣乃若思之結於心者則未敢在諸君後也感咽欷歔命工刊布席
幾徽潛德慰惟庸永諸君之思於無斁云嘉靖二十年歲次辛丑孟秋朔日門人
楊銓拜書
清乾隆衡州府志 丙戌年秋余庭良書

重修石鼓书院疏

〔清〕袁廓宇

题为名贤，教地久湮，多士文风渐靡。臣捐资修举，以崇先祀，以引后学。事窃惟教化倡，则人心正，文明盛，则奸宄消。盖自古以来，岳渎加封，名贤赐祀，原以制一代祀典之隆，兼以昭万古伦常之极。今我大清建鼎，制作维新，章程宪古，事事改观矣。臣在遐荒，思维巩固皇图，宏开景运。苦臣愚昧，少所俾臧，适当窃创。衡阳楚地上游，湖南冲要。东连两粤，啸聚无常；西逼滇黔，烽烟时警。诸凡防守稽察，缮器修城，不敢不兢兢修饬，犹恐大义未明，以致宵小窃伏。深维其故，非仅师武臣力也。是必大明学术，丕振人心，使君父之谊、忠孝之性晓然于人心。庶诗书之泽反侧倾心，而干羽之风苗顽渐格，谓非文德怀柔之效与？臣谨披阅图记，城之东北二里许，有石鼓山书院一区，当蒸湘冲水之交汇，存汉唐数代之芳踪。昔诸葛武侯驻节临蒸，调兵充赋，后世因以建祠。及唐，则郡人李宽结庐讲学。宋则朱熹、张栻再阐儒风。考其由来，书院之创修在唐元宗之甲子，历二百七十余岁，至宋太宗而一新，又二百八十余岁，当元世祖而复振。碑称宋景祐中赐额“石鼓书院”，有韩愈、朱熹、张栻三名贤，后增李宽、李士祯、黄榦、周濂溪共七贤焉，并赐田庐以赡庶士。沿及明初，无不鼓励重光。厄于明季，祸起群凶，煨烬之余，禋祀不举。及今诸士散伏，诵读无声。臣职是土，日切图维，必使一道同风。尚尔修明，用是会同镇臣南一魁、巡道臣吴甲周、协守臣高成旦、知府臣范明宗、通判臣张思房、推官臣刘梦兴、知县臣薛兆潜共捐资，重委候选通判孙应赓、知县余天溥相度经营。起工于去岁仲冬，落成于今年仲夏。中堂妥侑武侯，两庑各为书舍，前堂谨祀七贤，共费值六百余金。而郡都人士相庆重新，复集诸生岁时课艺，以敦教化之本，续先圣之绪，使之修身论道，贞志咸归。非奉皇上宠灵，则祀典不光，风猷有梗。臣敢冒昧上请者，不第起诸贤之故事，实所以绥德怀来，鼎振风俗，有关于世道人心者也。伏乞敕部咨访旧例，仍赐祀典，以光先贤，以鼓后学，永志皇慈于不朽矣。

（录自清乾隆《衡州府志》）

合江亭记

〔清〕蒋景祁

合江亭当蒸、湘之会，凭高瞰虚，渺阔无极。昌黎韩子贬时，尝憩息于此。其赠刺史邹君有诗，而南轩张子为之书，勒石于亭。登合江亭者，拊其碑，读其诗，未尝不徘徊而不能已也。世多谓韩子之学不淳，未入大贤之域，且贬潮，谢上表，未免卑辞乞怜，疑所信之不坚乎！予谓不然。夫人臣告君，忠而不激，怨而不乱。方其指论佛骨，讥斥主上，可谓激矣。及得罪而出刺南荒瘴疠之区，虽不惜捐弃顶踵，远御魑魅，而回思朝廷之上，宫禁之侧，谁复献可替否，以酬主上之万一者？言念及此，其何以堪！而尚肆为感慨激烈之辞，以自暴于天下，而明其主之非是，君臣之义绝也，无乃乱乎？故世人不足以知韩子也。若夫杨、墨之祸，横行于孟子之时，而孟子以后历数千百年，未有能极言高论，大畅其说于韩子者，故韩子谓孟子功不在禹下，盖其自处亦不敢避好辨之名，以庶几上继乎孟子之意。世之人尊孟子亦可以尊韩子矣。宋之诸贤又继韩子而起者也，韩子为之难，宋人为之易；韩子为之前，宋人为之后。韩子当时，李翔、张籍数人而外无语言者，而韩子特立不惧。以视宋之诸贤，后先济济，群扶圣道于不坠，其力之众寡，为何如也！南轩张子，宋室大儒，与韩子几四百年。其所传之诗不啻吉光片羽，而重为摹仿其声音，流连其篇什，托之于书，勒之于石，传播至今，岂独以其诗云耳？盖三致意焉。予不能知韩子，以张子之知韩子者知韩子，或庶几乎？然则合江亭得两贤，可以记矣。是为记。

（录自清乾隆《衡州府志》）

重修石鼓书院碑记

〔清〕崔鸣鹫

有天地则有山川。山川之灵异，关乎人物之开拓，而振兴之，则留芳声于奕世，铭著述于无疆。否则，川徒叹逝波，山视同土壤耳。衡阳之有石鼓，相传为汉武侯督饷之处，石鼓遂以胜地名。又传为唐昌黎韩公、宋南轩张公辈讲道论艺、过化存神之所，因以石鼓书院名。此数贤者，皆前辈大儒，而灵爽式凭，千秋仰止，至今其碑记犹存，后人踵韵不绝如缕，知非独游观宴饮之地。谓山林蓊薱，联络于履舄之间；鱼鸟亲人，兴观于耳目之表已也。余来守是郡，每登眺其上，西望云母，郁郁苍苍；北瞻衡岳，芙蓉、岣嵝各峰之奇，乃神禹治水得金简玉牒之秘于此也。两水合江，东湘水，北蒸水，潆洄澎湃于巉岩之下，隐隐如鼓声也。今圣天子隆师重道，表扬前徽，自阙里而外，凡属先儒旧迹，莫不加意兴复。忝在守土者，不能仰体钦崇，而徒赋诗饮酒。如欧阳彬于青山白水中作风月主人，岂不背哉？余慨然有兴复之志，虽学宪蒋公捐金创修，继以前守令张公余君搜剔岩穴，踵事增华，然苦物力不足，空旷一任牛羊蹂躏，伧父狼藉于阶除间，毁瓦画墁，毫无忌惮，栋宇榱桷，旋兴旋废，良有以也。且中杂以佛图，位置鲜伦，甚非崇儒重道之意。余兹捐俸重修，增其所未备，焕其所已然。周围筑墙，高七尺许，重门深扃，择人而守，以司启闭，彼牛羊伧父岂复能逾垣而为患哉！功告成，随作阁，移七贤神牌于中堂，俾后学有所瞻仰。方期督率师徒，援古证今，析疑问难，庶几无虚负此山林，汲汲乎恐未逮于前人也。昔柳子厚守永，谓楚之南少人而多石，盖柳子抑郁迁徙，如不终日之所云。故著为文章，不过丘壑涧洞之奇，知无足敷宣道学，广励生徒。余追踪先哲，雅意作人，窃有志于学道而未能云。

（录自清光绪《国朝石鼓志》

重脩石鼓書院碑記
清　崔鳴鷟
清乾隆衡州府志　丙戌年秋劉彥書

大中丞赵公去思碑记

〔清〕邹定周

中丞武进赵公，既内擢都宪逾年矣，衡士民乃树石于石鼓七贤祠前，以志去思。学博吴炯董厥事，邮札东安以碑铭属定周。定周曰：嘻！公节度湖南凡九郡，吾衡仅处一耳，而衡之人之思公也，若以公为独私己焉者，则何也？迹公之善政，如禁杂徭，除馈遗，绌耗羡，解费有免，漕脚有额，斗斛有式，以至爱士养民而严较试、慎庶狱也。一时出水火而登衽席，于九郡类然，非独衡也。若乃有事岳庙、诣岳者屡矣，庀工敏慎，不扰里廛，规制崇闳，维公之绩，然其事无与衡民也。其以视水道、巡郡国也宿舟石鼓者再，因命学博吴君移署大观楼兼摄义学，旋躬谒文庙，视所崇祀乡贤六主，捐费命建赵忠定公祠，命建南城谯楼，随解缆行其事，皆关礼教，然亦非私庀于衡也。乃公始与使臣构也，衡之人顾咎公曰：公何不自爱，以活吾穷檐，乃构人以速祸乎！于是怀香剪纸，祷于岳神，谓岳神其念公之劳而默相之也。既而闻公以直胜，则以为神实佑之矣。未几，公又与提臣构，其咎公如曩时。迨解组对簿，相聚哀号，如丧慈母，为之闭市，为之罢宴乐，又纷纷走岳阳，或持升粟斗酒，以献所在，申祷不独岳神也。既而闻公复任，则又以为神之佑之矣。于是村闾衢巷，在在爆牲洁醴，演戏以酬神恩。噫！岳之佑公，讵不谓然。然非天子圣明，知人善任，以嘉惠九郡之民，虽山岳效灵，其如公何哉？虽然，不可谓衡之人独私公也。昔召伯宣化南国，岂惟私一甘棠而爱甘棠，若私召伯如此然，则信宿之石鼓，非我公之甘棠乎？则于是系思焉，亦谁曰不宜，而定因之有感矣。士君子得志而行其道，治民而民爱之，事上而上信之，此古今不易得之数，公何以兼而得之哉？范文正公做秀才时，即以天下为己任，志也。迨其后，朝廷赖之，海内仰之，异国亦闻名而知戒焉。无他，不负其夙志已矣。涓涓之泉，等诸行潦，而穿山度碛，必达江海而止。竹树始萌，其蘖以寸，而挺然出危岩，隙石磵，以至干霄百仞，何则，气不容围也。古之人，身荷重任，为人所不敢为，不屈不挠，务竭其才而后已，匪是气也，讵不馁诸。公秉其不可夺之志，辅以配道义之气，以自矢于上下之间，不介而孚，又何疑焉？公之先，大夫；止翁，夫子，前朝名甲科也，以部郎终隐。其学以尚志为主，养气次之。始筮仕公安，清风惠政，不可枚举。其最异者，躬自克夫而杜亲藩征夫之妄，秉公正论以辨邻邑某令之诬，强御屏迹，上宪动容，其渊源何似也。公原本家学，行已直方，退居十年而不悔，骤膺大任而不惊，柔不茹，刚不吐，泽必下究，忠不虑身，宜其获上得民，有如是哉，信乎！公良臣也，贤使君也，抑亦孝子矣。定故表而出之，以著于碑。碑植石鼓之上，蒸湘会焉。后之览斯碑者，庶其酌水而知源乎！铭曰：衡岳之阳，蒸湘之浒，有山蹲焉，繄惟石鼓。双流萦之，莫啮莫窳，水清不激，石峻不怒。厥响虽寂，中含万舞，君子似之，维舟伊浦。瞻葛吊韩，方文比武，公绥后禄，人怀旧雨。不见龙门，白云如睹，植碑斯碛，永志乐觌缕。异时俎豆，勿烦构宇，祠列七贤，惟公克伍。公讳申乔，字任瞻，号松伍，江南常州武进人。康熙庚戌科进士，由商丘知县行取，闲居十年，简授浙江布政司，升授浙江巡抚，转任湖南巡抚，今擢都总宪。

（录自清乾隆《清泉县志》）

大中丞趙公去思碑記
清 鄒定周
清乾隆 清泉縣志
丙戌年秋甯新華書

重修忠节祠碑记

〔清〕陈沆

李忠节公讳芾，宋季以湖南安抚使知潭州，守孤城，抗元师，智勇俱竭，阖门殉义，事具郡志。公衡阳人也，元时即公宅故址建祠。后移之石鼓山，与诸葛忠武祠对峙，列于祀典。然而木主暗淡，屋宇仅蔽风雨。予每谒公祠，怛然弗宁。窃念兴起教化，莫如表彰前哲。矧衡阳又公桑梓之地，雁峰、石鼓近在履舄，皆公平生卧游处。公虽血花化碧，近垄无归，而英风浩气与三闾忠魂翱游于沅湘澧渚间者，安知不眷恋故山，往来栖托于此。而庙貌不肃，取具于墙壁，非所以妥神灵、备观瞻也。辛亥春，鸠工度材，撤去旧屋。更为宏朗，阅两月而落成。焕然改观，与忠武祠规制相等。夫公之鞠躬尽瘁，以死殉国，不顾成败利钝，与忠武同其俎豆。兹土揖让忠武，不俟今日。然必作而新之者，非独致予景仰之意，亦欲使衡之人士瞻公祠宇，知异代数百年忠义之气，耿耿在天地间，不可磨灭，相与感奋兴起，勉为忠荩，则斯役也，固亦振风化、培人才之一端也。已勒于石以志之。

（录自清乾隆《衡州府志》）

重修忠節祠碑記
清 陳沆
李忠節公諱芾宋李以湖南安撫使知潭州守孤
城抗元師智勇俱竭闔門殉義事具郡志公衡陽
人也元時即公宅故址建祠後移之石鼓山與諸
葛忠武祠對峙列於祀典然而木主闇燹屋宇僅
蔽風雨予每謁公祠怛然弗寧竊念興起教化莫
如表彰前哲矧衡陽又公桑梓之地雁峰石鼓近
在履舄皆公平生所遊處公雖血化碧垣飛無
歸而英風浩氣與三閭忠魂翱遊於沅湘澧渚間
者安知不睠懷故山往來棲托於此而廟貌不肅
取具于墻壁非所以妥神靈備觀瞻也辛亥春鳩
工度材撤去舊屋更為宏朗閱兩月而落成煥然
改觀與忠武祠規制相等夫公之鞠躬盡瘁以死
殉國不顧成敗利鈍與忠武同其俎豆茲土揖讓
忠武不使今日然必作而新之者非獨致予景仰
之意亦欲使衡之人士瞻公祠宇知異代數百年
忠義之氣耿耿在天地間不可磨滅相與感奮興
起勉為忠蓋則斯役也固亦振風化培人才之一
端也已勒於石以志之
清乾隆 衡州府志 丙戌年秋陳伯槐書

重修合江亭记

〔清〕陈沆

衡治合江亭，在石鼓山前，以其会蒸、湘二水而亭临其上，因以名亭。自昌黎韩公有诗道其胜，而紫阳、南轩两先生亦讲学于此，韩诗又南轩手书勒石，并朱、张两先生遗迹存焉。以石鼓之奇拔，横截江流，号为佳胜，重以前贤之遗迹不可泯灭，于是兹亭屡圮屡复，至于今不废。雍正戊申八月，予来守衡州，斋宿石鼓书院。遍观前后石刻，唯时代近者差完好，而合江亭韩、朱、张之刻石多剥落不可读，亭亦渐不支。顾方视事之始，不暇改作。次年己酉春，延孝廉宋君席云主石鼓书院讲席，稍葺左右庑，居诸生之肄业者。其他亭台栏楯，将以次修葺。会予领咨文赴部，仓猝未果。及秋八月，予复衡任，则兹亭为风雨震撼，不复存矣。观风院宪李公，山右名儒，醇养笃行，有河津先生之风。适驻节衡阳，登石鼓山，寻韩、朱之遗刻，方埋没覆亭瓦砾中，为之太息不已。予乃出碑，加拂拭，立于旧址，并谋所以新兹亭者。选材于耒，得巨木十余株，栋梁节棁皆称，计可支数十年。其前环以石栏，望之有巨丽之观。复求李公之文，刻石亭右，觉悟后学。因窃自念幸生右文之代，束发受书，垂五十年，其于正学之宗旨，不可谓不窥其一二矣。而备员守土，又适当前贤过化之地，风流余韵，去人不远，顾弗能推阐绪言，俾衡属之士感奋而兴，又方仆仆于吏事，求如近世新会、吉水诸君子，幅巾杖屦，徜徉于蓬山道院之间，往复磨切，都不可得，愧何可言也。亭成，磨石记重修之岁月，亦谓修举废坠，守土之责，并以告后之同志云尔。

（录自清乾隆《衡州府志》）

脩合江亭記
清 陳沆
衡治合江亭在石鼓山前以其會蒸湘二水而亭臨其上因以名亭自
昌黎韓公有詩道其勝而紫陽南軒兩先生亦講學於此韓詩又南軒
手書勒石並朱張兩先生遺跡存焉以石鼓之奇拔橫截江流號為佳
勝重以前賢之遺跡不可泯滅於是茲亭屢圮屢復至於今不廢雍正
戊申八月予來守衡州齋宿石鼓書院遍觀前後石刻唯時代近者差
完好而合江亭韓朱張之刻石多剝落不可讀亭亦漸不支顧方視事
之始不暇改作次年己酉春延孝廉宋君席雲主石鼓書院講席稍葺
左右廡居諸生之肄業者其他亭臺欄楯將以次修葺會予領咨文赴
部倉猝未果及秋八月予復衡任則茲亭為風雨震撼不復存矣觀風
院憲李公山右名儒醇養篤行有河津先生之風適駐節衡陽登石鼓
山尋韓朱之遺刻方埋沒覆亭瓦礫中為之太息不已予乃出碑加拂
拭立於舊址並謀所以新茲亭者選材于耒得鉅木十餘株棟梁節梲
皆稱計可支數十年其前環以石欄望之有鉅麗之觀復求李公之文
刻石亭右覺悟後學因竊自念幸生右文之代束髮受書垂五十年其
於正學之宗旨不可謂不窺其一二矣而備員守土又適當前賢過化
之地風流餘韻去人不遠顧弗能推闡緒言俾衡屬之士感奮而興又
方僕僕於吏事求如近世新會吉水諸君子幅巾杖履倘佯於蓬山道
院之間往復磨切都不可得愧何可言也亭成磨石記重修之歲月亦
謂修舉廢墜守土之責並以告後之同志云爾
清乾隆衡州府誌 丙戌年秋傅黎明書

重建合江亭记

〔清〕李徽

蒸湘之会，石鼓峙焉，先儒朱子所称一郡佳处者也。书院而前，惟武侯之祠；书院迤后，则合江之亭。记书院者，考亭朱子；记武侯祠者，南轩张子；题合江亭者，昌黎韩子；而碑刻韩诗合江亭下者，亦南轩先生手书也。雍正己酉，亭就圮而碑得全，或有神物相之矣。衡守陈君修己治人之暇，兴起废坠，复首建是亭，而请余记。匪为衡人侈厥观，欲为衡人正厥德也。朱子书院之记曰：诸生之所以学，而非今之人所谓学，则昔吾友张子敬夫所以记夫岳麓者语之详矣。顾于下学之功有所未究，是以讲其言者不知所以从事之方，而无以蹈其实。然今亦何以他求为哉？亦曰：养其全于未发之前，察其幾于将发之际，善则扩而充之，恶者克而去之，其亦如是而已矣。后之学者，信能如朱子所述未发将发、善与未善之间，而得其所以为善之实乎？孩提之童，无不知爱其亲也，及其长也，无不知敬其兄也。人人亲其亲，长其长，而天下平，故曰：仁者人也。天地之性人为贵。人之行莫大于孝，而行远自迩，登高自卑，即以父母之顺为高远。穷理尽性，穷此中之理；精义入神，精此中之义。阴阳合德，而刚柔有体，以体天地之撰，以通神明之德。所体者此撰，所通者即此德也。天下一家，万物一体，皆当于是乎遇之，故曰：生生之谓易。是所以为善之实，而已发未发一以贯之者也。吾愿与衡湘人士共喻之，且愿与古今人士共质之也。遂拜手而为之记。

（录自清乾隆《清泉县志》）

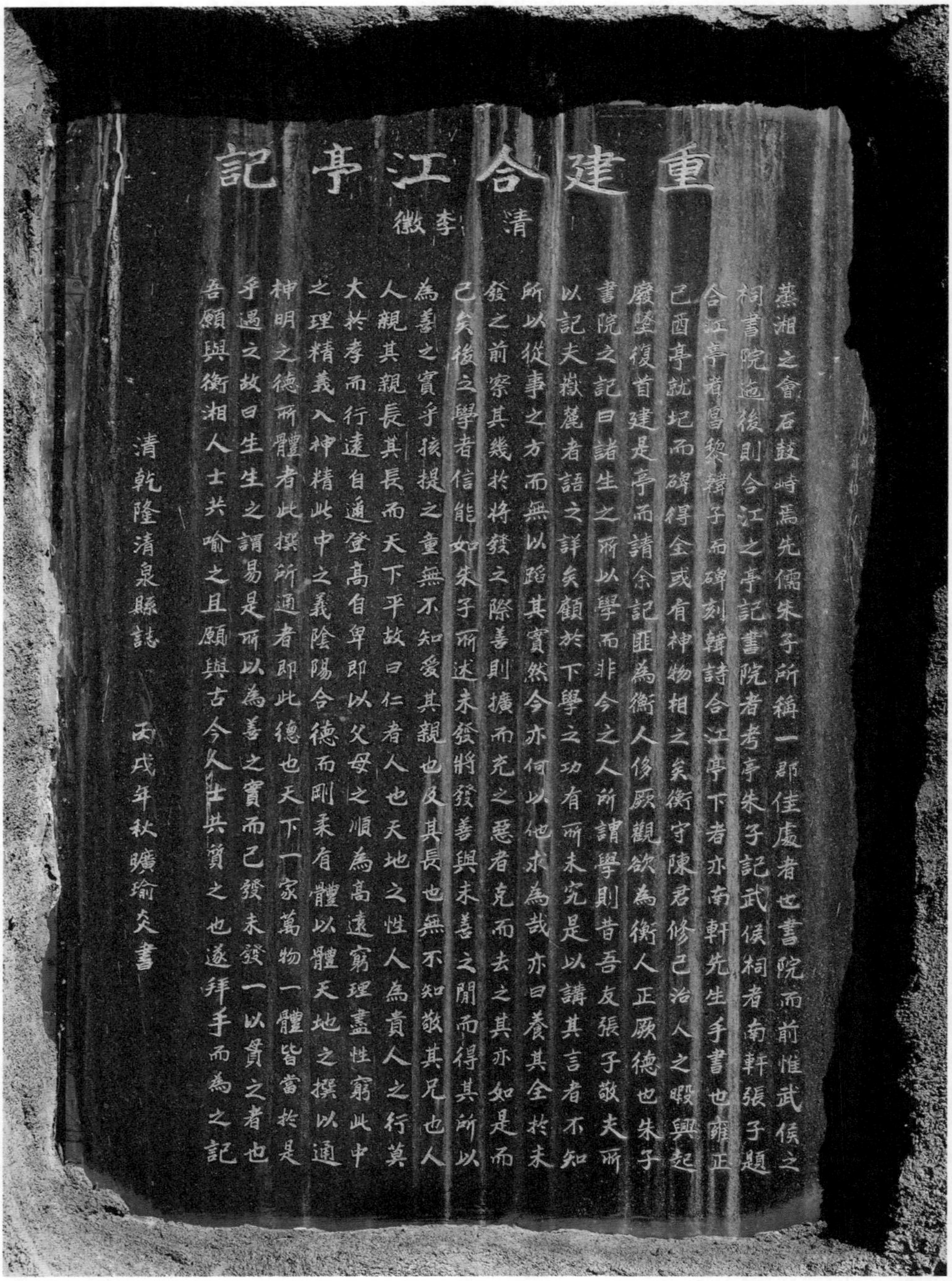
重建合江亭記
清 李徽
蒸湘之會石鼓峙焉先儒朱子所稱一郡佳處者也書院而前惟武侯之
祠書院迤後則合江之亭記書院者考亭朱子記武侯祠者南軒張子題
合江亭者昌黎韓子而碑刻韓詩合江亭下者亦南軒先生手書也雍正
己酉亭就圮而碑得全或有神物相之矣衡守陳君修己治人之暇興起
廢墜復首建是亭而請余記匪為衡人侈厥觀欲為衡人正厥德也朱子
書院之記曰諸生之所以學而非今之人所謂學則昔吾友張子敬夫所
以記夫嶽麓者語之詳矣顧於下學之功有所未究是以講其言者不知
所以從事之方而無以蹈其實然今亦何以他求為哉亦曰養其全於未
發之前察其幾於將發之際善則擴而充之惡者克而去之其亦如是而
已矣後之學者信能如朱子所述未發將發善與未善之間而得其所以
為善之實乎孩提之童無不知愛其親也及其長也無不知敬其兄也人
人親其親長其長而天下平故曰仁者人也天地之性人為貴人之行莫
大於孝而行遠自邇登高自卑即以父母之順為高遠窮理盡性窮此中
之理精義入神精此中之義陰陽合德而剛柔有體以體天地之撰以通
神明之德所體者此撰所通者即此德也天下一家萬物一體皆當於是
乎遇之故曰生生之謂易是所以為善之實而已發未發一以貫之者也
吾願與衡湘人士共喻之且願與古今人士共質之也遂拜手而為之記
清乾隆清泉縣誌
丙戌年秋曠瑜炙書

倡捐衡郡要务各工碑记

〔清〕舒成龙

余将离衡，衡之人士请为去思碑。余曰毋庸，事贵既其实耳。衡郡亟宜捐办者有五，余莅任后即拟捐金为郡人倡。今不忍因去任而寝其议也。捐五百金交南北两质库，冀衡人士力襄诸务之成。今为一一胪之于石。一，石鼓书院为造就人材之地。余延师召徒，捐给膏火，颇有成规，然未堪垂远，学舍亦仅十余间。今议将七贤祠移大观楼前，就祠基建蒸湘阁一座，移武侯、忠烈二祠于东西角，为两翼，阁前建书房三十间。至一切师生俸修膏火，余已清出三壕路口税四百金，此外尚有七门基、柑子园、熔铜厂、兵马司、旗纛庙、教场、鱼舫等税可得百余金。已委衡阳令，俟清泉新令到日，会查通详。一，郡志不修已八十余季，原辖新分，版图既易，沿革滋多，已檄各属汇册齐缴，订太史旷公、观察刘公纂修。俟册到，即设局石鼓办理。一，府学庙材，渐就剥蚀，启圣祠僻建左隅，有乖体制。今宜酌修，以新庙貌。一，考棚湫隘，号舍不盈尺。议将门堂五进移建东边，分建东、西厂，各二重，置备笋联桌凳，坐号须宽二尺许，总期宏厂坚实。一回雁为岳峰首，合郡风水攸关。拟将天王废殿移山下作头门，就遗址建寿岳楼一座，与蒸湘阁相辉映。凡此五者，费不下三千金。先是余已将倡捐办情形面禀各宪，并商之徐令择吉兴工。今余以忧去矣，特措备银五百两交质库，生息暂行添补膏火。专属徐令暨清泉江令揆时量力，或五者齐举，或择要将书院、郡志先办。每举其一，即支金一百。第五者之中，学宫需费有限，无庸议支。考棚乃各属专责，若非大议改建，亦不应支项。寿岳楼须照式构造，方许动支。如五者究不能举其一，则此银永为石鼓膏火之资。总在两令与诸绅士妥酌，期于有成。余既去之官，尚切拳拳，郡人士其能无意乎？余愧无可系衡人思者，其毋以余去而置弗议，思过半矣。时乾隆二十一年丙子岁孟秋月记。

（录自清乾隆《清泉县志》）

倡捐衡郡
工碑記
清 舒成龍

重修石鼓书院记

〔清〕饶佺

石鼓为名贤讲学地，当寰中四大书院之一。起唐元和，迄于今，明季毁天下书院而此独存。其先贤灵爽，实式凭之乎！院有祠，曰七贤院也，而祠者，殆为院中竖之鹄，俾瓣香，般向往也。祠有屋三间，雍正壬子稍稍营治，今又三十载。余莅任，先夕宿祠中。顾祠宇庳狭且渐就圮，而神龛后逼近庖湢，滋不虔。越三年，就其址而廓之，敞以危楼，升主其中，视昔较崇焕。今仲春之朔，登楼四顾，知水仁山，洞心豁目，所谓一郡佳处者，亶其然乎！祠旧额“先贤”，祀韩子、朱子、张子、黄勉斋、李宽、李士真，合六人。明季增祀周子，更号“七贤”。今祠无周子而有叶丰川，不详其名。余惟丰城为余乡里，儿子归试，命访之，果有先贤丰川，盖正德间人。讳钊号丰川，以陈言得罪，归游衡湘，讲学石鼓，卒于书院。嘉靖间，崇祀有碑记，衡人刻其文集并《石鼓退思录》。叶公本末，详具《明史》。然予意先贤之宜祀于此者，不必六七之斤斤。谨案：明万历间，又祀寓贤湛甘泉、邹东廓、程天津，乡贤祝屿嵝、刘岳亭、刘仁山、王楚阳，亦曰“七贤祠”。久废。是宜重立木主，分正、配祀之。石鼓旧有仰高楼，祠实故址。今仍复楼额之旧，既俾气象轩昂，允足妥先贤之灵，而高山仰止，即借以起学者顾名之思，而楼下之扁曰“敬业堂”，使夫执经登堂者考德而问业焉。堂前为大观楼，楼前为院门。门居院东偏，门西屋四间，似于瞻眺，翻碍规制，亦疑未协。今将移门于中，而东、西翼屋各二，以为学舍，其位置亦较合。门外旧有坊，久湮，乃谋重购新榜昭揭。若曰是所以标也，使四方学者望标而争赴也，而院之规模于是乎粗具。是役也，前守舒公有志，未克就，留捐金以去。余乃捐资，合舒公资藏其事，而衡令陶君、清令江君实董厥成。爰纪其概，以告来者。

（录自清乾隆《衡州府志》）

重脩石鼓書院記
清乾隆衡州府志
丙戌年秋 吴國咸書

重修石鼓书院记

〔清〕李拔

南楚山川奇秀，自茂叔倡道，紫阳、南轩接踵而至，正学宗风于斯为盛。石鼓书院为朱、张讲学故地，前人增修者屡矣。历年久远，古碑湮没，学舍倾圮，弗称名胜。余心戚焉，偶摄郡篆，即谋修葺。时，衡阳庄君、清泉程君暨各令长，皆学道爱人，有心复古，咸韪余言，捐金为倡，荐绅协从，得若干金。先治门墙，次葺墙宇、亭阁、碑碣，焕然一新。入其门者，群钦美富，谓不可无记。余维古人为学，以治心敦行为先。沿及后世，竞尚词华，古学渐远。宋儒讲明理学以杜其弊，而书院始兴。南轩岳麓一记，谆谆于理欲义利之防，而朱子《石鼓书院记》，亦谓博士弟子员未尝考其德行道义，深以科举之学为病。此真砥柱中流，非有志者所宜尽心乎！或谓士风不古，显设科名□□□□□有倦而去者，今以其纡远，易彼捷径。谁能听其言而信从之者。随流扬波，毋怪俗学日甚而古学之益□□□□立心为己，将上绍往圣，下开来学，岂徒咄其□□□□□□具哉！昔婺源程洵，多其诗文，请质朱子，复□□□□□□言也。夫人苟徒为科举而已，记诵词章，而□□□□□□不徒科举已也。则尹志、颜学有未可苟□□□□□□□嗟为之而卤莽报之也哉！且科举何足以病人，人自为科举病耳。程子有言："举业不患妨功，唯患夺志。"足与相发明也。今使为举业者，日以理义洒濯其心而实践其事，虽掇巍科、取显宦，亦何妨于正业？惟不幸夺于外诱，希心荣利，道德仁义皆纸上空谈，无裨实用。尝有文彩斐然而不可与入程、朱之室者，则非科举为患，而学者之左其途也。然则，有志之士可慨然而定计矣。孔子云："十室之邑，必有忠信。"孟子亦言："豪杰之士，虽无文王犹兴。"衡郡之大，岂无怀中抱信可与入道者，亦视其人之立志而已。偶因重葺发其端，并取古训可法者刻于堂壁，用助观摩。倘勤修匪懈，他日必有能昌明绝学，为斯道光者，始信余言之不为河汉也。夫既为之记，并系以词曰：天生石鼓道脉长，虞帝南巡衡之阳。蝌蚪神禹焕文章，卧龙拥节莅蒸湘。昌黎接武唾琳琅，崛起濂溪群儒倡。德星并聚来朱张，敬业同心会讲堂。阐明道义晰毫芒，手书示教俾胥匡。格言正论何炜煌，华士词人走且僵。宫墙外望势踉跄，勖尔诸生毋怠荒。诚明并进即周行，诞登彼岸共徜徉。

（录自清光绪《国朝石鼓志》

留待轩说

〔清〕李拔

留待轩者，余守衡州时所作也。石鼓书院讲堂后，旧有隙地，芜秽不治，废为溷厕。余初莅任，校试诸生，顾而乐之曰："此名山奥秘，何无以发其覆乎？"爰命有司凿石为台，作轩三楹，周以疏棂，翼以回栏，颜其额曰"留待"。徙倚之下，玲珑八面，争奇献秀，不可枚举。昔朱子谓石鼓为一郡佳处论者，以合江亭为胜，昌黎已先得之。今作此轩，其胜又不在合江而在留待，惜考亭诸君子未及见耳。厥名留待者何？诸生之言曰：自朱、张合讲于此，绝响久矣。吾子昌明正学，留赠后人，意在斯乎？余曰：是说也，夫何敢。盖尝登览而领其趣矣。轩之景非一，以月为最；月之景皆同，得水而神。蒸、湘交会于前，汪洋无际，每遇皓魄东来，波光灿烂，如万顷玻璃盏，荡人心目，不觉尘念为清。当此之时，余心乐甚。每公余日夕，留此待之。既望以后，待之弥久，其景弥佳。至于更深漏尽，万籁无声，冉冉当轩而起，意兴俱随，如入广寒宫中，一派清冷，不知身在石鼓山也。大快叫绝，邀人共赏，而回顾无一人在者，因欲留俟异日。此轩名所自起，而尔何易其言也。虽然，顾欲即是以言学，其说又有可通者。夫心之与理，亦犹水之与月也。水映于月，理涵于心。月落万川，面面皆圆，而不知止此一月也；心藏万理，头头是道，而不知止此一心也。然水至清乃能照月，心至清乃能烛理。假而云雾障之，物欲戕之，譬犹反鉴索照，而欲尽其能也，不可得矣。有能游而知其意者，即谓留此以待之，亦无不可。

（录自清光绪《国朝石鼓志》）

雷待軒說

倡修石鼓书院崩岸序

〔清〕李拔

石鼓当蒸湘之会，突兀中流，为衡郡后卫，如卧之有枕，门之有键，必不可阙，非仅先贤讲学古迹为育材胜地已也。乾隆戊子秋杪署郡篆，悯其颓废，集众力修治，遂成伟观，方以为快讵。己丑夏五，蒸水涨发，冲崩两岸。时，余校阅永郡，山长旷君岣嵝命其徒以书来谂。余阅之，惊念不宁，亟为叙遣归，持告郡人士，倡议修护。旷君乃与清泉学博高君集众鸠工，筑土砌石，逶迤层累，颓岸稍复旧观。而庚寅夏，复为水冲刷，势岌岌不可支。工巨费多，一时无济美者。越二年，清泉令陈君来，慨然引为己任，循旧绪而恢张之。蒇事，乃具图告余，既自志其颠末，且以余有经始之功，求文以纪石。余维是役也，匪独先贤古迹可弗湮坠，而山灵协应，水德滋丰，人物俊乂，室家盈宁之美，将与衡人永赖于无穷。顾余年来奔走湖南北，回首旧游，心遐地远，虽昌厥先声，而不有陈君踵成之，其不托诸空谈者几何哉？夫天下事，苟同心协力为之，罔有不济者，斯其一端耳。陈君，余乡人，将与之言远者大者，不独为兹山庆也已。时乾隆甲午岁冬十月，前署衡郡守李拔题。

（录自清乾隆《清泉县志》）

重修石鼓书院记

〔清〕朱潮

人身之陷溺显而易知，人心之陷溺隐而难察。顾身必有际其时，值其地，而始有陷溺之虑，而心则无时无地不有陷溺之虞。是防人心之陷溺，其事为更切，其功为更巨。余承命守衡，以为政首在厚风俗，而欲厚风俗尤在正人心。然骤而语之，恐人不察，以为迂阔而难行也。于是思即人之显而易知者，为之引其端。城北青草桥当楚粤要道，往来络绎，岁久将圮，有陷溺之虑。郡之人士谋所以修之，均踊跃从事，捐资巨万，庀石兴工，不数月而将告成。余曰：诸君之防人身陷溺者，可谓计之预而为之决矣，亦知防人心之陷溺，事有更切而功为更巨乎！人心之智者溺于异端，愚者溺于利欲。昔人书院之设，所以讲学明道于人心，大为之防。矧衡郡石鼓为天下四大书院之一，唐韩昌黎、宋张南轩、朱紫阳曾讲学论艺于此。此数贤者，圣学之津梁而济世之舟楫也。其地距青草桥近在百步外，今修桥且有余资，是则事之更切、功之更巨者。而又为力尚易，顾任石鼓书院荒废不修也，可乎哉！而诸君之心已怦怦欲动也。适福介庵权篆观察，雅切修废举坠，遂力主持其议，并亲董其工；而甘平川、曹心香、贾旭轩先后宰衡阳，唐峻斋、聂致远先后宰清泉，复宣扬其说。首事廖文海等亦识义理，善相度，分桥资十之四，大鸠厥工。凡神祠、讲堂、斋房及亭轩、垣栏、庖湢，靡不旧者新，朽者易，焕然改观。佥曰：幸哉！书院之修，适有草桥之役为之引其端也。然余窃愿来学于兹者，毋溺于异端利欲，体朱子敬义之训与所述上蔡之语，于昌黎、南轩慨然兴仰高之思，相期登道岸，砥中流，正人心而厚风俗。上答圣天子崇学重道之意，永遵王道荡平之休，岂不韪哉！若以此地为一郡最佳处，堪凭眺山川，陶赏风月，则又其次，而非余重修书院之素怀也。因落成而为之记。

（录自清光绪《国朝石鼓志》）

清 朱潮

浩然台跋后

〔清〕罗泽南

石鼓书院之后旧有台，凭眺其间，蒸湘交流，樯帆上下，衡岳七十二峰突兀目前，盛大流行之气不可限挠。余因以浩然名之。人受天地之气以生，至大至刚，上而日星，下而河岳，莫非是气所充。周养之不失，天地之大，赖以撑持不馁故也。孟子曰：我善养吾浩然之气。登斯台者，其亦有感于斯文。咸丰四年六月，罗泽南识，曾国藩书。

（录自清光绪《国朝石鼓志》）

补修石鼓书院记

〔清〕余廷灿

是山斗然拔岸，驾入二水，如艨艟万斛，衔碇下垂。书院蟠其腹，门前蒸湘分泻，中间隔地不多，仅仅见界画，如牵一缆，矢直刀削，线脉最奇。厥初，门其左隅，以山势直也，利曲受之。无何，有中徙者，表里洞穿，左右激射，风气疏泄，讹言屡腾。郡大夫曰：是不可不还其初。急转移之，遮蒸冲突，迎湘溶漾，则天台、回雁尽拱秀效奇，心目得辽朗轩举。由门入，最高当中座者大观楼。楼左右二祠，一祠汉诸葛武侯，一祠赵宋李忠节。岁既久，俱板瓦腐剥，赤白漫漶，不足揭忠敬，壮高明。又墙舍中几榻斋厨之需，缺如不具，寝兴无凭。郡大夫又与衡阳、清泉两明府次第筹画之，不废不侈，有则有经。工既讫，俯仰周遭，引背为向，展旷得奥，则造化之灵秀始呈露焉；濯黯为鲜，抽脆补致，则神人之栖息倍肃整焉。陈列充庭，从容资藉，然后体气得夷愉，神志得清宁焉。其畴不裴回咨嗟，感激奋自兴于学乎！而郡大夫及两明府为政急所先务，尤不可喧矣。书于石，非贺是山也。

（录自清光绪《国朝石鼓志》）

重修石鼓书院记

〔清〕李镐

府治出潇湘门，折而北，有石鼓山拔起江际。怒石嵯峨，倒影下垂，若虎豹张牙，森欲搏人。“东岩”“西溪”题字尚存滨水，三面杂树滃绿，四时禽鸟变声，亦胜区也。其地为寻真观遗址，有唐士人李宽读书处。宋至道三年，李士真请于郡守，建立书院。景祐二年赐额，石鼓迄今不废。我朝统壹区宇，泽及南服，衡州得扶舆清淑磅礴郁积之气，士被雅化，人习弦歌，文武材能异等者踵出。厥若粤寇之兴，郡县多沦陷。都人士羽奋鳞腾，举义旗东指，类以勋绩显一时，此皆书院造就人才所致。顾频年讲舍荒芜，浸以懈怠，识者忧之。石鼓向置田若干亩，半为执事者干没。嗣取资于莲实所入，以十之七充膏火，以十之三储为城工岁修。既陈诸大吏，于三学公局遴绅专主其事，使公帑不假手胥吏，著为令。尝以暇至书院，瞻望堂宇，慨然有更新之意。衡阳彭雪琴侍郎、清泉杨子春方伯，义声啧啧动乡里，各出多金，届期举工，不以累众。院门内第一重迤左有武侯祠，又迤右为李忠节公祠，旧从府学宫东偏移置，今改建故地，而奉武侯木主于浩然台之层楼。楼凡两楹，春秋礼祀唯谨。东、西置斋房三十余所，上加重屋，如之诸庖湢之属皆具。日涂日鬃，丹碧上耸，焕然巨观。是役也，经始辛未十二月，迄工于壬申三月。而子春方伯之弟赓芸暨蔡可堂明经实总其成。蒇事后，余邀山长萧杞山枢部，率诸生谈艺毕，相与憩留待轩，徘徊合江亭，倚石栏危坐，但见风帆、沙鸟出没于烟云杳霭之间。其南回雁峰，有唐时乘云寺。北则岣嵝峰，禹碑在焉。西望祝融，日观若隐若现。忽闻有声清越自空而来，若振林木者，或曰此彭侍郎退省庵中鹤也。斜阳西坠，相与凭眺久之，置酒赋诗而散。呜呼！人心之陷溺久矣。居之无地，教之无人，则惘惘焉而迷于所向。郡邑之有书院，其制与学校相表里，将以萃天下杰者、秀者、朴者、愿者从事于诗书之途，而进窥夫先王仁义忠信之大道，以涵濡其心性而变化其气质，使大有补于国家也。况衡之人被朱、张教泽，其流风余韵犹有存焉者乎！后之人有志于学，可以兴矣。

（录自清光绪《石鼓书院志》）

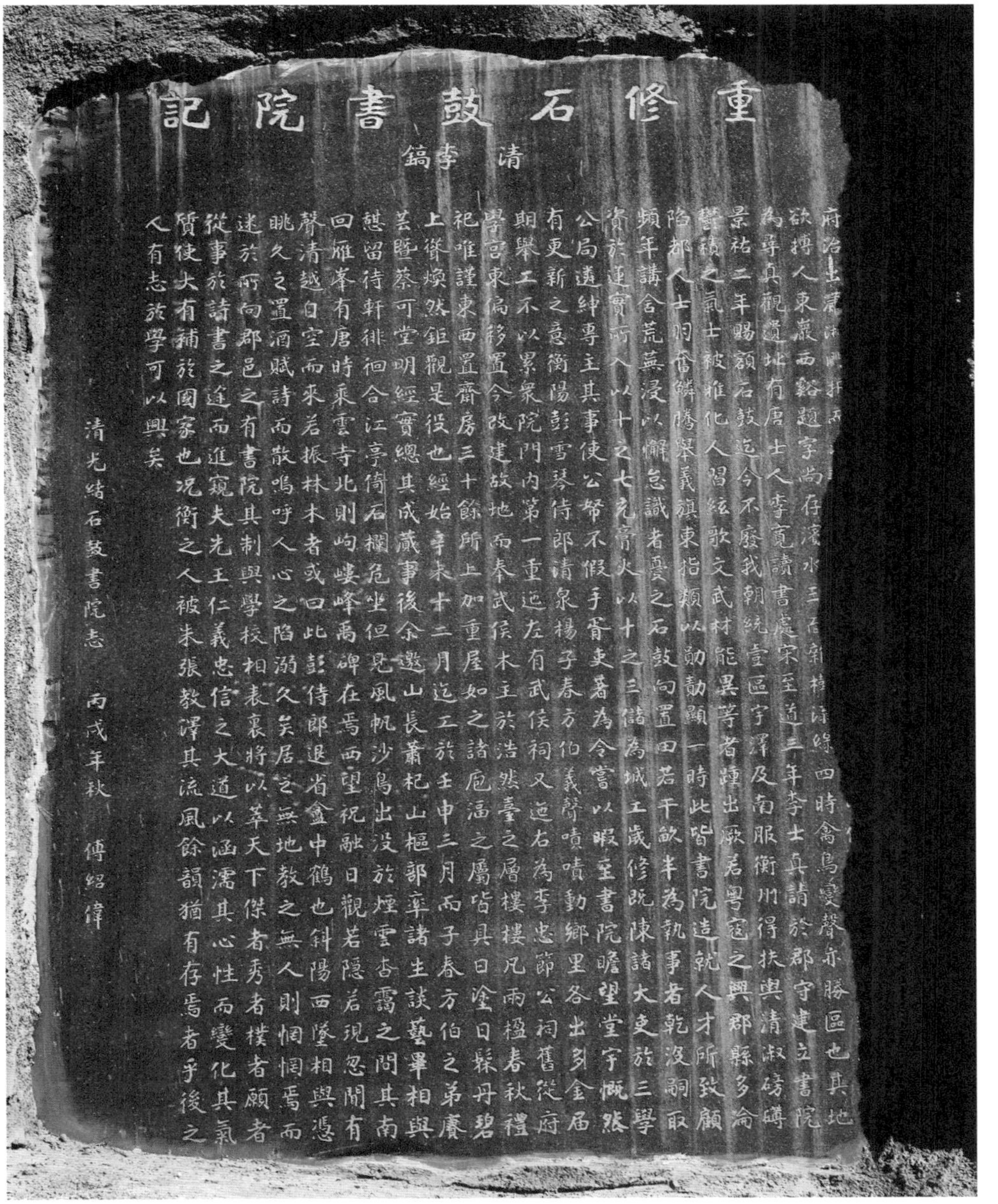
重修石鼓書院記
清 李鎬
府治
欲搏人東巖西谿題字尚存
水三石新樟江綠四時禽鳥變聲亦勝區也其地
為尋真觀遺址有唐士人李寬讀書處宋至道三年李士真請於郡守建立書院
景祐二年賜額石鼓迄今不廢我朝統壹區宇澤及南服衡州得扶輿清淑磅礴
鬱積之氣士被推化人習絃歌文武材能異等者踵出厥若粤寇之興郡縣多淪
陷郡人士明奮鮮騰舉義旗東指類以勛勤顯一時此皆書院造就人才所致顧
頻年講舍荒蕪浸以懈怠識者憂之石鼓向置田若干畝半為執事者乾沒嗣取
資於運實所入以十之七充膏火以十之三儲為城工歲修既陳諸大吏於三學
公局遴紳專主其事使公帑不假手胥吏著為令嘗以暇至書院瞻望堂宇慨然
有更新之意衡陽彭雪琴侍郎清泉楊子春方伯義聲嘖嘖動鄉里各出多金倡
期舉工不以累衆院門內第一重迤左有武侯祠又迤右為李忠節公祠舊從府
學宮東偏移置今改建故地而奉武侯木主於浩然臺之層樓樓凡兩楹春秋禮
祀唯謹東西置齋房三十餘所上加重屋如之諸庖湢之屬皆具日塗日髹丹碧
上聳煥然鉅觀是役也經始辛未十二月迄工於壬申三月丙子春方伯之弟賡
芸曁蔡可堂明經實總其成蔵事後余邀山長蕭杞山樞部率諸生談藝畢相與
憩留待軒徘徊合江亭倚石欄危坐但見風帆沙鳥出没於煙雲杳靄之間其南
回雁峯有唐時乘雲寺北則岣嶁峯禹碑在焉西望祝融日觀若隱若現忽聞有
聲清越自空而來若振林木者或曰此彭侍郎退省盦中鶴也斜陽西墜相與憑
眺久之置酒賦詩而散嗚呼人心之陷溺久矣居之無地教之無人則惘惘焉而
迷於所向郡邑之有書院其制與學校相表裏將以萃天下傑者秀者樸者願者
從事於詩書之途而進窺夫先王仁義忠信之大道以涵濡其心性而變化其氣
質使大有補於國家也況衡之人被朱張教澤其流風餘韻猶有存焉者乎後之
人有志於學可以興矣
清光緒石鼓書院志
丙戌年秋
傅紹偉

重修石鼓书院记

衡阳市人民政府

公元二零零七年，岁次丁亥春，重修石鼓书院，爰作文为记。石鼓山高二十丈余，踞雁城之北，峙江河之险。汉孔明于此督师。唐齐映创合江亭，韩愈赋诗；宪宗元和年间，李宽傍寻真观筑庐读书，曰“李宽中秀才书院”。宋至道三年，李士真重修书院；景祐二年，仁宗赐额“石鼓书院”，与岳麓、睢阳、白鹿洞齐名。朱、张执鞭，船山遗韵，六朝古迹，数度新修。集风骚八面之名贤，标书院千秋之品位。嗟夫！公元一九四四年，侵华日寇陷衡阳，石鼓遗迹，荡然无存。千载名黉虽毁，然一支学脉不衰。一九六五年建公园于废墟，二零零三年拓广场于山麓。二零零六年，政民同心，重修书院，耄耋老者，垂髫少年，各界捐资，和谐通达。后人贤而家道旺，期孟邻而居里巷，众望孚而国运兴，重教化以灿乾坤。今重修书院，以《清泉县志》为蓝本。木之结构，精致古雅；白墙青瓦，反宇飞檐，蒸湘名胜，画刻牖扉。朱陵洞诗，千秋吟咏；青草桥酒，一酌古今。长廊碑刻，以观沧桑；广西移杏，可见遐龄。立草桥，看石鼓，江流百舸，山拥群楼，书院广场，桥连一体。过拱桥，入山门，谒宋李忠节公，拜汉诸葛武侯，爱国之志肃然而立，忠义之情油然而生。仰大观楼，气势恢宏，前立孔子铜像，以瞻儒祖之尊。楼设讲坛，壁像七贤，阁有藏书，以备读者。伫合江亭，倚山临水，蒸环其左，湘挹其右，耒横其前，三水汇一。山立中流砥柱之势，亭开东海龙门之光。睹蒸湘二水，蒸浊湘清，天水同源，谁为之浊？清流应比清心易，涤垢何如涤俗难。石鼓浪锤，声洪教铎。两行雁字排云纸，一泻文澜逼洞庭。白鸥群比翼逐风帆隐浪，绿净阁盈樽对古塔交辉。置身楼上，壁立书山几叠，帘掀学海千重。看喷薄一轮，漓湘二注，五岭遥横，唯衡独秀，三元合和，万象森列。千年书院重修，一代传人崛起。施仁政以复兴，启后昆而励志。身磨体魄勤磨墨，书读圣贤细读人。人之正以义抗威，官之正瘦己肥民。处窘者焉能改节，仁义者博爱为民，从戎者为国献身，主政者登极思麓。国心乡思，魂牵梦绕，崇仁义而尚德，备方圆则有成。皓月升天犹照水，闲云出岫总依山。世呈明时倡国学，天降大任于吾曹。学丰翅羽远，足胜旅途长。相思游子心相许，不信衡阳雁不回。

衡阳市人民政府公元贰零零柒年秋立

二、崖刻

石鼓摩崖石刻现已发现近30处，大多集中在石鼓山西面约40米长的山岩上，除明代石刻尚未能确定外，从唐代至清代均有题刻。有唐贞观年间（627—649）、唐大和九年（835）、宋元祐三年（1088）、宋元祐七年（1092）、元元贞元年（1295）、清顺治十四年（1657）、清康熙元年（1662）、清乾隆三十三年（1768）等年代留下的多处石刻遗迹。保存较好的石刻有“西谿”“江上清风”“烝湘”“介崖”“高山流水”“朱陵后洞”，以及部分记事刻石如“张钧刻石”“孙应赓刻石”“张时刻石”等。

石鼓摩崖石刻历史悠久，年代久远。自唐宋以来，骚人墨客，游踪所至，撰文内容丰富，书法艺术精湛，其书体包括隶、楷、行、草诸体，涉及的内容包括历史、政治、文化、宗教及历史人物，是先人留给我们的宝贵历史文化遗产和旅游资源。据专家考证，古代帝王祭祀名山大川有投金龙玉简的传统，而从“孙应赓刻石”记载的有关“金简”内容分析，石鼓山与湘水当属名山大川之列，是古代帝王祭祀的对象，故石鼓摩崖石刻也为我市研究衡阳历史、政治、文化、宗教及历史人物提供了珍贵的实物资料。

目前四大书院保存下来的碑刻，岳麓书院仅有石碑，而保存摩崖石刻的只有石鼓书院。

〔唐〕贞观年间（627—649）衡阳刺史宇文炫题

〔唐〕大和九年（835）刻石

〔宋〕元祐七年（1092）张钧刻石

〔元〕元贞元年（1295）刻石

〔清〕顺治丁酉年（1657）刻石

〔清〕康熙元年（1662）张时题

〔清〕乾隆戊子年（1768）刻石

孙应赓刻石

烝湘

地位影响

一、中国古代书院的突出代表

石鼓书院是中国古代书院中最具代表性的书院之一，在整个书院发展史上具有极其重要的地位和影响。

石鼓书院是北宋初期四大书院（湖南衡阳石鼓书院、江西九江庐山白鹿洞书院、湖南长沙岳麓书院、河南商丘睢阳书院）之首，是四大书院中创建最早并具有确切史志记载的书院，它比创建于五代南唐升元年间（937—942）的白鹿洞书院早 120 多年，比创建于宋太祖开宝九年（976）的岳麓书院早 160 多年，比创建于宋真宗大中祥符二年（1009）的睢阳书院早近 200 年。

石鼓书院是中国古代最早具备教学职能的书院，自唐代李宽在石鼓山筑庐读书后不久就开始招徒授业。宋代石鼓书院重修均报请朝廷同意并得到朝廷资助，后不久就成为衡州州学。石鼓书院作为“官学”的教书育人功能一直延续到明清，几百年间一直是衡州地区的最高学府，培养出了众多优秀人才，对促进古代书院教育教学发展起到了积极作用。

石鼓书院还是中国古代书院最早实行山长制度的书院。“山长”一词最早出现在衡岳地区。《荆湘近事》载：五代时蒋维东隐居衡岳，受业者众多，皆号其曰“山长”。自宋代以来山长制在石鼓书院逐步确立，一般由学官兼任或官府延请。其后，各地书院纷纷效仿，至元代，书院则正式设立山长一职，将其纳入学官体制，并明确山长除讲学之外总领书院事务。

二、湖湘文化创立与传播的重要阵地

湖湘学派的开创者为胡安国、胡宏父子。他们在衡岳大地的学术活动，主要集中在南岳衡山和石鼓书院。特别是由于胡宏的高足张栻讲学石鼓书院，并为石鼓书院撰写《武侯祠记》《风雩亭赋》，亲书韩愈《合江亭》诗勒碑立于石鼓山合江亭。胡氏之学在石鼓书院得到传承与弘扬。石鼓书院为湖湘文化的确立与传播发挥了重要作用。受胡安国深刻影响的，除了他自己的子侄胡寅、胡宏、胡宪等，还有众多湖湘士子。胡安国去世后，其子胡宏（1106—1162）承继了“春秋大义”家法，培养了一大批杰出的弟子，如张栻、彪居正、吴翌、赵师孟等人，从而促进湖湘学派的形成与发展。明代时，不但湛若水对石鼓书院青睐有加，而且王阳明的弟子也对它非常重视。嘉靖十年，王阳明的弟子邹守益慕名而来，讲学石鼓书院，阐述“致良知”的思想，从学者蜂拥而至，石鼓书院作为“王湛之学”重要的传播平台之一，众多一流的学术大师交相辉映。清代，在石鼓书院学子彭玉麟等推动下，衡阳设立船山书院，大力传播王船山的实学，使经世致用、敢为人先的精神气度影响着后来众多的学子，形成了强大的精神力量和深厚的文化内涵。

三、名家涌至人才辈出的文化摇篮

石鼓书院因其独特的地理位置、深厚的人文积淀、完善的教学制度、开放的学风思想，不仅吸引了许多有识之士、文化名家来此讲学游学，更培养出了一大批在历史上赫赫有名的济世之才，正可谓“储英毓秀，代出伟才”（清光绪《国朝石鼓志》）。在石鼓书院的历史上，当过山长、游历、游学、讲学经历的名士贤达数不胜数。石鼓书院创始者唐代李宽、宋初名儒李士真自不必说，有后来官至龙图阁大学士的山长戴溪，一代大儒张栻，程朱学派重要代表程洵曾讲学石鼓，余廷灿、叶钊、湛若水、祝咏、邹守益、胡安、刘稳、茅坤、曾熙等都曾在石鼓书院传道授业。仅有据可查的山长就有54位，经石鼓书院培养出来的优秀学子更是灿若星河，宋乾道八年生徒邓友龙、邓友龄、王居仁三人同登进士第；明嘉靖三十一年石鼓书院学子王大韶、李孟彰、谭汝赓、徐应南、彭良臣、陶宾等“朱陵六凤”同时中举；清光绪六年生徒祝松云、谭鑫振、杨依斗、陈鼎4人同时登科；生徒中位极人臣的有祝咏、刘尧诲、朱炳如、刘稳、曾朝节、廖汝恒、欧希稷、陈宗契、彭玉麟、李吟秋等人。其中，彭玉麟是中国近代海军创始人，与曾国藩、左宗棠、胡林翼同列清同治中兴“四大名臣”。

四、雁城衡阳的城市标识

衡阳历史文化极其深厚，是一本永远读不完的大书。大雁文化、农耕文化、寿文化、火文化、佛道文化、抗战文化、山水文化等，每一种文化都非常厚重。以石鼓书院、集贤书院、文定书院、船山书院等为主要代表的书院文化，即是其中夺目的城市文化标识之一。曾国藩曾这样评价：“天下之书院楚为盛，楚之书院衡为盛。”书院文化对衡阳历史文化、湖湘文化乃至整个近代中国的历史都产生了重要影响，并留下了石鼓书院、船山书院等众多载体，让人们去追思、怀念那段辉煌的文化历程。从纵向来看，书院文化是衡阳文化发展史上的高峰之一。衡阳在中国思想文化史上具有重要的地位和影响，历史上的几次走出湖南、走向全国，都与书院文化紧密相关。书院文化让偏隅湘南的衡阳为四方所瞩目，开始在中国文化史上发出更强劲、更响亮、更精彩的声音。自书院文化兴盛以来，衡阳乃至湖南，对中国的影响都是极其巨大的。至今，石鼓书院、船山书院等仍是来衡客人的必去之地。

第二篇

CHUAN SHAN SHU YUAN

船山书院

船山书院

书院简介

船山书院，因王船山而得名。

王船山，衡阳籍著名思想家，明末清初儒家正统思想的集大成者，其思想光辉令世人顶礼膜拜。衡阳士绅为使船山思想发扬光大，先后在王衙坪船山故址和东洲建设有船山书院，其几经变迁，存续时间七十余年，留下旧址在东洲上，是衡阳市重点文物保护单位。近年来，衡阳市委、市政府出资把东洲打造成“生态、文化、休闲”之岛，重修船山书院，2018 年 5 月 1 日对市民开放，船山书院成为东洲的主要景观之一，也是承载衡阳文脉的标志性建筑，开展文化活动的重要场所。船山书院见证了中国近代的急剧变革，是一部厚重的历史书。初建以祭祀王船山为主，兼具教学功能；迁建东洲后由县学升格为道学，教学功能得到强化。教学上强调“经世致用”，王闿运主教期间有“学在船山”之美誉，成为清末全国十大书院之一，为清末民初培养了大批经世人才。辛亥革命前后，船山书院进行“两学”改造，发展成为船山中学，是衡阳现代教育的重要承载地。作为旧式书院，船山书院在中国书院发展史上有重要的一席之地。

历史沿革

衡阳历来崇文重教，达官士绅热心建书院，曾国藩称“天下之书院楚为盛，楚之书院衡为盛”。王船山精神感召力和乡土故人情结，催生了船山书院。“六经责我开生面，七尺从天乞活埋”，王夫之上承宋代湖湘学统，下启清代湘学源流，以博大的学术广度、思想深度成为湘学的顶峰人物与学术典范。随着《船山遗书》的刊行和船山思想的传播，王夫之成为清王朝推崇的儒学代表人物，其书得入史馆，其人位列正传，成为清末以来中国文人崇拜的儒家代表和精神偶像。为祭祀王船山，传播船山学术，弘扬船山精神，在湖南学政朱逌然等人的倡导下，湘军将领彭玉麟积极推动创建船山书院，使湖湘文脉得以在衡阳重振和发展。

光绪四年（1878），张宪和在衡阳回雁峰下王衙坪船山故址建设船山书院，以祭祀王夫之为主，兼具教学功能，是我国第一所以“船山”命名的书院。

光绪十一年（1885），在彭玉麟主导下迁建东洲，规格由县学升为道学，扩充强化教学功能，弟子主要来源于衡州、郴州、永州、桂阳州四州府，在王闿运执教期间享誉全国。

废除科举制度后，船山书院几经改革，先后更名为船山存古学堂、东洲讲堂、船山书院、船山国学院，衡阳船山文科大学、衡阳古校、衡阳船山中学。1950 年改为衡阳市第一中学，后迁至丁家牌楼。

一、船山思想运用和传播

王夫之一生以“特立君子”的高洁人格矢志报效家国，以难以企及的学术高度成就中华思想丰碑，被称为“五百年来学者，真通天人之故者”和“人伦师亦百世之师”。其思想的入世、传播和运用经历了一个漫长的过程。

王船山

一是其子首刊。清初大兴“文字狱”，在清廷高压态势下，王船山的著作主要依靠手抄传世。王船山临终时嘱咐子孙，不要将他的著作问世。但其子王敔不甘心船山遗书埋没尘埃，依靠亲友学生的资助，刻印了《楚辞通释》《庄子解》《王船山先生诗稿》等20余种，合称《船山遗书湘西草堂本》，并遵湖广学政潘宗洛“详询先子始末，为立传以贻史馆”的要求撰有《大行府君行述》，这是王夫之的第一个传记。之后，王之春编写《船山公年谱》，记叙了王船山一生的事迹。他们为王船山著作入清史馆、立儒林传及船山之学的传播奠定了基础。

二是邓显鹤首开大规模刊印。1842年，有“湘学复兴导师”之称的邓显鹤首开大规模刊刻、点校《船山遗书》，共刻印十八种、一百八十卷，称为湘潭王氏守遗经书屋本，邓刻本或王刻本。他最早将王船山与顾炎武、黄宗羲相提并论，使船山之学得以显赫于世。

三是曾国藩树为湘军精神旗帜。船山思想博大精深，闪耀着民族主义的光辉。中国近代著名的政治家、思想家、军事家在探索救国强国富民的卓越历程中，都不同程度地受到王夫之思想的激荡，尤其是湖南籍人士，远有曾国藩，近有毛泽东。曾国藩在组建湘军的过程中，以王船山学说为精神旗帜，在湘军中产生了巨大的凝聚力和影响力，不但曾国藩对王夫之学说产生了浓厚的兴趣，其他湘军将领也大多服膺船山之学。1862年面对“三千年未有之大变局”，曾国藩与王夫之不但所属时代惊人相似，而且其“立德立功立言”的精神追求也与王夫之将道统、治统与学统统一的学问宗旨高度重合。曾国藩接受欧阳兆熊的提议，由曾国荃主持金陵书局刊行《船山遗书》，收录王夫之遗著共五十四种，二百八十八卷。金陵本《船山遗书》内容全面，编校精密，印刷精良，使船山学说以空前的规模公开于世，成为一门“显学”。

四是郭嵩焘竭力传播。1870年，郭嵩焘出任长沙城南书院山长，在书院南轩祠旁建船山祠，并将王夫之与周敦颐并列为湖湘古代学术上的两大丰碑。带领生员祭祀王夫之，还将船山思想渗透到日常教学活动中，培养学生经世思想。1875年，郭嵩焘将湖南巡抚吴荣光创建的湘水校经堂改为船山祠，并撰联：“笺疏训诂，六经于易尤尊，阐羲文周孔之遗，汉宋诸儒齐退听；节义词章，终身以道为准，继濂洛关闽而起，元明两代一先生。”1879年郭嵩焘归隐回湘，在曾国藩祠旁建思贤讲舍，船山思想是主要授课内容之一。许多在湘名人如李元度、王闿运等都曾主讲于此，思贤讲舍开启了系统研究船山著作和祭祀船山的先声。之后，张宪和、彭玉麟在船山故乡建船山书院，一时有“学在船山”之盛誉。

五是船山思想成为国家正统思想化身。随着船山思想影响的扩大，王船山的地位进一步提升。《清国史·儒林传》是一部清人自撰的清代学术人物传记，构建了清代官方儒学谱系，王夫之以“坚贞之士”位列正传上卷理学人士第五。湘人郭嵩焘等人三次奏请将王船山从祀文庙，并引发了一场儒学正统的大争论。1908年，慈禧听从张之洞的建议，下达上谕将顾炎武、王夫之、黄宗羲着从祀文庙，王夫之从湖湘地方偶像形象正式上升为国家正统思想的化身。

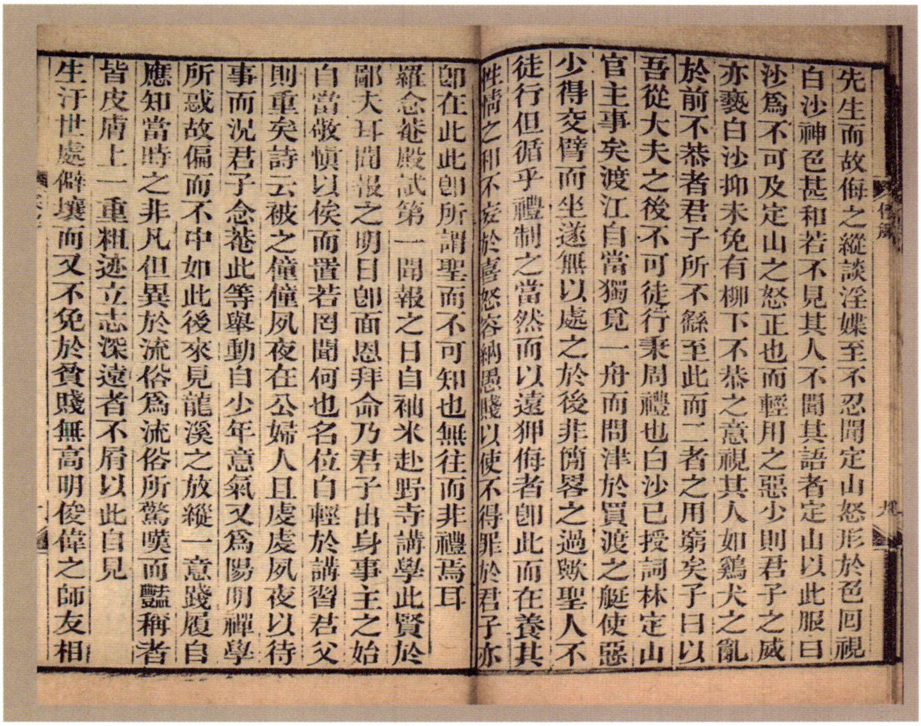
先生而故侮之縱談淫媟至不忍聞定山怒形於色回視白沙神色甚和若不見其人不聞其語者定山以此服白沙爲不可及定山之怒正也而輕用之惡少則君子之威亦褻白沙抑未免有棚下不恭之意視其人如鷄犬之亂於前不恭者君子所不繇至此而二者之用窮矣予曰以吾從大夫之後不可徒行秉周禮也白沙已授詞林定山官主事矣渡江自當獨覓一舟而問津於買渡之艇使惡少得交臂而坐遂無以處之於後非簡畧之過歟聖人不徒行但循乎禮制之當然而以遠狎侮者卽此而在養其性情之和不妄於喜怒容納愚賤以使不得罪於君子亦卽在此此卽所謂聖而不可知也無往而非禮焉耳

羅念菴殿試第一聞報之日自袖米赴野寺講學此賢於鄙夫耳聞報之明日卽面恩拜命乃君子出身事主之始自當敬慎以俟而置若罔聞何也名位自輕於講習君父則重矣詩云被之僮僮夙夜在公婦人且虔虔夙夜以待事而況君子念菴此等舉動自少年意氣又爲陽明禪學所惑故偏而不中如此後來見龍溪之放縱一意踐履自應知當時之非凡但異於流俗爲流俗所驚嘆而豔稱者皆皮膚上一重粗迹立志深遠者不屑以此自見

生汙世處僻壤而又不免於貧賤無高明俊偉之師友相

船山遗书（邓刻本）

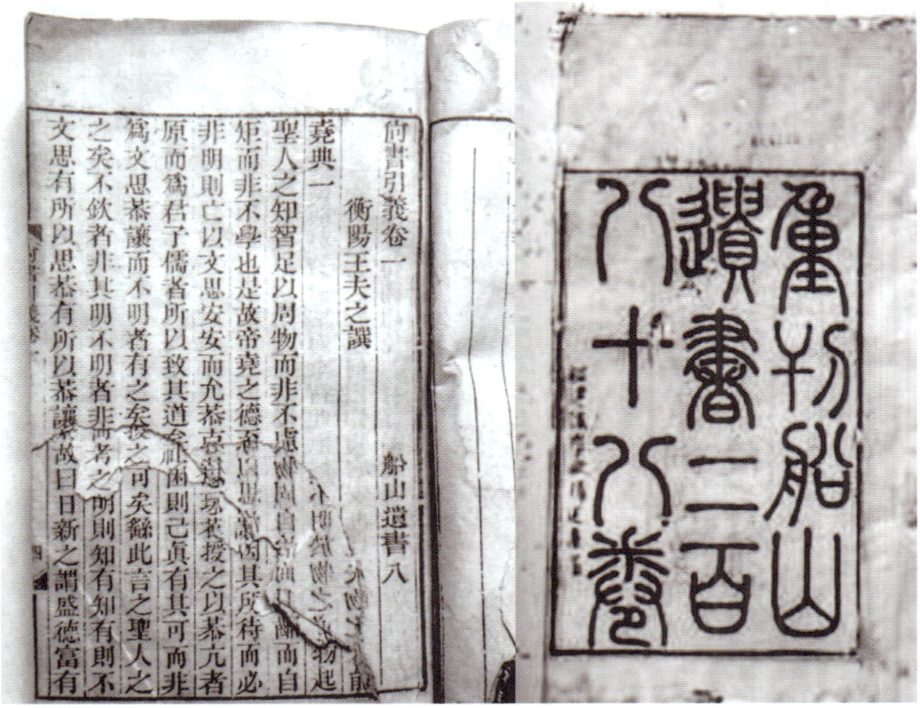
尚書引義卷一　衡陽王夫之譔

堯典一

船山遺書八

重刊船山遺書二百八十八卷

金陵本《船山遗书》

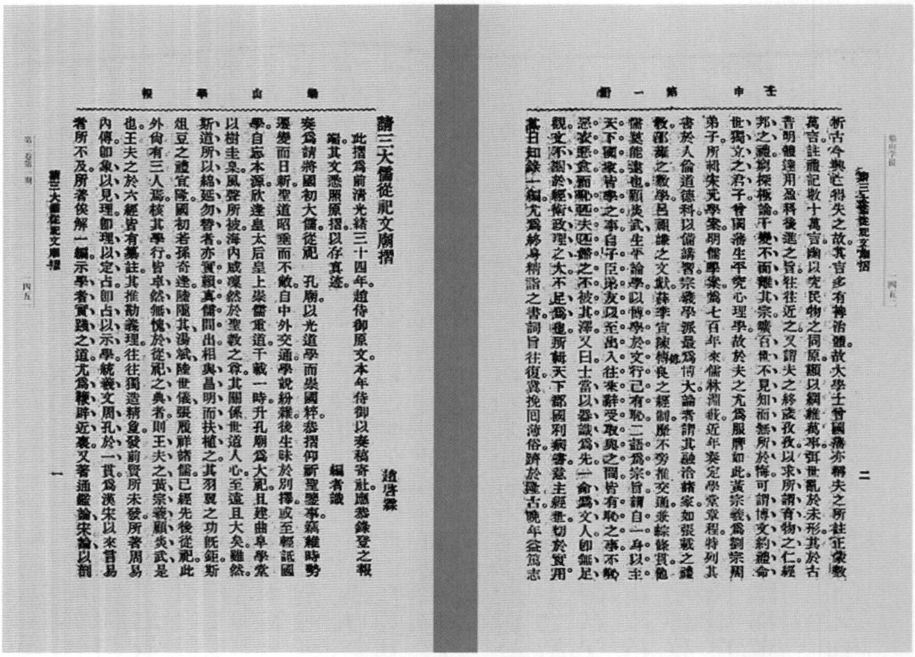

船山學報

請三大儒從祀文廟摺　趙啓霖

此摺爲前清光緒三十四年。趙侍御原文。本年侍御以奏稿寄社。應恭錄登之報端。其文悉照原摺以存眞迹。　編者識

奏爲請將國初大儒從祀　孔廟。以光道學而崇國粹。恭摺仰祈聖鑒事。竊維時勢遷變而日新。聖道昭垂而不敝。自中外交通。學說紛雜。後生昧於别擇。或至輕詆國學。自忘本源。欣逢　皇太后　皇上崇儒重道。千載一時。升孔廟爲大祀。且建曲阜學堂以樹圭臬。風聲所被。海內咸凜然於聖教之尊。其關係世道人心至遠且大矣。雖然。斯道所以綿延勿替者。亦實賴眞儒間出。相與昌明而扶植之。其羽翼之功旣鉅。斯俎豆之禮宜隆。國初若孫奇逢。陸隴其。湯斌。陸世儀。張履祥諸儒。已經先後從祀。此外尙有三人焉。核其學行。皆卓然無愧於從祀之典者。則王夫之。黃宗羲。顧炎武。是也。王夫之於六經皆有纂註。其推勘義理。往往獨造精微。發前賢所未發。所著周易內傳。卽象以見理。卽理以定占。卽占以示學。統羲文周孔於一貫。爲漢宋以來言易者所不及。所著俟解一編。示學者實踐之道。尤爲樸䏶近裏。又著通鑑論。宋論。以創

第一卷第一期　請三大儒從祀文廟摺　一四五　一

壬申　第一冊

析古今興亡得失之故。其言多有裨治體。故大學士曾國藩亦稱夫之所註正蒙數萬言。註禮記數十萬言。幽以究民物之同原。顯以綱維萬事。弭世亂於未形。其於古昔明體達用盈科後進之旨。往往近之。又謂夫之終歲孜孜。以求所謂育物之仁。經邦之禮。窮探極論。千變而不離其宗。曠百世不見知而無所於悔。可謂博文約禮命世獨立之君子。曾國藩生平究心理學。故於夫之尤爲服膺如此。黃宗羲爲劉宗周弟子。所輯宋元學案。明儒學案。爲七百年來儒林淵藪。近年奏定學堂章程。特列其書於人倫道德科。以備講習。宗羲學派最爲博大。論者謂其融洽諸家。如張載之禮教。邵雍之數學。呂祖謙之文獻。薛季宣陳傅良之經制。靡不旁推交通。兼綜條貫。他儒莫能逮也。顧炎武生平論學。以博學於文。行己有恥二語爲宗旨。謂自一身以至天下國家。皆學之事。自子臣弟友以至出入往來辭受取與之間。皆有恥之事。不恥惡衣惡食。而恥匹夫匹婦之不被其澤。又曰。士當以器識爲先。一命爲文人。卽無足觀矣。不獨於經術政理之大不足爲。其所輯天下郡國利病書。意主經世。切於實用。著日知錄一編。尤爲終身精詣之書。詞旨往復。冀挽回澆俗。躋於隆古。晚年益篤志

船山學報　請三大儒從祀文廟摺　二

郭嵩焘请王夫之从祀折

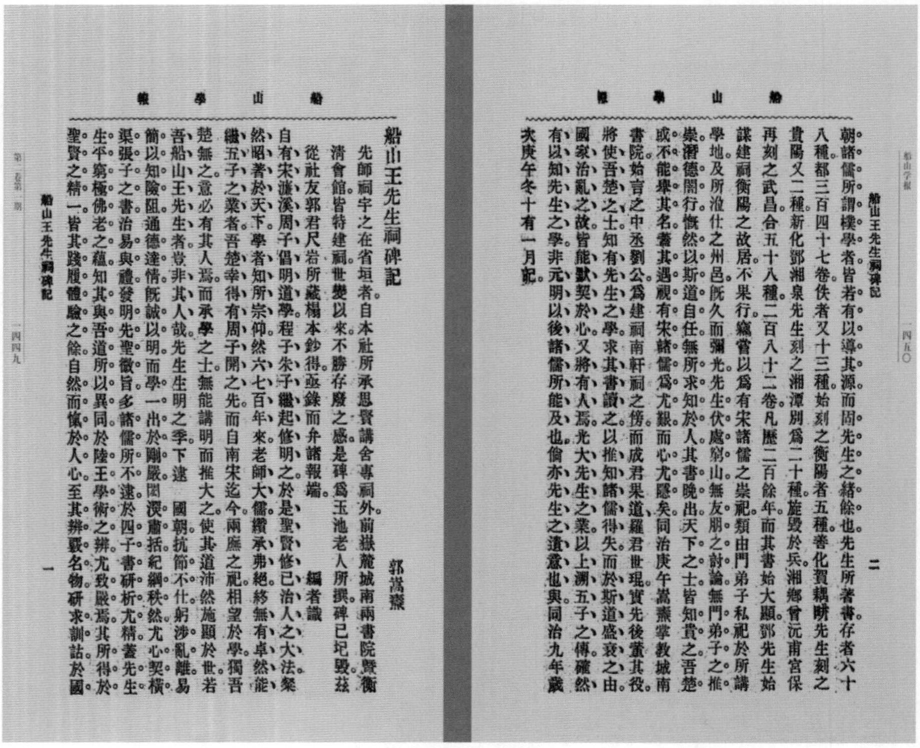

船山學報

船山王先生祠碑記　郭嵩燾

先師祠宇之在省垣者。自本社所承思賢講舍專祠外。前嶽麓城南兩書院暨衡清會館。皆特建祠。世變以來。不勝存廢之感。是碑爲玉池老人所撰。碑已圮毀。茲從社友郭君尺岩所藏榻本鈔得。亟錄而弁諸報端。　編者識

自有宋濂溪周子倡明道學。程子朱子繼起修明之。於是聖賢修己治人之大法。粲然昭著於天下。學者知所宗仰。然六七百年來。老師大儒。纘承弗絕。終無有卓然能繼五子之業者。吾楚幸得有周子開之先。而自南宋迄今。兩廡之祀。相望於學。獨吾楚無之。意必有其人焉。而承學之士。無能講明而推大之。使其道沛然施顯於世。若吾船山王先生者。豈非其人哉。先生生明之季。下逮　國朝。抗節不仕。躬涉亂離。易簡以知險阻。通德達情。旣誠以明。而學一出於剛嚴。閎深肅括。紀綱秩然。尤心契橫渠張子之書。治易與禮。發明先聖微旨。多諸儒所不逮。於四子書研析尤精。蓋先生生平窮極佛老之蘊。知其與吾道所以異同。於陸王學術之辨。尤致嚴焉。其所得於聖賢之精一。皆其踐履體驗之餘。自然而愜於人心。至其辨覈名物。研求訓詁。於國

第一卷第一期　船山王先生祠碑記　一四四九　一

船山學報

朝諸儒所謂樸學者。皆若有以導其源。而固先生之緒餘也。先生所著書。存者六十八種。都三百四十七卷。佚者又十三種。始刻之衡陽者五種。善化賀耦畊先生刻之貴陽又二種。新化鄧湘皋先生刻之湘潭。別爲二十種。旋毁於兵。湘鄉曾沅甫宮保再刻之武昌。合五十八種。二百八十二卷。凡歷二百餘年。而其書始大顯。鄧先生始謀建祠衡陽之故居。不果行。竊嘗以爲有宋諸儒之崇祀。類由門弟子私祀於所講學地。及所沿仕之州邑。旣久而彌光。先生伏處窮山。無友朋之討論。無門弟子之推崇。潛德闇行。慨然以斯道自任。無所求知於人。其書晚出。天下之士。皆知貴之。吾楚或不能舉其名。蓋其遇視有宋諸儒爲尤艱。而心尤隱矣。同治庚午。嵩燾掌教城南書院。始言之中丞劉公。爲建祠南軒祠之傍。而成君果道。羅君世琨。實先後董其役。將使吾楚之士。知有先生之學。求其書讀之。以推知諸儒得失。而於斯道盛衰之由。國家治亂之故。皆能默契於心。又將有人焉。光大先生之業。以上溯五子之傳。確然有以知先生之學。非元明以後諸儒所能及也。倘亦先生之遺意也與。同治九年歲次庚午冬十有一月記。

船山學報　船山王先生祠碑記　一四五〇　二

郭嵩焘题船山碑记

1914 年在郭嵩焘思贤讲舍旧址上创设的船山学社

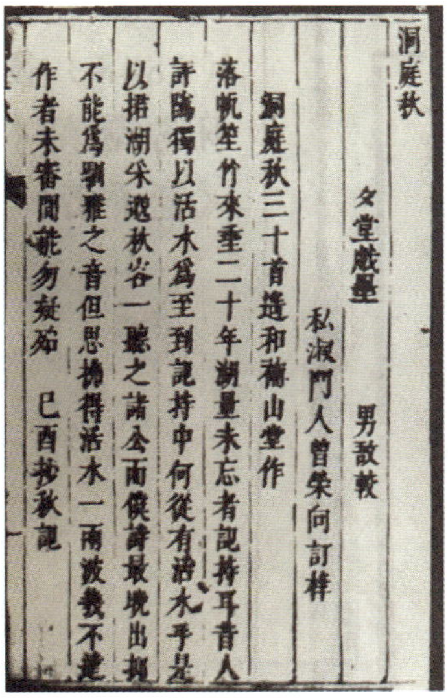

洞庭秋
夕堂戲墨　男敔較
私淑門人曾榮向訂梓
洞庭秋三十首遙和襪山堂作
落帆笙竹來垂二十年湖量未忘者記持耳昔人
許臨獨以活水爲至到記持中何從有活水乎是
以指湖采遞秋容一聽之諸金而僕詩最境出擬
不能爲馴雅之音但思拂得活水一兩波義不建
作者未審閒能勿疑焉　巳酉抄秋記

清康熙年间王敔湘西草堂刻本《夕堂戏墨》七种书影之一

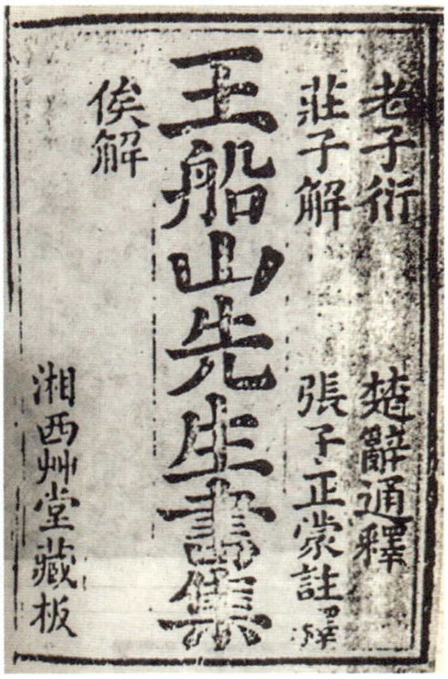

老子衍
莊子解
王船山先生書集
楚辭通釋
張子正蒙註釋
俟解
湘西艸堂藏板

清康熙年间王敔湘西草堂刻本《王船山先生书集》

二、张宪和初建船山书院

船山之学大行后，光绪二年（1876），湖南学政朱逌然【字肯夫，号味莲，浙江余姚人。同治元年(1862)进士，授翰林编修，官至詹事】首倡建立船山书院，以弘扬船山之学。光绪四年（1878），衡阳县令张宪和在衡阳士绅的支持下，拟在衡州城南王衙坪船山故址创办船山书院。1882年，由彭玉麟、王之春、杨概、程商霖、蒋霞初等人捐资，张宪和主持将王衙坪船山祠改立为船山书院，由衡阳县级官员与当地士绅共同监管。书院内仍祭祀船山神位，旨在学习、研究“船山学说”、传播“船山思想”，这是中国最早以“船山”命名的书院。光绪十年（1884），船山书院正式招收生徒，择师主讲。聘请李扬华为首任山长。张宪和遵照清政府学院令，仿照广州学海堂组织制定书院章程，以王夫之为先师，内设船山神位，“期讲明夫之之学”，专课经文诗赋，“不重科举之学”，以实学造士。当时的两江总督曾国荃也将家藏《船山遗书》332卷板片捐给书院。

广州学海堂，是道光四年（1824）两广学政阮元创立的著名书院，

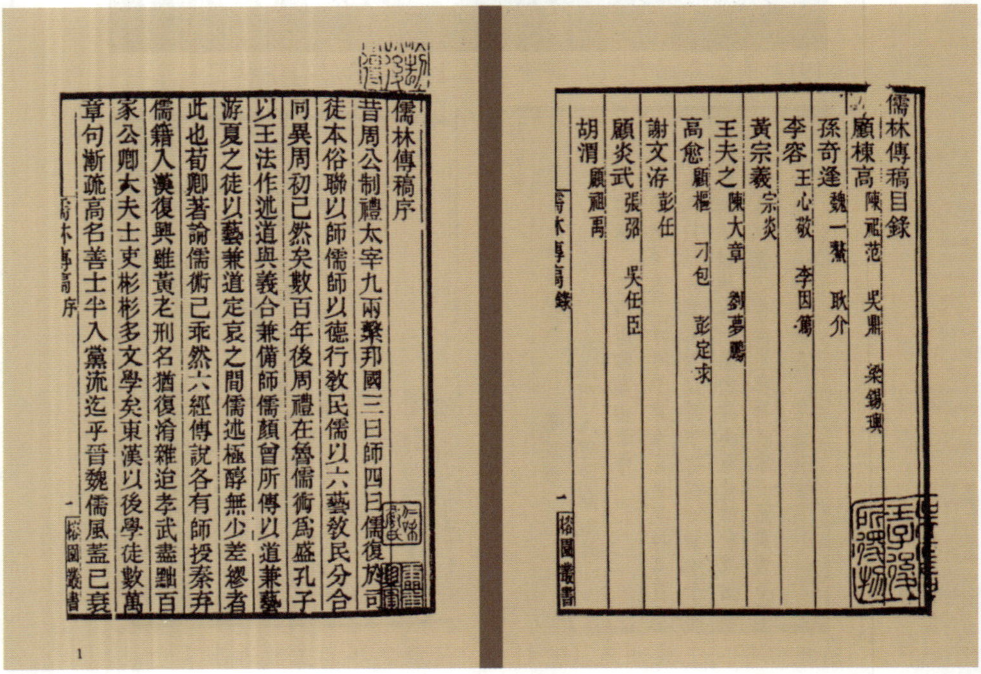
儒林傳稿序
昔周公制禮太宰九兩繫邦國三曰師四曰儒復於司
徒本俗聯以師儒師以德行教民儒以六藝教民分合
同異周初已然矣數百年後周禮在魯儒術爲盛孔子
以王法作述道與義合兼備師儒顏曾所傳以道兼藝
游夏之徒以藝兼道定哀之間儒術極醇無少差繆者
此也荀卿著論儒術已乖然六經傳説各有師授秦弃
儒籍入漢復興雖黃老刑名猶復淆雜迨孝武盡黜百
家公卿大夫士吏彬彬多文學矣東漢以後學徒數萬
章句漸疏高名善士半入黨流迄乎晉魏儒風蓋已衰

儒林傳稿目錄
顧棟高 陳祖范 吳鼎 梁錫璵
孫奇逢 魏一鰲 耿介
李容 王心敬 李因篤
黃宗羲 宗炎
王夫之 陳大章 劉夢鵬
高愈 顧樞 刁包 彭定求
謝文洊 彭任
顧炎武 張弨 吳任臣
胡渭 顧祖禹

《清国史·儒林传》书影

在中国书院发展史上占有重要的地位。《学海堂章程》是近代书院管理制度的典范，确立了学长制、季课制和刊刻制。首先，它不设山长制，而实行学长制，学长共八人，若其有出仕等事，再由七人公举补额，永不设立山长，亦不充荐山长。学长的主要职责是出题评卷，书院内的大小事宜均由八位学长共同商议决定。每年四课，每课设管课学长两人，兼管日常事务。其次是实行季课制，每一年分为四课，由学长出经题文笔，古今诗题，限日截卷，评定甲乙，分别散给膏火。所谓“季课”，也就是按季节考试。学海堂每一季度由书院出题征文，张榜于学海堂门外，在考题上标明截卷日期，学生们根据所出题目，查阅经书，登堂向学长请教疑难，然后写出课卷，课卷由八学长共同评定，分别优劣，对优秀的予以奖励，并将课卷选入《学海堂全集》。再次实行专课肄业生制度，制定专经课士法。专课生，主要从参加季课的学生中挑选，根据他们的品行、志向和学习成绩，由八学长共同推荐录取。专课生进堂后，可以在《十三经注疏》《史记》《汉书》《后汉书》《三国志》《文选》《杜诗》《朱子全集》等书中任选肄业，导师则在八学长中任选一位。学生一旦确定专业后，按时看书，撰写读书心得。每逢季课时，便将这些平日所作心得呈交导师，由导师负责指导。专课肄业生每届以三年为期限。

《学海堂章程》确定的“不重科举之学，授经史诗赋”的办学宗旨，对船山书院影响深远。

三、彭玉麟迁建船山书院

光绪十一年（1885）春，彭玉麟认为船山书院坐落闹市中，不适合读书，向清朝政府上书《改建船山书院片》，说明移建船山书院于东洲的缘由，以及船山书院办院目的、管理运行章程等，要求朝廷责成湖南议定相关事宜。朝廷核准彭玉麟捐银一万二千两在东洲上重建船山书院，原书院改作船山祠。彭玉麟亲自制定《船山书院永定章程》，规范书院的管理制度，延聘国学鸿儒执掌书院，并将船山书院由县级书院升格为道级书院，面向衡永郴桂府州招收生徒。延聘师儒、甄别生徒、整饬院规、给发膏奖等重大事务由衡州分巡道主持。彭玉麟为船山书院题名并题写对联：“一瓢草堂遥，愿诸君景仰先贤，对门外

彭玉麟

岳峻湘清，想见高深气象；三篙桃浪暖，就此地宏开讲舍，看眼前鸢飞鱼跃，无非活泼天机。”联语立意高远，用典自然，既称颂船山先生治学严谨，造诣高深，又勉励后辈学子珍惜青春年华，勤学苦读。书院著名山长王闿运题写的楹联“海疆归日启文场，须知回雁传经，南岳万年扶正统；石鼓宗风承宋派，更与重华敷衽，成均九奏协箫韶”，高度赞扬彭玉麟兴办船山书院，弘扬船山精神的义举。在东洲上兴建船山书院，彭玉麟作出了重大贡献，是衡州办学史上的一块丰碑。

彭玉麟（1816—1890），字雪琴，号退省庵主人、吟香外史，祖籍衡永郴桂道衡州府衡阳县（今衡阳市衡阳县渣江），生于安徽省安庆府（今安庆市内）。清朝著名政治家、军事家、书画家，人称雪帅。与曾国藩、左宗棠并称大清三杰，与曾国藩、左宗棠、胡林翼并称晚清中兴四大名臣，湘军水师创建者、中国近代海军奠基人。官至两江

衡阳湘江东岸退省庵

总督兼南洋通商大臣、兵部尚书，封一等轻车都尉。

彭玉麟少年时期随其父母在安徽度过，道光二十二年（1842）春，彭玉麟跟随父母回到祖籍地渣江，入读衡州石鼓书院。当时，彭玉麟家很穷，没有经济来源的他，经常吃不上饭。为了赚钱弥补家用，彭玉麟加入了一支衡阳当地的绿营骑兵部队，其军事才能开始得以展现。咸丰三年（1853）冬，曾国藩筹建湘军水师，当他得知彭玉麟智勇超群，熟读《公瑾水战法》，水性又好，便将其提拔为营官，彭玉麟从此与水师结缘。彭玉麟虽是书生，但作战以勇敢著称。湘军水师创立之初，士兵们想方设法躲避炮弹，结果发现种种方法都不实用。于是，彭玉麟和杨岳斌带头提倡勇敢，主张不要任何遮拦，冒着炮火冲锋。这就大大地提高了湘军水师的战斗力。彭玉麟随湘军水师征战湘潭、岳州、湖口、枞阳、东坝等地，屡立战功，逐渐成为与杨岳斌齐名的湘军水师统帅。太平天国被镇压后，湘军水师改制为长江水师，他与曾国藩一起，制定了长江水师营制。后来长江水师被李鸿章全盘接收，成为北洋水师的主要力量，彭玉麟是中国近代海军的奠基人之一。

彭玉麟于军事之暇，绘画作诗，以画梅名世，一生知己是梅花。他一生画了上万幅梅花图，每幅梅花图都会题上以梅花寄情的咏梅诗。这些号称“梅花百韵”的咏梅诗和所画之梅堪为一绝。笔下的梅花“老干繁枝，鳞鳞万玉，其劲挺处似童钰”，被称为“兵家梅花”。他画的梅树，身姿虬曲，铁骨铮铮，古拙苍劲。枝间的梅花，吐蕊绽放，生机盎然。特别是他的“墨梅图”更是冠绝，与郑板桥的墨竹齐名，被称为“清代书画二绝”。入选“衡阳民间国宝”的《墨梅图》就是一幅画梅杰作。彭玉麟生前著有《吟香馆》《退省盦》等诗集，逝后由俞曲园结集付梓，题名《彭刚直诗集》（八卷），收录诗作500余首。书法转辗师法颜真卿、柳公权、赵孟頫，圆润通拔，兼而有之。光绪十四年（1888），扶病巡阅长江水师，至安庆后以衰病奏请开缺回籍。

彭玉麟老年居住衡阳退省庵。他一生六辞官职，践行“四不”誓言（不慕名利、不避权贵、不治私产、不御姬妾），甘愿清贫乡里。

四、王闿运执掌书院

王闿运

王闿运是晚清著名经学家、文学家，咸丰时期举人，赐翰林院检讨，加侍讲衔，辛亥革命后任国史馆馆长。著有《湘军志》《湘绮楼诗文集》《湘绮楼日记》等，是晚清享有盛誉的一代鸿儒。经彭玉麟数次盛邀，在衡州知府窦世德的恭请下，王闿运掌教船山书院。25年间，采取一系列措施进行改革整顿，书院办学规模日渐扩大，治学之风日益严谨，学风馥郁，名声大振，誉满四州府，成为晚清全国十大书院之一，是研究船山思想、弘扬船山精神的重要阵地，为清末民国湖湘文化大盛之地。省内岳麓、城南、渌江等书院的学子纷纷南下，邻省江西、广东、福建的学子也负笈前来，出现“海内执经问学者踵相接”的盛况，一时有“学在船山”之美誉，呈现出经学大明、弟子称盛的生动局面。清末著名学者俞樾撰联，对王闿运执掌船山书院，研究船山之学，刊印船山之书，讲授船山之学，使船山书院成为船山思想研究和传播的重要阵地，给予了很高的评价："读船山先生所著全编，得三百余卷之多，经史子集，蔚一代巨观，承其后者，勿徒争门户异同，汉详名物，宋主义理，各有师传，总不外古大儒根底实学；卜衡岳胜地而开讲舍，看七十二峰在望，春夏秋冬，备四时佳境，登斯堂也，尚共矢晨昏黾敏，出建功勋，处修节操，交相自励，以毋负老尚书创建初心。"

五、船山书院的曲折发展

随着西方新学的传入，中国传统书院弊端日益显露，戊戌变法在教育制度改革方面，提出废八股，兴西学，改所有书院为兼习中西学新式学堂等方案，推行书院改制，建立近代新学制。虽然康有为、梁启超发动的变法运动以失败而告终，但对晚清社会影响巨大，清朝大臣刘坤一、张之洞、张百熙等人上书颁行的《癸卯学制》确定了我国近代史上法定的学校系统，从官方的角度终结了书院制度。在历史潮流面前，船山书院作为招收门徒的书院，必须进行改制；但是船山书院本旨是纪念王夫之，传播船山学说，又颇显特殊。在船山书院改制纷争中，以张百熙为教育代表的清廷对船山书院改制的态度比较含糊，王闿运在与清廷的周旋中找到了缓冲空间，始终坚守在传统的范围内实现书院的稳健改制，不盲目移植西方教育模式。在王闿运执教期间，船山书院仍维持旧制，保留了监生、童生之分，只增加了一些新学科目，作为对改制的呼应。直到1915年，王闿运在船山书院经历两次水淹后，感觉无力再维持，才允许船山书院与衡阳城外的船山祠合并为船山存古学堂，把船山书院改制为学堂，仍以讲授经史词章为宗旨，设立文经学史四科，以期"保存国粹"，并写下《船山书院记》以示后人。《船山书院记》由衡阳籍著名书法家曾熙书写，道州籍著名书法家何维朴作跋，内容主要记载船山书院的创办与发展历程。

六、船山书院到衡阳市一中的演进

1916年，衡州府和湖南学政改船山书院为"衡永郴桂船山崇古学堂"，后又改为东洲讲堂；1919年改为船山学院；1922年改为"船山国学院"，1925年改为"衡阳船山文科大学"，设国文、哲学、英文、历史、地理等 5 个系；第一次大革命时期，毛泽东、夏明翰、蒋先云、陶铸曾在此从事革命活动；1927 年因经费拮据，改为“船山中学”，后又在该校添办一所高级农业学校；1939 年改为普通高中，1950 年改为衡阳市第一中学，1958 年迁址丁家牌楼。

船山中学学生自治会第十二届干事合影

地理环境

船山学院的所在地——东洲位于衡阳城区东南面的湘江中央，四面环水，长约2000米，宽约200米，总面积约21.53万平方米（约323亩），其中沙滩面积约1.66万平方米（25亩），东面水域宽300米，西面水域宽500米，与长沙橘子洲、岳阳君山被称为湘江流域三大洲。

远看东洲，宛如一条大鱼漫游在湘江这条玉带之中，美丽的东洲，是古衡阳八景之一，留下了“细看东洲桃浪暖”的佳句。明末清初的大思想家王夫之，对东洲有《寄调摸鱼儿·东洲桃浪》的填词：“剪中流，白蘋芳草，燕尾江分南浦。盈盈待学春花靥，人面年年如故。留春住，笑几许浮萍，旧梦迷残絮。棠桡无数，尽泛月莲舒，留仙裙在，载取春归去。　　佳丽地，仙院迢迢烟雾，湿香飞上丹户，醮坛珠斗疏灯映，共作一天花雨。君莫诉，君不见桃根已失江南渡。风狂雨妒，便万点落英，几湾流水，不是避秦路。”王夫之少年时曾在东洲对面的苏洲湾王衙山下耐园苦读，为日后创建博大精深的船山学说打下了基础。这可能也是彭玉麟迁建船山书院于东洲的缘由之一。

据有关人士考证，东洲尾南端的沙滩，就是“平沙落雁”景区。“寒上秋来风景异，衡阳雁去无留意”，北宋名臣范仲淹在《渔家傲·秋思》中这样咏叹。每到秋末，北方成群的大雁开始南迁，飞过黄河、长江，被衡阳温暖湿润的气候和秀丽的景色所吸引，觅食的大雁飘落在沙滩上，好一幅平沙落雁奇观，留下了诸多美丽的传说。

东洲也是佛教圣地，洲上的罗汉寺距今已有四百多年，曾与雁峰寺、花药寺、西禅寺，并称为衡州佛教禅宗四大寺院，其历史可追溯至明朝年间。王闿运所撰的《湘绮楼联语》中有一首《东洲禅寺》记载：“衡府东洲罗汉寺，乃前明旧刹，几三百年。建船山书院于前，适余主讲，柏丞禅师主寺，相邻十年，因题柱以志因缘。”也可见书院与古寺的关系。“竹树护精庐，林鸟似识前朝事；钟鱼答弦诵，芋火还容宰相分”，东洲罗汉寺的楹联，映衬了寺、院耐住寂寞、艰苦修炼、恬淡宁静的共有特色。东洲的水文环境是不设防岛，可抵御十年一遇洪水。

建筑布局

一、建筑布局

始建的东洲船山书院，建筑布局为三进两廊四合院，上楼下屋，明清湘南民居建筑风格。内设有纪念堂，塑王夫之遗像于堂中；有讲学堂，为山长讲学之地；有会客堂和藏书馆。除教习的宿舍外，书院有精舍四十余间，院内有花园苗圃。王闿运掌教书院期间，又扩地筑兴斋舍十余间，并修葺湘绮楼。当时，船山书院在衡永郴桂四府是规模较大的一所书院。1906 年湘江大水，东洲遭洪水淹没，船山书院受损严重。1915 年湘江水再次暴涨，船山书院又被淹没，房屋倒塌。民国时期，在光绪十一年（1885）旧址基础上按民国建筑风格修建船山中学。民国时期改建的船山书院为三进四舍院落，南北朝向，正门朝南开，主楼高两层，青墙黑瓦，廊柱门窗为欧式风格，屋顶则和湘南民居无异，其设计、构造、风格既体现了近代以来西方建筑风格对中国的影响，又保持了中华民族传统的建筑特色，体现了中西方建筑技术、风格的融合。自船山中学迁丁家牌楼后，船山书院历经岁月的沧桑，房屋破败不堪。本次修缮的船山书院占地面积5596平方米，总建筑面积4180平方米，五进四舍院，修旧如旧，保持原有的民国建筑风格。第一进为东洲讲堂，中间三进为船山书院旧址，最后一进为湘绮楼。中间三进为文物保护建筑，面积2619平方米，砖木结构，按原尺寸原材料原工艺修旧如旧，其中的两栋因存在结构性裂缝，按文物修建方法进行落架大修，另一栋采取加固修缮。按照修缮与利用并举原则，将三栋文物建筑作为船

山文化陈列馆、场景复原馆和藏书馆。在修缮三栋文物建筑的基础上，新建东洲讲堂和湘绮楼，建筑面积1461平方米，砖混结构，在东洲讲堂设立船山文化交流中心及国学讲坛，在湘绮楼设立衡阳书院文化研究院，对船山文化和衡阳本土文化进行深入挖掘和传承。

二、湘绮名楼

湘绮楼，泛指王闿运居所。王闿运因一生讲学、做官，多次变迁居所，每次都以“湘绮楼”命名之，故“湘绮楼”不止一处，湘潭、衡阳西乡、长沙营盘街定王台等地都曾建有“湘绮楼”。东洲的“湘绮楼”是王闿运执教船山书院时的住所。王闿运将自己的住所命名为“湘绮楼”，体现了一代大儒对诗文美学的追求，“湘”指湖南或湘潭，王闿运的出生地，“绮”表明王闿运在遣词造句方面追求绮靡之风。彭玉麟比王闿运大十六岁，但他们志趣相投，是生活中的亲密朋友。王闿运对彭玉麟评价很高，谓之“刚介绝俗”“功绩昭著”，尤其佩服他的军事才能，每每回忆当年彭玉麟率湘军水师英勇克敌的气势，夸赞之情溢于言表。遗憾的是两人走的是迥然不同的人生道路，聚少离多。彭玉麟对王闿运生平影响最大的一件事是邀请王闿运任船山书院山长。为给王闿运创造良好的教书育人环境，彭玉麟拆除船山书院

后房，重建湘绮楼，有楼房共五间，1902 年建成，作为王闿运的书斋及住房。王闿运在彭玉麟去世后一年即光绪十七年（1891）入船山书院掌教，一直到辞世。王闿运的七夕诗有“黄绮楼边更作楼”之语，他将自己的书室移到了衡阳东洲，命名“湘绮楼”，此楼随处可见挚友彭玉麟的生活印记，也坚定了王闿运办好船山书院的决心。

三、藏书馆

船山书院专门设立了藏书馆。藏书和著书立说是书院的基本功能之一，也是满足学生求知需求的“粮仓”，是学生博览群书的基本设施。船山书院的藏书和著述比较丰富。1884 年，曾国荃将家藏金陵本《船山遗书》322 卷板片捐给船山书院；1887 年，船山书院本《船山遗书》对金陵本《船山遗书》板片进行修补、增刻，使其达到 65 种、328 卷；1893 年，重刊《船山遗书》64 种；1893 至 1894 年，有《湘绮楼全集》《周易说》《尚书笺》《周官经》《尔雅集解》，王之春的《国朝柔远记》、《何东洲集》、《旷庵文集》卷 6、《龙源夜话》1 卷、《姜斋诗赋稿》1 卷、《忆得》1 卷、《姜斋诗编年稿》1 卷、《姜斋诗分体稿》4 卷、《姜斋文集补遗》2 卷，以及《四书训义》《读通鉴论》《四书笺解》《九赋》等单行本。

组织管理

船山书院的组织管理在彭玉麟亲手制定的《船山书院永定章程》中作了明确的规定，包括办院宗旨、山长及掌教人员选拔、生员名额分配及招收、经费筹措、教育教学等都有可操作性的程序和制度。可以说，船山书院的组织健全，管理有序一切皆井井有条。

一、办学章程

船山书院自创办起，就制定了办学章程，规范办学行为。始建时由衡阳县令张宪和组织制定，迁建东洲后，由彭玉麟组织制定。彭玉麟制定的《船山书院永定章程》原碑刻现藏于衡阳市博物馆。碑刻四石，红砂石质，长方形；从右至左直书，楷书，字径约 2 厘米见方，阴刻。前三石高 0.72 米、宽 1.42~1.12 米，文 50~38 行，行 25 字，镌刻章程正文；后一石高 0.62 米，宽 1.22 米，文 34 行，行 22 字；前四行刊正文，余刊改建书院捐款人名单及事迹。因风雨侵蚀，部分已剥落。据《改建书院片》和《船山书院记》载，《船山书院永定章程》是彭玉麟于光绪十一年（1885）改建船山书院时制定的，共 35 条，

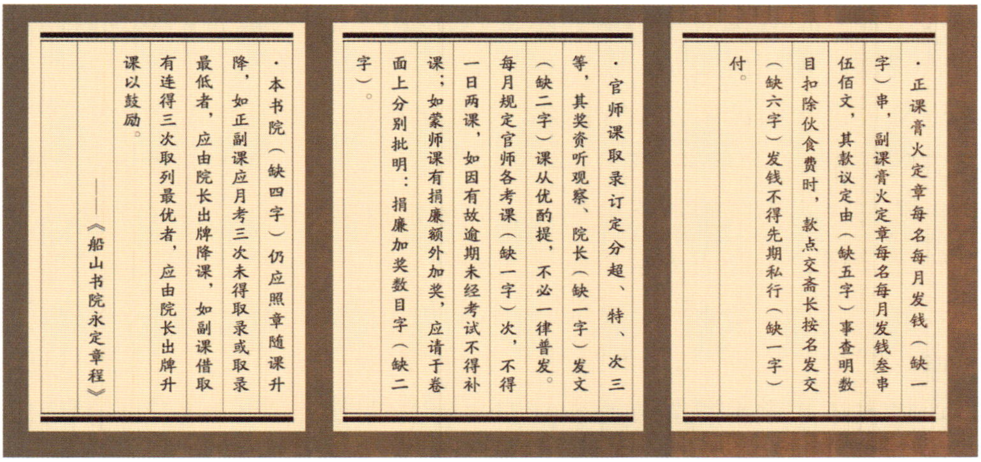

·正课膏火定章每名每月发钱（缺一字）串，副课膏火定章每名每月发钱叁串伍佰文，其款议定由（缺五字）事查明数目和除伙食费时，款点交斋长按名发交（缺六字）发钱不得先期私行（缺一字）付。

·官师课取录订定分超、特、次三等，其奖资听观察、院长（缺一字）发文（缺二字）课从优酌提，不必一律普发。每月规定官师各考课（缺一字）次，不得一日两课，如因有故逾期未经考试不得补课；如蒙师课有捐廉额外加奖，应请于卷面上分别批明：捐廉加奖数目字（缺二字）。

·本书院（缺四字）仍应照章随课升降，如正副课应月考三次未得取录或取录最低者，应由院长出牌降课，如副课借取有连得三次取列最优者，应由院长出牌升课以鼓励。

——《船山书院永定章程》

约 4000 字。其内容包括办学宗旨、用人制度、教学制度、经费收支、图书借阅、礼仪祭祀等，尤以用人、教学、经费等更为详细。它是船山书院的纲领性文件，对船山书院的教学、管理起了重要的作用。章程以“培养人材，专攻经、史，注重实学”为办院宗旨，注意培养经世致用人才。在用人上，院长“议定借才异地，永不聘衡永郴桂四州人士，借杜请托”；教师“非聘宿学端方之士，不足以资表率”；管理人员，特别是临院、首士，均由“四州士绅公议举充”，不得滥荐。在经费收支方面，确定了收入、开支定额，院长束脩每年 1000 串，伙食费每月 15 串，副课膏伙费每月 3 串 500 文；斋长除膏伙费外，每月另加 1 串等。在教学上，实行分经授徒，合卷发榜。对学习成绩好的，“每课计奖钱贰拾串”，“官师课取录订定分超、特、次三等，其奖资听观察、院长给发”。在礼仪、祭祀方面也作了明确规定。

二、经费来源

衡阳士绅重视办教育、兴学统的传统，对促进衡阳地区文化教育的发展起到了推动作用。船山书院经费来源由官吏捐款、士绅捐集、公助、征收税款四部分组成。一是官吏捐款。迁建书院时，兵部尚书彭玉麟捐银 12000 两买地建院，两江总督曾国荃亦捐银奖励膏火钱。二是公助。在丁良骏、程商霖提议之下，衡阳团防捐资为船山书院购置田地，每年可收田租 1600 余石。三是士绅捐集。衡永郴桂道下属的衡阳、永州、郴州、桂阳四府州所属士绅捐集年田租 2500 余石，以衡阳彭、杨、王、程四家和东安齐宝珠、桂县蒋家捐献最多。四是征收税款。衡州府规定，船山书院征收永属竹木附加税。通过这四条渠道募集资金和田产，船山书院办学经费充裕，“船山书院号为宏富”。在实际操作中，为保证书院运转，官吏和士绅以及政府通过购置、捐集、资助等形式为书院置办大量田产，并约定由参与创办书院的衡阳几大家轮流管理，田产成为学生每个月的膏火给养、山长和教员束脩的主要来源。由于船山书院经费充足，教职员工待遇比衡州其他书院要优。王闿运刚来掌教时，初定为四百大洋，后增至一千大洋。船山书院后期，因连遭大水和彭玉麟等热心书院的衡阳士绅相继去世，加之改制造成管理混乱，田亩被夺走，出现了经济日益拮据的状况。

三、院生选拔

书院作为教育机构和学术组织，到清末时期已成为科举制度的附庸，其教育职能基本上是为科举考试作准备，入书院是作为博取功名的晋身之阶。书院有家族、乡村、县级、府级、道级和省级书院之分。船山书院是道级书院，属衡永郴桂道府举办，道府驻地在衡州府（今衡阳市）。在院生选拔上，船山书院有自己独特的方式，既有门槛又无限制。有门槛，是建立了一套选拔性吸收人才的机制。船山书院每年在二月初定期招收生徒，生徒主要来自衡永郴桂所辖州府，由所属县先行测试，择优推荐，再参加衡州分巡道考试，择优录取。生徒分为超等、特等、一等、二等、三等，入肄于书院。船山书院十分重视学员的选取，近代著名教育家马宗霍还保存了当时考入船山书院的考卷，获评第二名，王闿运批有“其文精悍而华妙，善于转环，少年美才，可畏也”等语，对其颇为欣赏。书院每年从衡州、永州两府，郴州、桂阳二直隶州共 23 县招收住斋生徒 40 名，其中正课与副课各 20 名，另特招王夫之后裔一名（正考附外），但“必经院长考核认定，告知首士查明属实”。特殊情况下，船山书院还有“居院外问业生徒若干”。船山书院学生的报名、甄别、复试、录取等，均控制在地方官之手。无限制，主要是在地域、出身、政治及学派等方面，不设过多限制，具有开放办学、海纳百川的胸襟。书院招生立足湘南，放眼湖南，甚至省城之外也有人慕名前来，三教九流，只要经过考试或名士推荐，都可入院。正因为如此，船山书院一经创立，便像一个磁场，成为众多学子向往的文化艺术殿堂。

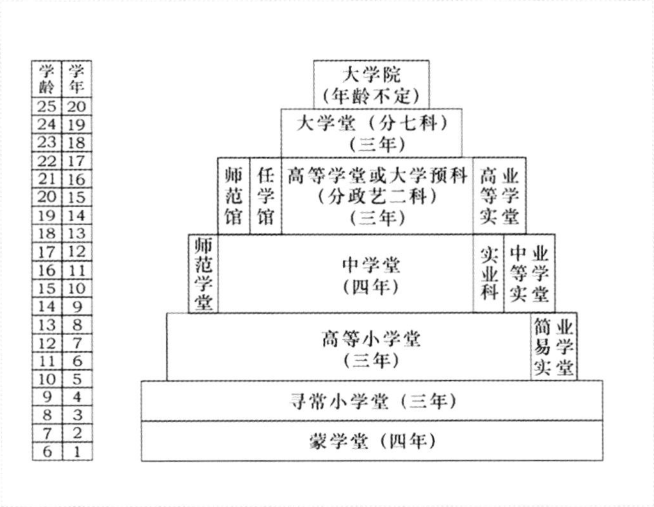

癸卯学制

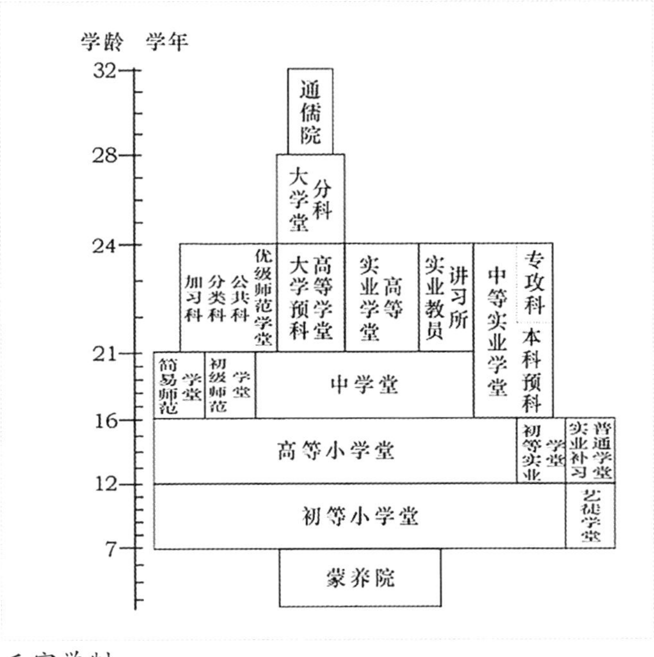

壬寅学制

四、山长教授

以山长为代表的高水准的师资队伍，是保证船山书院教学质量的必要条件。山长掌管书院日常事务，是衡量书院学术水平的标杆，是控制书院发展方向核心。船山书院选任山长非常严格，《船山书院永定章程》有明文的规定。船山书院，船山存古学堂历任山长李扬华、邓辅纶、王闿运、江俶和教学先生杨柏寿、夏彝恂以及船山国学院院长曾熙、衡阳船山中学校长谢彬等均为当时“学问名望素优之士”。其中，邓辅纶是近代的诗文家，著有《白香亭诗集》。王闿运是晚清一代硕学鸿儒，通晓经史，为人恬淡洒脱，言行警拔，其著述甚丰，得力于公羊学说，门生满天下，举世仰为泰斗，影响晚清思想界，有“南王（闿运）北俞（樾）”之说。王闿运力倡通经致用，实施经世教育，培养经世英才，主教船山学院期间达到极盛。

船山书院等部分山（院、校）长一览表

姓名	就任时间	离任时间
李扬华	光绪十年（1884）	光绪十五年（1889）
邓辅纶	光绪十五年（1889）夏	光绪十六年（1890）
王闿运	光绪十七年（1891）	1915 年
江俶	（船山存古学堂）1915 年	1922 年
曾熙	（船山国学院）1922 年	1925 年
雷铸寰	（衡阳船山中学）1925 年	
谢彬	（衡阳船山中学）1947 年	1948 年

教育教学

一、教育理念

船山书院教育理念确定的集大成者是王闿运。以“讲明夫之之学”和“通经致用”作为办学宗旨，认为经是治世根本，通经是读书人立世之本，强调通经致用，经学经世，“通经不致用，孔子谓小人儒”，“盖圣人所传，唯期致用”；以弘扬“船山精神”作为目标，十分重视祭祀王夫之，引导熟读王夫之遗著，领会弘扬船山精神，培养生徒民族精神和爱国精神。船山书院办学期间，正值“海氛不清”，“异教庞杂”，国运艰难之时。甲午战争惨败，中国面临被世界列强肢解和瓜分的严重危险，想通过洋务救国已成泡影，戊戌变法也以失败告终，清政府腐败不堪，阶级矛盾和民族矛盾日益尖锐。全国上下自强振兴呼声骤起，企望培养一批关心政治、匡时救国的人才；凝聚帝王之学、纵横之道，辅佐帝王成就千秋伟业，是读书人的最高经世境界；注重打磨生徒品行，教学中紧扣时政冀正人心，教育生徒收敛心性、德行一致、通达自律、淡泊名利。

二、课程设置

在教学方面，确定经、史、词章作为教学的主要内容，其中经学著作为重中之重。经学以《礼记》《春秋》为重点。讲堂课程，先讲《礼记》兼及《春秋》，日讲三时，兼令诸生点书以作日课。文学注重传播写作之法，以古代名诗名篇为范本，学习写作技巧，培养驾驭语言的能力。在培养学生的品行上，为诸生讲授《大学》，突出“自治”和“不聚财”两个重点。在培养学生“入仕”上，注重教育帝王之学、纵横之道，教学中专注《春秋》，重点讲述“民主”。原湖南大学教授丁鹏翥先生收藏其叔父丁奎联就读船山书院时所写的课艺，名为《礼经小识》，共有练祥禫服祭服考、练祥礼与虞祔异同考、馈食所祭庙考、东西堂垂图考、设尊地异同考、朝服素裳考、玄端无佩考、释错等八篇课艺，基本内容是对礼仪的考证，说明“习礼”是船山书院的重要教学内容。从这些课艺中可以看到清代对知识分子的思想禁锢和高压政策，迫使学者和士子只能在古书中寻章摘句，官学风倾向十分明显。

三、教学管理

办好书院，名师是根本，管理也非常重要。在教学管理上，采取“分经授徒”、每月官、师两课，“分经命题、合卷发榜”，课分“超、特、一、二、三等”，正课与副课根据月课成绩互为升降，月课第一名课卷存档收入书院课艺录刊印。为了嘉奖生徒潜心研习学术，书院刊刻《船山书院课艺初集》8卷，由王闿运亲自阅定，收集院生论文89篇，大多属于经学范畴，其中《礼记》《春秋》是授课重点，王闿运通过学生课艺评定，督促学生奋发上进。在激励优者的同时，船山书院还实行降等制，对月课成绩差者由正课生降为副课生。以抄书作为学生日常考核的依据，对屡犯院规者采取开除等方法整肃院规。

四、祭祀教育

船山书院是为祭祀王夫之所建，书院以王船山为先师，把祭祀王夫之、弘扬船山精神作为必修课。书院有春秋两祭，每年九月，全院师生为船山先后举行诞祭，到孔子位前行三跪九叩礼，船山位后行三叩首礼。要向学生宣讲王船山的生平事迹和爱国主义精神及其民族气节，以激发学生的爱国精神。山长王闿运对王船山是极为崇拜的，他在《王夫之列传》中写道："船山真苦，其道大光，千载照耀，百家汪洋，为楚大儒，名久愈章，蒲轮寂寞，兰佩菲芳。"他在《船山公诞祭文》中写道："空山抱道，独怀忠孝之心；异代流芳，增美桂林之传。遗书尽出，隐德弥光，况东洲之楸梓犹存，喜故国之菊兰无绝。精庐习业，慕正学于章灵……"对王船山的评价是很高的。船山书院以王夫之的思想陶冶学生，使学生在思想上和学业上都收到了较好效果，培养了一批有真才实学的匡时济世之才。

相关名人

船山书院开办的时间不长，却在短时间内成为全国知名书院。其不但培养了一批有真才实学的人才，而且所聘掌教者多硕学鸿儒。先后延聘的有邓辅纶、王闿运等大儒学者。船山学子在四川、山东、江西及本省各学堂聘为教习者不下数百人，“湘南蓍老皆出其门”，从政从商者亦不少，其佼佼者甚多，如蒋啸青、杨度等。

一、诸任山长

从船山书院到船山中学，共有 7 位较有名望的山长，执掌教学和管理，分别是李扬华、邓辅纶、王闿运、江俶、曾熙、雷铸寰、谢彬等。

李扬华（1822—1884），字淯先，湖南衡南人。自幼秉承家教，博览群书，精通经史。清道光二十九年（1849）拔贡，初任陕西巡抚刘蓉幕僚，因功赏五品官衔，入京任兵部主事。同治九年（1870）中举人，在京为官十余载。晚年回乡先后在岳屏、石鼓、船山三书院担任山长。1884 年衡阳县令张宪和延聘，李扬华从石鼓书院主事就任船山书院首任山长至1889年。著述颇丰。经学类有《读易寡过》《春秋四传汇笺》《四书备检》等，文集有《雷鸣录》《日知笔录》《粤游日录》《劝惩外纪》等，诗集有《行箧吟草》《浣红诗集》等。

邓辅纶（1829—1893），字弥之，湖南武冈人，晚清湖湘诗派开派宗师之一，存《白香亭诗集》三卷。为人心思缜密、慷慨仗义，曾与王闿运同学于城南书院。善读书，通九经、训诂，旁及诸子百家之学，先后主讲于靖州鹤山书院、衡阳船山书院、南京金陵书院，桃李满天下。1889年至1890年任船山书院山长。

王闿运（1833—1916），字壬秋，号湘绮，人称湘绮先生，湘潭人。晚清著名经学家、文学家。清咸丰举人，曾讲学四川成都尊经书院，1891年至1915年任船山书院山长。光绪末期赐翰林院检讨，加侍讲衔，辛亥革命后任国史馆馆长。著有《湘军志》《湘绮楼诗文集》《湘绮楼日记》等。王闿运是晚清书院教育史上一位著名的山长，其崇本达用，内圣外王的教育观念深入人心。他以经史词章的实学教授诸生，融合经学与经世之学，注重修身自立，提倡通经致用。

江俶（1861—？），字少鄢，又名江梦笔，重庆秀山县石堤人。江俶青年时期是王闿运的得意门生，学识渊博，见解独到。王闿运离任时，推举其任船山存古学堂院长，得诸生信服。

曾熙（1861—1930），湖南衡阳人，字季子，晚年自号农髯。中国杰出的书法家、画家、教育家，海派书画领军人物，1903年进士。官至兵部主事、提学使、弼德院顾问、湖南教育会长。先后主讲衡阳石鼓书院、汉寿龙池书院，1922年船山存古学堂改为船山国学院，曾熙任院长。

雷铸寰（1884—1941），字孟强，东安花桥人。早年入长沙时务学堂、求实学堂、湖南省高等实业学堂求学。加入同盟会。曾任湖南省议会副议长、议长。1925年任船山中学校长。

谢彬（1887—1948），名作法，字兰桂，号晓钟，湖南衡阳人。辛亥革命元老，中国著名教育家、经济学家。历任广州革命政府经济顾问、国民革命军第六军秘书长、第八军秘书长和湖南省政府秘书长、陆海空军抚恤委员会中将委员、军事参议院中将参议兼代行院务、衡阳船山中学（今衡阳市一中）校长。1927 年 4 月因故离开湖南大学返回衡阳，实际主持船山中学校务，潜心整理船山遗书，弘扬传统文化。1947 年任衡阳船山中学校长。

二、教授

在船山书院授课的除山长外，还有诸如杨柏寿、夏彝恂、龙廷弼等知名教学先生。

龙廷弼（1850—1935），名盘溪居士，字熙丞，别号东洲居士，祁东县白鹤铺人，1877 年举人。曾主编湖南省永明县县志。讲学岭南书院，教学本乡及衡阳县（含衡南县）茅洞桥私塾。1912 年至 1917 年，在衡阳船山书院担任经学教授。著有《船山学说》三卷、《东洲毛诗授义》二十四卷、《读易窥隅》十六卷、《桑田呓言》四卷、《续罪言》一卷、《盘溪文集》八卷、《一孔筹》三卷、《尚书天文今释》四卷、《说文例举》二卷等。

三、社会贤达

曾国藩（1811—1872），字伯涵，号涤生，湖南双峰县荷叶镇人。中国近代政治家、战略家、理学家、文学家，晚清重臣，湘军的创立者和统帅。1838 年中进士，入翰林院，后任内阁学士、礼部侍郎，署兵、工、刑、吏部侍郎。主张以“实学”相砥砺，以理学经世，受船山思想影响较深。太平天国起义爆发，在家奔丧的曾国藩奉旨帮同湖南巡抚办理团练，后组建为湘军。历任湖北巡抚、兵部尚书、两江总督、钦差大臣，加太子少保衔，封一等毅勇侯，加太子太傅，赏双眼花翎，直隶总督，赠太傅，谥文正。曾国藩对古文、诗词也很有造诣，被奉为桐城派后期领袖。

曾国荃（1824—1890），双峰县荷叶镇人。曾国藩九弟，湘军主要将领之一，因善于挖渠围城，有“曾铁桶”之称，官至太子太保，两江总督。

彭玉麟（1816—1890），字雪琴，衡阳人。著名政治家、军事家、书画家。湘军水师创建者，中国近代海军奠基人。官至两江总督兼南洋通商大臣，兵部尚书。也擅长绘画作诗，以画梅名世。

郭嵩焘（1818—1891），字筠仙，湘阴城西人。湘军创建者之一，中国首位驻外使节。1847 年中进士，历任曾国藩幕僚、苏松粮储道、两淮盐运史、广东巡抚。1866 年罢官回籍，在长沙城南书院及思贤讲舍讲学。1875 年经军机大臣文祥举荐进入总理衙门，不久出任驻英公使兼驻法使臣。

王之春（1842—1906），字爵棠，衡南县人。先后随曾国藩、李鸿章、彭玉麟等镇压太平天国起义，历任山西巡抚、安徽巡抚、广西巡抚。

四、船山学子

从船山书院到衡阳市第一中学，七十余年东洲弦歌不绝，见证了中国社会的大变革，成为传承、发展船山思想的长久圣地。特别是王闿运在船山书院的精心经营，造就了一大批经世致用的人才。从帝王之师杨度，到“湘南教育王”蒋啸青，再到“王门三匠”，即铁匠张正旸、木匠齐白石、铜匠曾昭吉。从船山书院走出的学子多达千人。他们在社会的不同领域中各领风潮，在风云激荡的近代中国前赴后继，发挥了不可替代的作用，做出了不可磨灭的贡献，书写下无比壮丽的诗篇。

（1）在政治界的有吕翼文、李馥、雷飞鹏、杨度、刘揆一、夏寿田、颜楷、向燊、程崇信、梁镇中、周斓、周逸等。

吕翼文（生卒年不详），四川华阳人。先从王闿运肄业于尊经书院，后追随王氏学于船山书院。受王氏影响，致力于讲学著述，并创办《朴学报》，著有《说文释例》《说文理董》《王氏礼经笺疏》等，是四川近现代史上一位名儒。

李馥（1854—1929），湖南祁东人。与湘乡李希圣、嘉禾雷锡龄齐名，人称“湖南三才子”。设馆于家，分经义、史事、词章三科教导学生。教学之余，从事著述，撰《大学中庸蠡言》《论语训释》《孟子文演》若干卷。1891 年随王闿运习公羊学。

雷飞鹏（1863—1933），湖南郴州人。清举人，以清朝官员身份，秘密加入同盟会，在东北进行革命活动。1925 年任教于上海群治大学，1928 年冬回乡，担任《嘉禾县图志》总纂和《蓝山县志》纂修。船山书院首批弟子。

刘揆一（1878—1950），字霖生，湖南湘潭人，近代杰出民主革命家，华兴会创始人、副会长，同盟会重要领导人之一，代孙中山担任东京本部总理职务达六年之久。1894年拜师王闿运，在其学生中颇有威信。王闿运掌教船山书院，刘揆一追随来衡州。1912年任袁世凯政府工商总长，1918年出任国会议员，1932年受聘国民党党史编纂委员会纂修，1933行政院顾问，1949年后被聘为湖南军政委员会顾问。编辑出版《衡山正气集》和《黄兴传记》。

夏寿田（1870—1935），湖南桂阳莲塘大湾人。夏寿田随父亲在江西豫章书院就读，师从大儒王闿运，此后随其转入船山书院。1892年殿试中荣登榜眼，是王闿运最得意的学生之一。曾做过袁世凯的秘书，袁世凯复辟帝制的闹剧，计谋是杨度出的，命令是袁世凯下的，文件是夏寿田拟的。中国革命博物馆展览厅陈列着当年袁世凯准备登基大典时用的冠冕、礼服、印信，其中一份黄缎裱衬的"诏书"上，赫然写有"内史（秘书）夏"三个字，即是夏寿田的签名。袁垮台后，夏寿田受杨度的影响，思想倾向于支持共产党。

颜楷（1877—1927），字雍耆，四川省成都市双流县人，著名学者、书法家。1904年进士，次年赴日本留学一年，回国后任翰林院编修加侍讲，后参加四川保路运动任干事长。王闿运在船山书院的亲传弟子。

向燊（1864—1928），字乐谷，号抱蜀子，湖南衡山县（今衡东县白莲镇）人。曾致力教育事业，任衡州府中学堂和南路实业学堂监督（校长），后任陇南观察使、渭川道尹、湘江道尹、湖南省财政厅厅长等职，书法也有一定造诣。

梁镇中（1872—1927），字醉生，湖南耒阳人。曾参与创建华兴会，后参加中华民国临时政府工作，东渡日本领导同盟会，回国后任中华民国军政府大元帅孙中山秘书，深得孙器重。船山书院首批弟子，学业优良。

程崇信（1864—1933），字戟传，号半芋居士、天礐老人，湖南衡阳人。清末官员、衡阳家乡大儒、著名书法家、经学家。曾任御史大夫。程崇信和他的弟弟程颂旭是船山书院首批住斋生徒。

周斓（1892—1952），字叔祁，湖南衡阳人。国民革命军陆军二级上将，爱国起义将领，历任国民革命军第八军教导师师长、第三十六军副军长兼湖南省政府主席、第十七军军长、第十二军军长、南京卫戍司令长官司令部参谋长、湖南省政府总参议、湖南省行署主任等职。曾肄业于船山中学。

周逸（1876—1969），湖南湘潭人。学识渊博，为现代著名学者，著述甚丰，共有专著30多种。曾加入同盟会，民国时任国史馆秘书，《北方民报》副刊主编，船山学社常务董事、社长等。1949年前夕，参与湖南和平起义。

杨度（1875—1931），湖南湘潭人，本名杨承瓒，字皙子，出身世代务农的乡绅之家。太平天国运动时，杨度祖父入湘军，官至正四品的都司，杨父也在曾国荃营中效力。杨度九岁时，父亲病故，他被伯父杨瑞生收养。以“才男”之名，师承湖南硕儒王闿运，在其帝王之学熏陶下，杨度自幼立下大志，随时准备成为一代帝王之师。“庚子之乱”后，27岁的杨度不顾恩师的反对，毅然自费赴日，成为黄兴等人的同窗。

他写的《湖南少年歌》，打动了无数仁人志士。其中“若道中华国果亡，除非湖南人尽死”一句，更是激励了包括毛泽东在内的多少湘籍热血青年！杨度创作的另一首诗歌《黄河》，成为清末各学堂必唱的一首爱国歌曲。

他的《中国宪政大纲应吸收东西各国之所长》和《实行宪政程序》两篇重要文件，获得朝廷首肯，成为清廷立宪的蓝本。

袁世凯重组内阁时，杨度一跃成学部副大臣，即新政前的各部侍郎，正二品的高官，为袁世凯创立“中华帝国”献计出力。

黎元洪主政后，杨度被迫窜至天津租界避祸。他远离政坛，潜研佛经与书法。后来，孙中山与北洋军阀反目遭炮轰。杨度一度出山，襄助孙中山和国民党躲过大劫难。他加入国民党，成为孙中山器重之人。他曾被周恩来发展成中共“特科”的成员，利用他的名士身份，猎取情报，转给潘汉年等人。先后在上海加入“中国互济会”等慈善组织，捐款甚巨。

（2）在文艺界的有齐白石、管锄非、马宗霍、杨钧、陈兆奎、杨庄、周大荒等。

齐白石（1864—1957），“王门三匠”之一，湖南湘潭人，中国国画大师，世界文化名人。齐白石早年家境贫寒，少年学花雕木工，雕刻技艺精妙，且爱好诗文。1899年在船山书院拜王闿运为师。齐白石按照古礼，拿十条腊肉作为束脩，阅人无数的王闿运看到齐白石的画气韵生动，尤其是那些鱼虾鸡虫，认为他的成就必定在绘画上，至于诗文只能作为画的陪衬。多年以后齐白石在《白石老人自述》中“回忆往日师门的恩遇，我至今铭感不忘”。

马宗霍（1897—1976），湖南衡阳人。著名文史学家、书法家，先后任湖南大学文学院院长、中央文史馆馆员、中华书局高级编审等职。书法自成一体，所著《书林藻鉴》《书林纪事》为研究、鉴评书法之权威著作。1910年就读于船山书院。

杨钧（1881—1940），湖南湘潭人。杨度之弟，善诗、文、书、画、印，时人称为五绝先生，著有笔记《草堂之灵》《白心草堂诗稿》《白心草堂金石书画》等书。随杨度从学于船山书院。

陈兆奎（1879—1915），湖南桂阳人。著有《隐庐诗集》《隐庐文集》，王闿运评其“经史词章皆有体段”。船山书院初创时，其父陈士杰即将陈兆奎、陈兆銮、陈兆璇三兄弟送到王门就读。

杨庄（生卒年不详），湖南湘潭人，与杨度、杨钧被称为“湘潭三杰”。王闿运第四子王代懿之妻，因颇有才情，被王闿运收为女弟子。梁启超赞其为“当代诗家”。除杨庄外，王闿运在衡州还有两名女弟子，一为衡山名门聂氏之女有仪，一为衡阳名门魏氏之女芝麓，二人均有诗文集传世。

周大荒（1886—1951），湖南祁东县人。毕业于湖南公立法政学堂。曾经就读于法院，后游历于京津两地，一度受荐任天津高等检查厅书记官。继而担任《民德报》的文苑专栏主笔，著有章回体小说《反三国演义》。早年曾就读于船山书院。

管锄非（1911—1995），字枕嶷，湖南祁阳人，1926年入读东洲船山中学，近现代中国最具影响的书画家之一。他与近代杰出画家李可染并称“南管北李”，其画梅被誉之为“梅魂”。

（3）在教育界的有蒋啸青、胡元倓、刘筌龙、蔡人龙、唐牧六等。

蒋啸青（1882—1928），湖南耒阳人，秀才，革命烈士。1903

年求学于船山书院，是王闿运的得意门生。求学时受王夫之“民族民主学说”和“日新文化”的进化论影响，提出“学为民用，学为国用”的口号。从1916年起先后在新民、道南、蒸湘等中学和省立三师、三中、三女师讲授博物学和社会学。并担任省立三师、三中、三女师校长多年，因治学有方，被尊为“湘南教育王”。1921年经毛泽东介绍在衡阳加入中国共产党，创建湘南最早的党组织——中共湖南省第三师范学校小组，1923年投笔从戎，参加湖南讨贼军，1928年参加湘南起义被害。

胡元倓（1872—1940），湖南省湘潭县人。1902年入选湖南首批官费留日生，就读东京弘文学院速成师范科。民国时期在湖南长沙创办明德学堂（明德中学前身），是中国近代史上伟大的教育家，与张伯苓齐名。1897年入选拔贡后入船山书院学习。

刘蓁龙（1883—1943），湖南衡阳县人。以词章著称，曾受章士钊盛赞。先后任教东北大学、武汉大学、北平民国学院、民国大学、湖南大学，为学界所推崇。著有《六艺通论》行世。就学船山书院时，深得王闿运赏识，王闿运称其与蔡人龙为“南楚二龙”。

蔡人龙（生卒年不详），湖南耒阳人。曾为南社社员，湖南大学教授。其点勘古书，手钞群籍，有师门之风。能诗，其《落花》十二首，艳称一时。是王闿运晚年得意门生之一。

唐牧六（1875—1937），湖南衡阳人。绝意仕进后以设帐授徒为业，门下弟子如郭竺真、罗召南、唐珉君等皆有所成就。19岁考取附贡生，进入国子监学习。国子监改组后回乡，听说王闿运讲学船山书院，即进入东洲从学数年。

4. 在宗教界的有八指头陀等。

八指头陀（1851—1912），名敬安，湖南湘潭人，著名爱国诗僧，中华佛教总会第一任会长。八指头陀本是出家修行于湘阴法华寺、衡阳仁瑞寺的一名和尚，王闿运爱其诗才，邀他参加“碧湖诗社”，并纳入门下受教，专授为诗。八指头陀从船山书院学成之后，在湖南、浙江等地传道授徒，写诗作文，影响很大。先后出版了《八指头陀诗集》以及《白梅集》等，“拈花曾示我，微笑让前缘”等诗句广为流传。

诗文拾遗

船山书院作为晚清著名书院，与王船山、东洲和衡州府叠加在一起，留下了大量的文化遗产。

一、藏书、著书与刻书

最早藏于船山书院的是两江总督曾国荃所赠的金陵本《船山遗书》322 卷板片。在此基础上，船山书院先生和学子在民间广泛搜集王夫之的遗书、遗编，重新进行校核、刊印，形成了内容更翔实、篇幅更多的船山书院本《船山遗书》，使其达到 65 种、328 卷，这是船山书院对王夫之思想和学说的研究发掘和传播所作出的重大贡献。由于崇拜船山的学者日益增多，但船山著作的刊本又少，船山书院于 1893 年又重刊《船山遗书》。船山书院还收集编印了著名山长王闿运等人的日记和著作，《湘绮楼全集》折射出的思想运行轨迹，就是近代积贫积弱的中国文人救国救民的真实写照。此外，船山书院为鼓励学子争先创优，潜心钻研学术，刊印《船山书院课艺录》，收录学子优秀论文，起到了很大的激励作用。还刊印了《四书调义》《读通鉴论》等单行本作为书院教科书。船山书院是清末民初刊刻书籍最多的书院之一。此外，还有石刻清《船山书院记》，碑高49.5厘米，宽36厘米，由王闿运撰文，李瑞清篆刻，曾熙书写，文后有何维朴题跋。四人皆为晚清著名人物，此文乃文学大师与书法大师结合的典范。

二、匾额楹联

围绕船山书院的匾额楹联较多，比较有名的有：倡导并捐资建设船山书院的兵部尚书彭玉麟题写的“船山书院”匾和东洲船山书院楹联：

一瓢草堂遥，愿诸君景仰先贤，对门外岳峻湘清，想见高深气象；
三篙桃浪暖，就此地宏开讲舍，看眼前鸢飞鱼跃，无非活泼天机。

船山书院著名山长王闿运盛赞好友彭玉麟兴办船山书院的楹联：

海疆归日启文场，须知回雁传经，南岳万年扶正统；
石鼓宗风承宋学，更与重华敷衽，成钧九奏协箫韶。

清末著名诗人周延俊船山书院楹联：

讲席镇名山，汇通汉宋诸儒，东下江河资保障；
遗书垂道统，坐到春秋佳日，南来鸿雁助弦歌。

清末著名经学家、翰林院编修俞樾对船山书院弘扬船山学说撰联给予了极高的评价：

读船山先生所著全编，得三百余卷之多，经史子集，蔚一代巨观，承其后者，勿徒争门户异同，汉详名物，宋主义理，各有师传，总不外古大儒根底实学；

卜衡岳胜地而开讲舍，看七十二峰在望，春夏秋冬，备四时佳境，登斯堂也，尚共矢晨昏黾敏，出建功勋，处修节操，交相自励，以毋负老尚书创建初心。

还有唐鉴所题：

自抱孤忠悲越石，群推正学接横渠。

文人骚客和达官士绅咏东洲，也留下了大量的诗文。“衡阳八景”诗云：

雁峰烟雨实堪夸，石鼓江山锦绣华。
花药春溪龙现爪，岳屏雪岭鸟喧哗。
朱陵洞内诗千首，青草桥头酒百家。
试看东洲桃浪暖，西湖夜放白莲花。

明代陈安《衡州八景赋》：

亦有东洲，在彼中流。
桃花片片，绵浪悠悠。
绿杨彼岸，江雨随舟。

清代衡阳名士常豫《东洲桃浪》诗云：

二月春波慢慢流，桃花千树簇芳洲。
飞红腻作燕支水，酿尽繁华洗尽愁。

王夫之对东洲也有《寄调摸鱼儿·东洲桃浪》的填词：

剪中浪，白蘋芳草，燕尾江分南浦。盈盈待学春花靥，人面年年如故。留春住，笑几许浮萍，旧梦迷残絮。棠桄无数，尽泛月莲舒，留仙裙在，载取春归去。

佳丽地，仙院迢迢烟雾，湿香飞上丹户，醮坛珠斗疏灯映，共作一天花雨。君莫诉，君不见桃根已失江南渡。风狂雨妒，便万点落英，几湾流水，不是避秦路。

还有杨度的《东洲行》：

衡阳郊外有东洲，左右平分湘水流。洲上彭公营矮愿，更为湘绮筑高楼。楼前精舍诸生宿，日听康成讲经熟。

我昔从游问字余，爱此山川旷心目。一时师友劳攀仰，更兼云物宜清赏。风浪相期万里怀，文章各有千秋想。

遗址文物

船山书院创办至今已有一百多年历史，留下了大量的珍贵遗址和文物。

（1）“东洲讲舍”石刻。

（2）“船山书院旧址”石刻。

（3）“衡阳市重点文物保护单位——船山书院”石刻。

（4）彭玉麟题写的“船山书院”匾额和对联。

为了修复船山书院和开发东洲，市委、市政府顺应广大市民的要求，牢牢把握“以人民为中心”的主旋律，做出了以“生态、文化、休闲”为主题开发建设东洲的科学决策。按照修旧如旧的原则，重修船山书院，构建船山文化“复兴基地”，多形式、多渠道宣扬推广船山思想和书院文明，形成以“船山文化”为核心，“书院文化”“湖湘文化”“抗战文化”为辅的多元文化生态。将东洲建设成为衡阳城市形象的标志性工程，历史文化的品牌工程，全域旅游的精品工程，百姓满意的民心工程。这次修缮和开发，对于弘扬船山思想和湖湘文化，有极其重要的承载和延续作用，有利于陶冶市民性情，提升衡阳品位，促进城市建设。

东洲船山书院老照片

船山书院旧址碑

地位影响

船山书院的巨大影响首先在教育方面。船山书院是衡阳自古重教传统的延续和光大。船山书院先后更名为船山崇古学堂、东洲讲堂、船山国学院、衡阳船山文科大学、船山中学、船山第一中学，它体现出来的功能就是教育。船山书院存世时被尊为晚清十大书院之首，在全国起着标杆作用。继其衣钵，衡阳市第一中学现为湖南省示范性中学，培养成千上万的优秀人才，为中国基础教育发展作出了重要贡献。船山书院改为船山国学院时担任院长的曾熙先生，后来担任南路师范学堂学监，他承船山书院的传统建设师范学堂，此校后来发展为衡阳师范学院。船山书院在中国师范教育发展史上拥有自己的地位。

其次体现在传承船山思想上。衡阳为湖湘文化发源和发展之地，远古火神祝融氏，创耒的神农氏，传说中的尧帝舜皇，均在衡阳留下文明种子。胡安国父子开湖湘学派，于南岳著述授徒，道学一脉由此发端。朱熹、张栻传理学正脉，重修石鼓书院，理学在衡阳盛传。王船山“开生面”，集湖湘文化之大成。故曰依南岳衡山而眺湖南境内诸峰，远绍禹而近朱、张，沿潇湘而游洞庭，王船山先生远祖舜而迩承屈子之志。王夫之所认知并继承的湖湘精神，就是以死殉国的精神，复仇的战斗精神，崇尚节操追求理想的道德境界，忠于故国精神。船山书院为祭祀传承船山精神而建，也是为继承发展湖湘文化而建，彭玉麟说“使吾衡士林后之学者理学昌明”，船山书院也是秉承理学传统而建。船山书院传播船山思想，在推动清政府对王夫之立传入祠起了重要作用，让船山学成为一大显学，使船山学说影响中国甚至走向世界。

船山书院的鲜明特点就是不拘一格育人才。船山书院的开办，得到了晚清大员彭玉麟、曾国荃、王之春和衡阳绅士的大力支持，要钱有钱，要粮有粮，经费来源渠道广，规格高，执掌的教师名气大，所聘山长多为大儒。在学生的培养和选拔上，不论地域、出身、政治及学派，有意识吸纳“不课八股、但慕实学”之才，培养了一批不重科举，但在政治、军事、地理、艺术、宗教等方面的奇才，包括杨度、“王门三匠”等人。船山书院是中国近现代历史的见证者、推动者。在戊戌变法中，船山书院至少有20名学生参与其中。船山书院培养的学生杨度，与梁启超、孙中山、袁世凯、周恩来等风云人物关系密切，他一生极为复杂，在公车上书、君主立宪、辛亥革命、袁世凯称帝、走向共和等重大事件中起了重要作用。蒋啸青等后来成为共产党中的骨干力量。“王门三匠”中的齐白石等人，深深影响了中国艺术界，可以说船山书院是湘南一带最具政治思想和文化影响力的重地。船山书院继承理学传统，弘扬湖湘文化精神，不拘一格培养人才，其特点可以归结为在坚守中华文化本位的基础上求新求变，以最大程度维护国家和民族利益。当年书院山长王闿运为坚持中华文化之传统，与改革学校体制的政策抗争，虽然显得不合时宜，但也表达了他对中华文化热爱和守护的执着之情。在一代奇才杨度身上，更折射出船山思想的光辉。杨度留学日本作《湖南少年歌》，以船山爱国精神为基调，激发民众为挽救中华危亡而奋斗的决心。歌云：“惟有船山一片心，哀号匍匐向空林”“若道中华国果亡，除非湖南人尽死”。杨度作为船山书院的学生受船山先生思想的影响自不待言，难能可贵的是他将

船山精神归结成为国不怕牺牲、敢于担当的湖南人精神，由此我们可以看到船山书院的精神财富是多么厚重。在杨度身上，我们还发现船山书院所传承的一种“求新求变”“爱国谋国”的精神，杨度一生虽然屡遭挫折、坎坷离奇，但他始终考虑的是国家和民族的前途，致力寻找救国救民的道路。这些足以说明，继承中华优秀传统文化与谋求国家民族民主文明富强是统一的。

船山书院的历史功绩还表现在为衡阳打造了一座不朽的文化地标。因为有了王船山，才有船山书院的令世人刮目相看；因为致力继承船山精神，才有船山书院成为不朽的文化地标。衡阳乃至湖南历史文化几千年，还是因为有了王船山，才真正成为一个时代思想文化的策源地和集聚地。船山思想文化，不但深深影响曾国藩、彭玉麟等晚清中兴名臣和湘军将士，更由于船山书院的兴盛和传道，对整个湖广乃至全国的知识分子和革命先贤产生了不可替代的灵魂引领意义，毛泽东就是其中最突出的代表。毛泽东自长沙来衡阳从事革命活动，在湖南第三师范学校传播革命火种，成立了湘南地区第一个党组织。湖南第三师范学校学生踊跃参加革命，出现了张秋人烈士，产生了陶铸、江华等老一辈革命家。通过代际传承，船山思想文化已经与衡阳山水底色一样，成为衡阳这座城市的思想文化底色。衡阳市政府在东洲重修船山书院的同时，修建了“夫之楼”，让深深烙在每一个衡阳人乃至湖南人心里的船山思想有一个栖息地与活化处，夫之先生“循天下之公”的政治理念，“经世致用”“知行合一”的实学内涵，“新故相推，日生不滞”的创新追求，“天下唯器”“理不先而气不后”的务实精神，“七尺从天乞活埋”的铮铮骨气等文化密码，陈列于夫之楼宏大坐标与体系之中，是救国救民、修身治世的思想文化灯塔。同时，东洲拥有衡阳古八景中的“东洲桃浪”和“平沙落雁”及宗教道场，优美的自然景观和不朽的文化地标融合在一起，寓教于景，寓教于游，寓教于乐，让船山思想文化立起来，活起来，传起来，于无声处听惊雷。

第三篇

NAN YUE QU SHU YUAN

南岳区书院

邺侯书院

邺侯书院的前身为南岳书院。南岳书院是南岳出现最早的一所书院，大体与石鼓书院同时。也是我国建立最早的一批书院之一。书院建于唐代元和到长庆（806—824）年间。时任随州刺史的李繁，建此以纪念其父李泌，既以奉祀，又以藏书，亦供后人游览、讲学。原址在南岳庙左侧。

宋绍兴三到四年（1133—1134），胡安国、胡宏父子来南岳定居，即在南岳书院讲《春秋》之学。绍兴二十年（1150）左右，张栻来南岳，与吴翌、赵师孟、胡大原共同受业于胡宏（胡安国之子，号五峰先生）之门，相与聚讲于南岳书院。以后过访南岳的一批批宋代理学家，均

到南岳书院讲学。讲读之风，盛极一时，湖湘学派实自此发端。

宋宝庆（1225—1227）年间，转运使张嗣可认为岳庙左侧的南岳书院靠近市面，喧嚣嘈杂，且地热低湿，院房狭小，不利读书，便将书院迁到集贤峰下，更名为邺侯书院。

元朝至大元年（1308），翰林学士杨宗饬任该书院山长，将院房作过一次维修，易敝更新，百废俱举。至顺元年（1330），衡山县尹石扶允又主持过一次修整，使之更为完备，并应时任山长何鼎之请，亲自为文记其事。至正三年至四年（1343—1344），因殿堂、门庑、斋舍、庖库皆倾圮，在翰林承直欧阳从予、宪副刘昱等人捐俸倡修与督劝下，由衡山县尹赵忠、主簿李伯渊负责经办，又对院舍作了一次全面大修，从而使面貌焕然一新。竣工后，监察御史义化特为之撰《重修南岳书院记》存案。元代邺侯书院山长多为名士。

明初兵乱，院落全圮。嘉靖十三年（1534），同为茶陵人的太常卿夏良胜、翰林院编修张治，与衡山县令彭簪一道，就邺侯书院废址重建书院，取名集贤书院。

清乾隆九年（1744），衡山知县德贵在李天麟明道山房旧址的下方，广建斋舍，兴办义学，延师课读，命名为邺侯书院，并岁祀邺侯于此。但义学办在群山之中，景物虽幽，地势太僻，难于就读。十三年以后，将办学田租并入集贤峰下的集贤书院，该处的邺侯书院不久即逐渐湮没。

清光绪十六年（1890）夏，衡山人陈治与集贤书院山长戴心葵到烟霞峰访得邺侯书院故址，请于县令李宗莲，重建书院。但李宗莲等考虑到原址地僻山深，乃移建于烟霞峰左支地势平坦处的古寿佛寺侧数百步，即今院址，仍称邺侯书院。属纪念性质，已无书院其他功能。

民国二十一年（1932），戴心葵等所建邺侯书院又圮。衡山县县长蔡庆萱、县教育局局长宾联芳在省民政厅督促下，就已圮旧址重新修复，费教育经费银洋三千元。迄今为止，这是南岳仅存的一所书院建筑。

邺侯书院现为一进五间石室，已无藏书，亦无历史资料可资浏览，惟清风明月和半岭烟霞与人作伴。进门石柱上刻有衡山人宾凤阳撰写的一副楹联："三万轴书卷无存，入室追思名宰相；九千丈云山不改，凭栏细认古烟霞。"情景颇为贴切。1938年，郭沫若到南岳，其《过邺侯书院诗》云："中原龙战血玄黄，必胜必成待自强。暂把豪情寄山水，权将余力写肝肠。云横万里长缨展，日照千峰铁骑骧。犹有邺侯遗迹在，寇平重上读书堂。"

附：

重修南岳书院记

〔元〕义化

南岳书院者，唐李邺侯读书之所也。创始于南岳之左。故宋宝庆年间，运使张嗣可以其近市喧杂，地势湫隘，徙之集贤峰下，由是书院之制始备。胡文定公父子讲明《春秋》于此，宦游于此。既而晦庵、南轩相与讲道、唱酬其间。湖南道学，于斯为盛。国家龙兴之初，太祖皇帝金戈铁马，削平西北；世祖皇帝风飞雷厉，混一海宇；天下龙蟠凤逸之士兴起，倡明道学。于是前代四大书院聿然重兴。其诸先儒过化之区，复赐旧额。斯文之盛，未有过于此时者也。至大历戊申，今翰林学士杨公宗饬来为山长，易敝更新，百废俱举。后二十二年为至顺庚午，衡山县尹石扶允修创益备，山长何鼎复请尹记之，刻石俱在。今十有余年，继之者屡非其人。上下两旁，风雨侵凌，栋挠屋坏，视如传舍。田夺于豪强，而师生无以自给，弦诵之声几至废绝。至正三年秋，今翰林承直欧阳公从予述兴教之初，奠谒先圣先师，顾瞻殿堂、门庑、斋舍、庖库，亦皆倾圮，惕然于怀曰：学校之废，责诚在我。值岁荒，廪稍不给，白之郡县，咸允其请。乃捐己俸，为多士倡新明伦之堂，甚盛举也。朝廷作新风宪，命勋旧重臣分镇诸道。湖南肃政廉访使帖木儿不花公仗节来振风纪，首以学校之教作养人才，移易风俗为急务，郡县学院，无不修举。委宪史、译史王必、石温日赞襄之，又以承直兴学之言语之山长。明年，宪副刘公昱行部至邑，山长以其事闻。时湖南道宣慰司同知元帅赤刺马丹、照磨欧阳逊、天临路知府事颜普、知事杨文质亦以代祀岳庙，因造书院。宪副公相与督劝，下其事于县。县尉马聪、典史谢斗祥承命而往，县尹赵忠力疾起，民欢趋之。前衡州路经历野石帖木儿、岳市巡检朱文显以相山长，度材鸠工，不逾月而燕居之堂、先贤之祠成。未几，尹复谢事，县丞黑沙督饷海运未还，改命主簿李伯渊董役，府委其吏曹果继促成之。殿门、堂庑、斋舍库庖、垣墉、屏阂、黝垩丹雘，不三月而焕然一新。衡云增高，湘水飞立，山川为之改观矣。是役也，非山长以学校为己任不能成其事，非宪府以勉励为己任不能化其下，上有好者，下必有甚焉。文学孔希举记其始末，巡检朱文显踵门求文记之。

嗟夫，自三光、五岳之气分，而天下无全材。仲尼，圣人也，有德无位，乃删《诗》《书》，系《周易》，作《春秋》，明先王之道以贻后世，其功有贤于尧舜者。孟氏，学孔子也，亦不得其位而周流诸国，空言无施。后之学者赖其言，尚知尊孔氏，谈仁义，贵王贱霸，功不在禹下。秦始皇帝焚书坑儒，尽灭先王之道，以智力法律绳民，不足论也。汉有董仲舒，唐有韩愈，各以其学鸣于时。迨至宋时，周、程、朱、张诸儒相继而作，以续孔孟不传之绪，而道以明。为人臣者不知为学，必以掊克私己为务，事君必不忠；为人子者不知为学，必以悖逆争斗为先，事亲必不孝。夫妇无别也，长幼无序也，朋友无信也，是不知为学之甚也，其可乎哉！《传》曰：三代之学，皆所以明人伦也。人伦明于上，小民亲于下，此师道之所以立，学校之所以设，其有功于朝廷生民甚大。今兹书院也，圣人有宫，从祀有庑，先贤有祠，师生有室，而田入于豪强，廪稍之不给，尤不能不望于部使者。至正乙酉十月朔日记。

邺侯书院

〔明〕沈铁

一枕烟霞石作盘，峰头片片自巑岏。
牙签万轴今何在，石室平芜玉简残。

邺侯书院

〔清〕彭仕商

吊古愁浇酒一杯，未能出俗枉徘徊。
十年富贵真尘土，万轴牙签亦劫灰。
那得曲江操物色，更无老懒问根荄。
名山愧杀支离客，学道读书总不才。

邺侯书院

〔清〕周锷

读书作宰相，事甚无足怪。懒残者何人，饶舌及方外。
煨芋方未熟，自破多言戒。山僧非许劭，月旦何狡狯。
巍然紫盖峰，流风缅唐代。嗟尔浮屠人，矜言戒定慧。

集贤书院

集贤书院前身为南宋宝庆（1225—1227）年间由南岳庙左迁建于集贤峰下的南岳书院。明嘉靖十三年（1534），同为茶陵人的太常卿夏良胜、翰林院编修张治，与衡山县令彭簪一道，就其废址修建书院，因峰名而得书院名。

“集贤”之意，既与山峰同名，又合建书院的初衷。即集祀唐宋诸先贤，以激励后人。最初书院将李泌、韩愈、赵抃、周敦颐四人合祀。明万历年间（1573—1620）耒阳人曾凤仪重修集贤书院时更将朱熹、张栻两人合入，并将修书院剩下的资金购买田租二处，作为春秋祭奠之费。清光绪四年（1878），衡山县令熊峙衡、集贤书院山长李芳碶又进行重修。

集贤书院在有明一代，虽几经修建，却一直只有纪念先贤的性质，只能“为游观者劝”“见群贤而思齐”（明代曾凤仪《重修集贤书院记》）。而书院学制渐弛，比之元代的邺侯书院时期，反而倒退。清代徐世佐《集贤书院考》也说夏良胜建集贤书院时，“无辞荣高蹈，讲学从游者千里百里而来，又不欲付之羽衣缁流为老佛之场”“终明之世，迄无有人焉相与读书谈道于其中。湛甘泉、邹东廓虽尝寓衡，皆不集于此”，更说明了集贤书院在明代的衰落状况。确实，南岳诸书院自宋、明倡讲学之风，成为理学研究重地以后，至此时已大为衰减，书院的讲学、研究特点，改为攻读制艺、经文，作为猎取功名之所，与官学之分，只在于办学单位不同。

清代乾隆二十一年（1756），衡山县知事将文定书院田租的一部分拨入集贤书院，使该书院办学经费增加，乃改属县学，由县礼科司负责供给俸金，当时集贤书院山长每岁束脩为一百零八千文，学生生活费正课每人二千四百文。同治八年（1869）书院山长每岁又加薪水钱二十千文，光绪间再加二十千文。这时的集贤书院馆舍也屡经修缮，办学情况比宋明两代完善和正规得多。

现知集贤书院山长有赵梅卿、文瑞成、彭仕商、康文作、沈绳、旷大望、旷学古、旷半崖、旷萼本、旷敦本、旷敏本、李芳硡、陈兴阶等人，他们或为进士，或是举人，或曾为州府教授、学正，或属退休官吏，均颇有声望。集贤书院的教学思想仍宗宋、明。清代严玉森《重修集贤书院记》对此有一段记述："衡之学者登朱张之堂而读其书，又值为政不残之尹，风雨以时，能自得师而益各全其天，扩充其心目，将昌黎所谓能自树立，濂溪所谓寻孔颜乐处，晦庵、南轩交相劝勉以戒惧警心之意，皆与念庵厚积而撤蔽障之言冥合于心，充然而有得也。"他从韩昌黎说到濂、洛、闽，一直到王守仁、罗念庵、湛甘泉的理学，要求一脉相承。但来集贤就读的多系童生，相当于今天初级中学或高小阶段，只能死读经义，苦攻制艺，以便应试，谈不上讲学与深研了。

民国二十一年（1932），南岳管理局将书院加以修葺，新建楼房五楹，改为南岳图书馆，经费由省政府直接划拨。日寇侵华南岳沦陷期间，图书馆设备被焚掠一空，藏书幸事先转移他处，始得保全。抗战胜利后，曾一度停办，1946年恢复，1947年于旧址新建馆舍一幢，总面积两层共1700余平方米，可藏书40万册，实有藏书15万册。初名"中正图书馆"，后仍称南岳图书馆。

中华人民共和国成立后，于1950年改为湖南古籍书库，增书30万册。因保管条件太差，书库于1955年撤销，大部分古籍移送省图书馆，其余分配给衡阳市图书馆、衡山县图书馆及湘潭图书馆、邵阳松坡图书馆等。

1969年起，馆舍划与人民解放军驻岳部队使用。1984年移交地方，成为南岳区人民政府驻地。2006年，区政府搬迁新址，仍有若干科局在此办公。目前各机构全部搬出，正筹备恢复为南岳图书馆。

附：

集贤书院记

〔明〕夏良胜

先皇帝之己卯岁，东洲夏子、明水陈子罢归湖东湖西，东廓邹子方病在告，仿鹅湖故事，论学于虔郁孤台，绝巘登望，若在衡表，邈矣遐思。圣皇继统，并忝召命列京朝，官居茨相。比夏子谬属典铨，时石屋彭子注衡山令，与邹子、陈子讯若乡谊，曰衡山择贤主矣。既而邹子谪判广德，夏子守茶陵，陈子戍海滨。茶陵去衡伊迩，政涤庞滞，时与龙湖张子凌虚云峤，弗遂迈征，赋《望岳》以泄于私。未几趋省，召为文役，与张子方舟夜济，彭子趋候如夙期。然默构简辞，祈灵启善，而夜卧公堂，听雨达旦，意弗尼也。辰馈已，隐隐日脚赤下。夏子迅导，张子、彭子追及，天宇净廓，道绝尘泞。亭午至衡祠，修仪肃瞻，虔于谒牍。雨复如注，顷乃已。退食于东序，曰开云楼，志昌黎遇也。而夏子以官同步入西序，曰霁雪堂，志南轩遇也。而张子以姓同，彭子契谊。谓谪籍，止雨又类同也。尾兜联舄，步笑咏歌，回盘复折，历涧跨厓，可二十里。缘磴穿莽，屐级以升，瞻眸顾睇，霁景殊绝，若非人世。台舆私老僧曰，仅仅见也。僧主南台寺，寺方构阁，登而快意。命曰天霁，亦志遇也。夜引觞酌，搜剔肾肠，联以诗什。鸡鸣就寝，雨复作，檐溜声酣。息，而与夏子欲穷上封、祝融，寻七十二峰深处。张子曰：未尽之兴，异日作续游记也。返舆而下，若走丸于坂，瞬目延伫于两峰，并息间衍缓如砥。曰：集贤峰下趺坐。移晷晓霁，人殆绘事弗称。曰：此可堂，昔寓贤，可因祀也，于峰名为称。石屋曰：惟地主任。夏子以公赐弗敢私附以成之。张子赞曰：举协于义。图乃终，怅怅登舟别去。夏子自是归卧林居，又三年大义责起，复有行役。张子方职史于馆。彭子先期以赂，且告书院以终事。夏子遄往，用毕初志，诚不知俯仰间又幻出一绝境也。缀以纪曰：

衡之灵，与嵩恒泰华均也。恒肇于冀，舜禅尧治，而官牧命焉。华连于岐，武承文德，而周吕继焉。汤征尹聘，莘葛丽于嵩邱。孔教颜学，洙泗源于泰皋。虽云圣贤之生，天地自有神数，不必于专气者，然而岳镇之完，非圣贤不足以当之也。惟兹衡灵钟泄，未有所施，圣主潜龙以飞，适在兹服。谓非有以当之者哉。呜呼，圣作物睹，使有若昔诸贤，必宗孔孟以辅唐虞三代之治，出而名世，可无寓兹已乎。累臣纪载，盖将庆时贤之际会，而感夫昔贤之遇者深矣。若大观奇胜，古今名家尽之，朋游合散，宦迹险夷，皆恒数也。诸贤应祀，法有定论，在记从略焉可也。

重修集贤书院记

〔明〕曾凤仪

衡岳名胜，故甲于天下。过客往来，睹苍翠冉冉出云际，辄心拟一登，登即留连幽绝，低回不能去。盖自唐李邺侯、韩昌黎，宋朱晦庵、张南轩迹最著。近于客署颜之曰“开云”，存昌黎也；颜之曰“霁雪”，存朱、张也。朱、张业有祠祀方广，而李侯顾阙。即朱、张岁祀不必之方广，第于野遥祭，亵甚。予窃慨焉。岁癸巳，从颖泉邹公游，谓南岳庙右有集贤书院遗址，前邑侯石屋彭公建，祀唐宋以来贤有声者，盍新之为游观者劝？予应之曰：有司传舍其官，念不到此，此予地主任也。归与益斋伍公谋，捐资首其事，诸缙绅闻而助者若干人，监司郡邑诸公闻而助者若干人，合之得金若干两以付募僧，储粮庀材，后先营构，垂三载而楼阁堂庑告成。余资买田二区，大福源租二十四石，庞公塘租四十二石，俾僧性恒守之。迎朱、张神主祀其中，益以李、韩及赵清献、周濂溪四先生，设释菜礼礼焉，俾服习其中者有师表在目也。夫群贤足迹所至，寄兴须臾，胡景仰之若是。要以生平大节，瑰玮不群，规恢圣谟，照耀今古，屹然直与名岳等。登其山，想见其人，人与山交相重也。祀山因以祀人也，群贤其吐之乎。虽然，集群贤而祀之，有司事也；见群贤而思齐，非尽有司事也。故由晦庵集诸儒之大成，进之为孔子集群圣之大成，是所望于后之君子。

集贤书院祀典考

〔清〕袁奂

集贤书院重修于茶陵守夏良胜、衡山令彭簪，二公所合举，专以祀李邺侯、韩文公、赵清献、周濂溪四先生也。朱、张二先生祠，乃尹洞山所创建，祠专祀于方广，以林择之配，于集贤无与也。后以朱、张祠毁，郡人曾凤仪乃重修集贤，而迁朱、张二公合祀于此，是朱、张乃附祭者也，非专祀也。明季衡令董我前修其故祠，仍归朱、张于方广，则集贤之二主迁矣。后人惮方广之远而仍祭之于集贤，是朱、张乃望祭者也，并非附祭也。何近代之主鬯者不辨典礼所自起，而祝文止言朱、张，并不及邺侯四先生。噫，何其舛也。譬之人家招客，有专设者，亦有侍坐者。今乃举旨酒嘉肴，尽以侑之侍坐，而于专设者不及焉，其客未有能安其位者也。以世代论，则唐为先，宋次之；以理学论，则濂溪为先，朱、张次之；以宦业论，则清献为先，朱、张又次之。今共处一堂之上，先后相向，自有一定之次。而主祭者顾尊后而薄先，称宋而略唐。礼义由贤者出，曾谓贤者而若是乎。予谓祀典出自国家者，非臣子所敢议。若数先生之荐享，则举于乡先生与郡邑之大夫也。乡先生可议，邑大夫亦可议，急起而厘正之，夫亦何难，人特见不及此耳。自兹以后，当令专祭有专祭之文，合祭有合祭之文，各立体裁，勿俾淆乱，方于祀典不谬也。

集贤书院记

〔清〕彭孚

南岳庙之右有集贤峰，峰下为集贤书院。峰之名，不自书院始也，而书院适当斯地，则书院固以峰名也。然集贤之名，以集唐宋诸贤而名，则书院固自名集贤，而其名乃适与峰合也。然峰之名不自书院始，而书院又适当其地，则是书院果以峰名矣。

谨按：唐肃宗时，李邺侯读书烟霞峰，分芋懒残，传为佳话，其遗址在今明道山房。韩昌黎以贞元间谪居阳山，归而游衡。后人为建开云楼，今衡山县城西是也。有宋乾道丁亥，朱晦翁、张南轩与三山林择之游岳唱酬，尝自山后憩方广，故山后有南轩书院，方广有二贤祠。其后世变屡更，或兴或废。洎明邑侯安福彭簪，循吏也，与太常卿夏良胜、编修张治共建书院于斯峰之下合祀四先生，而以林择之配享，然则向之所谓“集贤”者，兹其所以为集贤也欤。《诗》有之：“高山仰止，景行行止。虽不能至，心向往之。”后之学者，游斯地，登斯堂，宫墙宛尔，俎豆依然，贤之希也有日矣。若夫胡文定父子隐居其间修经明道，湛甘泉携诸生讲学于兹，贤也，兹何以不集也？曰：有专祠在，抑犹有说焉。自宋以来，天下先贤遗迹俱敕建书院，而我朝学校之盛，追隆往古。故衡山前后屡蒙邑贤侯绅士修建八书院，每岁学租共千余石。唯雯峰书院附郭，每岁山长馆谷百石，余皆六十石。择诸生有行义者数人册掌之。数十年来，彬彬乎有邹鲁之风者也。往者，绅士等议请仅存“雯峰”“集贤”，而“文定公”“明道山房”“观湘”“文昌”“东洲”五义学俱废，独“白山”以私捐得留。于是千余石之谷，属吏经管，仅为两书院膏火之费，而所谓六书院者，荒榛颓垣，无复有过而问者。初亦谓合并考课，多所裨益，迟之又久保无有，奉为故事者乎。学校为奖进人才之地，有日增无日减，所赖贤当事备举而详请之，则夫衡邑之地无非贤也，抑无不集也。前之贤者既以贤启后，后之贤者亦以贤希前。而贤当事过化之迹，举废之功，且将俎豆血食与各书院无终穷。则是“集贤”之名，尽衡山而皆是也，岂直岳庙右之“集贤”云尔哉。

集贤书院考

〔清〕徐世佐

衡山之有集贤峰，意必有巨公逸人、道德文学之士为师，弟子朋友，断金臭兰，千里百里而来，相与藏修息游于其下，不然而峰胡以名也。且夫载酒携琴，探奇览胜，筝舆芒屩之往来，往往有之，不可以为集。集于此，则必有肄业之舍、讲学之堂。舍几区，堂几楹，图书翰墨之所藏何阁，登眺者何亭，燕酣者何轩，集者几人，来者几时，去者何日，古与、唐与、宋与？或曰：张曲江、李邺侯、胡致堂、五峰、朱子、南轩皆尝集于此。此诚有之，亦都无断碣残珉可摩挲而仿佛者。既已荒湮灭没，委之云烟雨露，茂草丰林，文禽灵兽之所歌游，林猿山鬼相与呼啸而徘徊，盖数百年，漠然无复败瓦颓垣之可寻而凭吊之者矣。明嘉靖初，太常卿夏东州良胜谪守茶陵，与编修张龙湖治，衡山令彭石屋簪扶筇登岳，旁览幽遐，憩南台，归而趺坐峰下，相顾曰：此可堂。石屋曰：惟地主任。于是，东洲附之，龙湖赞之。鸠工庀材，凡三年而告成，颜曰集贤书院。峰以人名，院以峰名，亦固其所。然其时亦都无辞荣高蹈，讲学从游者千里百里而来，又不欲付之羽衣缁流为老佛之场，于是为十主，祀唐李邺侯、韩昌黎伯，宋赵清献公、陈了翁、胡澹庵、胡文定公、朱子、张南轩，附致堂、五峰。盖三公之意，亦欲后之人睹前贤而兴起也。越六十余年，院圮且尽。神宗改元之十五年，衡二尹休宁江九皋子鸣署衡山令，典祭祀。先是，方广寺建嘉会堂，祀晦庵、南轩，道险远，令皆弗往。九皋请于上官，于书院废基建屋，为二公行祠。又六年，而仪部曾金简从邹颖泉登岳，慨然有石屋之志，与伍益斋谋捐资首其事。于时，监司、郡邑缙绅之士翕然从之，后先营构，亦三年而告成。祀邺侯、昌黎伯、清献，益以周濂溪暨朱、张，凡六主，而澹庵、文定父子、了翁不与焉。以其余资买田二区，收其租为春秋释奠之费。盖废之易，而成之难如此。然终明之世，迄无有人焉相与读书谈道于其中。湛甘泉、邹东廓虽尝寓衡，皆不集于此。则此一院，徒以集古之贤者，当世之贤者不与焉，亦山灵之羞也。本朝累圣相承，崇儒重道，涵濡于人文之盛者百有余年，运会昌隆，群贤蔚起，良有司新其院宇而广之。士之近者，远方来者，师弟子、朋友相与读书谈道于其中，出则为名臣，为邺侯、昌黎、清献，处则为名儒，为濂溪、为晦庵。庶几不见古人见今人，为一时之盛，以无为山灵羞，其在斯乎。夫峰胡以名，而又胡以为书院也，昔之人其兆之矣。

重修集贤书院记

〔清〕严玉森

森游衡岳，阅数月矣。性懒不诣客，而衡之士李子芳磎时共谈宴，因知衡尹熊君峙衡之贤。李子方主集贤书院讲席，商之熊尹，增修院之门墙及斋舍窗棂，为多士计良厚。多士感之，属森文以记。森昔读朱子《石鼓书院记》，称唐元和间州人李宽之所为，慨当时学之不振，而深嘉好古图旧之贤。又读罗念庵《题方广朱张二贤祠壁》，文论极畅。此心飘然在衡麓久矣，而未遂所游。今游矣，游且久，意不独在烟月水石也。衡之学者，群推旷屿嵝先生。屿嵝《南岳志》：集贤峰峙岳庙右，峰下为集贤书院。明嘉靖大宗伯张治、太常卿夏良胜、县尹彭簪创之，祠部曾凤仪记之。万历间，曾金简复修之。院祀朱、张两先生并昌黎、濂溪诸贤。谭友夏《南岳游记》：行三十里入岳坊，步寻集贤院，荫松息竹，僧良久乃启扉，地固以幽邃胜也。兹既修葺日益新，讲习其间者益众。念庵先生《祝融告神辞》谓：积不厚，则所出不奇；蔽障不尽撤，则所见不极远。记曰：居高明，远眺望，念庵知之矣。熊君尹山水奥区，得母教，为政必便民。民饥，母愀然不乐，则立济以粟。兹又为多士厚其积累，祛其翳蔽，率之于正大光明之域，其教且养若是，是可以风矣。然则衡之学者登朱张之堂而读其书，又值为政不残之尹，风雨以时，能自得师而益各全其天，扩充其心目，将昌黎所谓能自树立，濂溪所谓寻孔、颜乐处，晦庵、南轩交相劝勉以戒惧警心之意，皆与念庵厚积而撤蔽障之言冥合于心，充然而有得也。何必祝融观日月出入天风海水，乃悟吾身之所自有者耶。书贻同志，且告来者。时在光绪戊寅冬十月。

游集贤书院怀诸先贤诗

〔明〕李焘

千载英游意气同，天留胜迹为名公。
峰峦葱郁云林外，物象氤氲雨露中。
大地原来存道脉，遗编自可挹春风。

遥瞻禹迹碑明灭，欲向岣嵝泄化工。

观集贤书院崇祀诸贤有感诗

〔清〕王大经

洙泗源流远，千年契合同。
遗经寻嫡系，绝学破洪蒙。
太极丸中趣，先天窟里融。
名山崇俎豆，庙祀报鸿功。

虹见集贤书院凿井得泉诗

〔清〕彭孚

岳麓轩墀记百泉，诗成雪霁集名贤。
千秋谁是心源契，此地偏疑道脉传。
天相斯文虹乍降，人留佳话井初穿。
衡南应有蟾宫客，稳步仙桥到日边。

集贤书院虹泉诗

〔清〕聂铣敏

虹飞何事骋恢奇，多士文章可用仪。
为驾鹊桥依院宇，还交辇彩焕门楣。
满天霪雨初晴后，万斛原泉欲涌时。
要识有为同掘井，光阴变幻勿惊疑。

集贤书院二首

〔清〕康受镛

朱鸟分躔毓地灵，昔贤游屐此曾经。
千家烟火连云白，四面峰峦簇树青。
古干槎牙支独壁，老藤延蔓绊疏棂。
何方钟磬苍茫里，似隔风篁仔细听。

两年鸿爪驻槐厅，邺架频传博士经。
卷箔千山迎晓日，登楼万木蔽繁星。
为扶珍卉畦茭草，欲汲清泉石琢瓶。
共道艺林佳趣永，绕栏书带茁芳馨。

明道山房

唐肃宗时期，李泌为避奸臣之害，主动申请游寓衡山。皇帝恩准，并赐以三品俸禄，为他隐居提供优裕的条件。李泌离开南岳后，宦海沉浮，最后官至宰相，封邺县侯。他在南岳的住所位于烟霞峰中部的山谷里，名端居室，有大量藏书。韩愈诗“邺侯家多书，插架三万轴”，即谓此。李泌在南岳留下不少遗迹和传奇故事。“极高明”三字，刻于福严寺左后侧岩壁上，传为邺侯手书，称高明台。

端居室于唐末废圮。明万历中（1573—1620），衡宝兵巡副使李天植（李元度之《南岳志》中名李天麟）辟地于邺侯故址之右侧，采山伐石，重建书堂。前为门厅两间，后有堂屋六楹，两侧各有小室。其意在“令来游高贤暨兹方有志之士，仰邺侯之风而躅诸贤之遗矩者得有止归。因额之曰‘明道山房’”（李天麟《明道山房记》）。

烟霞峰下的明道山房不久就荒废了。明万历十一年（1583）正月，张元抃游南岳，记其经兜率庵、懒残岩，并无明道山房的记载，而是在行数里，“出狮子峰（按：即掷钵峰）侧，入福严寺，谒邺侯祠”（《游南岳记》）。由此可见，在明万历年间，明道山房（即邺侯祠）就已移建到了福严寺。

据清代潘耒《游南岳记》所述，掷钵峰下的福严寺废圮后，县人便在寺侧另筑明道山房，用来祭祀邺侯，并将福严寺的田产划归邺侯祠（明道山房），令僧人守护。

明末，该处为福严寺僧人使用，更名莲池堂。入清，该堂舍亦圮废。

附：

明道山房记

〔明〕李天麟

余三奉简书，历阅山川纪籍，求诸贤倡学之所，则无有右于衡湘之祝融者。顷余按衡而跻其巅，憩唐李邺侯藏书故址。芙蓉、青玉拱揖前后，帘洞、龙池赓鸣左右，兼之万峰垣列，映带潇湘，高插青冥，远连岷嶓，双舄云扶，心焉为畅。夫邺侯当肃宗时赐隐治庐，爰及代、宪，召入平章，应月蚀东壁归往。庶几哉，出处两无负矣。后此则韩、胡、朱、张接武来游，而昌黎之辟异崇儒，文定之尊王贱霸，世教人心至今赖之。五峰绍业以授南轩，而晦庵又相为唱和，洙泗流沫，不绝湘上。固祝融之灵，而三湘人士亦厚幸哉。余独怪夫迩者以邹鲁为利媒，远自性于膜外，用之不见可行，舍之无可为卷。诸贤遗响，杳焉绝矣。夫穷宇极宙，惟性独尊，即旦夕斤斤，犹惧封翳，奈何役役声华焉，货利焉，甚且恣情任气，漫口率性，居常拾唾余以干进取。一登仕籍，惟利禄夸耀计，而于天地民物，渺弗关涉，盖教弛道晦之故哉。余也览兹雅胜，追忆群贤，不忍斯文泯泯落寞，于是与郡倅陈道纯及邑令刘明简谋，辟地于邺侯故址之右，采山伐石，前为门二楹，入为堂六楹，左右各翼小室，令来游高贤暨兹方有志之士，仰邺侯之风而躅诸贤之遗矩者，得有止归，因额之曰“明道山房”。夫道即性也。大之民社，微之草蚁，远之华夷，近之童仆，原无二性。唐宋迄今千余载，而昔贤之流风遗韵犹令人勃然兴起，性同故耳。尔人士诚不拘时而束教，铲欲而脱习，人我障除，见闻魔散，湛湛澄澄，亲见本原自性，如回之心不违仁，孟子以仁存心，《诗》之“小心翼翼，昭事上帝”。无论显微小大，一切从性体流行，而五官受成命焉。则用亦乐，舍亦乐，不以无对之真而为时玩弄，不以有涯之躯而因人悲喜。蓬栖窦处，俱足经纶。广土众民，不为赢羡。綦至皇虞隆业，罔出浴风歌咏，而功烈赫赫如管、晏，曾不抵嗒然一笑耳。《书》云：“惟上帝降衷于下民，若有恒性。”余代狩三楚，故有率人之责者，既治其堂，复缀以说。即不知于昔贤之旨何如，而勖尔湘人士勿失自性劳劳焉甘为形役可也。

《明道山房记》案语

〔清〕李元度

李邺侯隐衡山，结庐烟霞峰下，名端居室，多藏书。及其子繁刺随州时，建书院于岳庙左，称南岳书院。宋宝庆中，运使张嗣可以其近市喧嚣，徙之集贤峰下，改称邺侯书院。明夏良胜、张治游岳时，书院已废，就遗址修复，增祀韩、赵、周子及朱、张二子，改名集贤书院。后曾凤仪复修之，而烟霞之故宅已芜废。巡按李天麟乃就故宅建书室，名之曰明道山房。入国朝，明道山房久圮，而掷钵峰下之福严寺亦中废。邑人乃就寺侧筑明道山房以祀邺侯，并割寺田归祠，令僧守之，非其故也。语详吴江潘太史耒《游岳记》中。见《胜形》。未几，僧式庵重兴福严寺，乾隆五年赐经一藏。其时寺兴复而山房又圮废矣。乾隆九年，知县德贵就烟霞峰故址建义学，仍称邺侯书院。二十一年，田租并入集贤，义学亦遂废矣。先是，康熙三十七年，邑人士以福严寺切近山房，前交僧守之田概为僧有，讼于官。经知县张寿峒将田租百四十石断归邺侯祠。未几，左庶子江夏胡润游岳，邑人请作《复明道山房记》。今尚有传其稿者，会重修岳志，或以稿视求采入。窃意旧《岳志》修自乾隆癸酉，其时相去不远，此记何以未登，后屡修县志亦未登，殆非无故。及读潘太史游记，始知邑人原就福严废寺侧立山房以祀邺侯，并割寺田令僧守之，是原建山房本系寺地，且割寺田。寺既兴复，山房渐圮，自不能免争端。胡《记》称张令既将田租断归侯祠，是寺僧固未贪赖也。若采入胡《记》，虑再起争端，宜前志皆未录。而近人彭侍郎玉麟游福严题诗，其自注尚力为辨析也。福严片席地，寺不废则无从更立山房。后之君子欲复明道山房、邺侯书院，就烟霞峰下端居室故址图之其可也。

卢潘书院

卢潘，唐代人，官至太子少傅、中书舍人。曾为南岳道士刘元靖（唐武宗年间赐号广成先生）撰《广成先生石室铭》。后隐居衡山，创卢潘书院（清末《湖南通志》又称卢舍人书房）于紫盖峰下。唐咸通六年（865），改为圣寿观。清代前已无存。

文定书院

文定书院即文定公祠，位于今湖南省岳云中学科技楼所在地。

文定书院的创建时间和创建人均无确切的记载。明代监察御史郑惟垣《胡文定公书院祭祀题本》中有：“南岳山旧有宋儒胡安国书院一所，元至大戊申（1308）命有司修葺，仍赐以旧额，命学士杨宗饬为山长。”茶陵人李东阳当时也为重修的文定书院作记考证说：“盖公（指胡安国）初患居当兵冲，徙于荆，再徙于衡，优游十五年，卒。五峰（指胡宏）以荫补官，家居不调。晚辞召命，创楼著书者二十余年，侍公尤久。此书院之所由建也。”据此，文定书院当为南宋乾道、淳熙间（1165—1189）建筑，是胡宏、胡寅从胡安国故居改建用以纪念胡氏，并作讲学传道、培育人才的地方。

文定书院自宋代建立后，有案可查者，已历经七次修复：元武宗至大元年（1308）修复并赐额。明孝宗弘治八年（1495）御史郑惟垣、衡州府同知邓淮捐集资金修建。书院中有祠堂，祀文定公，配以少子宏，

而房庑庖库之类皆备。明思宗崇祯五年（1632），衡山县令何仕冢与文定公的十七世孙胡来誉重修。清圣祖康熙四十九年（1710），文定公二十世孙胡昌侯续修，厅堂仍如旧制，而廊庑加阔。事讫，请翰林侍读陈壮履为作记。高宗乾隆十八年（1753），衡山县令谢仲沅、高自位先后共同修复。“环祠构斋舍，捐馆谷，集生徒”（高自位：《重修胡文定公书院记》）。乾隆二十一年（1756），因书院田租被并入雯峰、集贤二书院，由是训课废，院貌渐衰。至宣宗道光元年（1821），前院两厢已倾倒，讲堂化为瓦砾，后寝虽存，亦丹青黝恶，黯然零落。是时，文定公族裔胡炳泉、胡麟俊又偕族人集资重修。近四十年后的文宗咸丰九年（1859），院舍又将鞠为灌莽。于是其族人胡咸臧又醵资重修，并请曾国藩作记。

胡安国（1074—1138），字康侯，死后谥文定，因称胡文定公。他于南宋绍兴三年或四年（1133或1134）迁居衡山，绍兴八年（1138）逝世。他在南岳读书著述五年，著《春秋传》。胡安国三子均为宋代理学家。长子胡寅被尊为致堂先生。次子胡宁，被尊为茅堂先生。季子胡宏，被尊为五峰先生。明末黄宗羲（1610—1695）著的《宋元学案》有《五峰学案》《衡麓学案》，对胡氏父子讲学南岳，上承孔、孟，下启朱、张，作了介绍。张栻是胡宏弟子，以后为岳麓书院山

长。湖湘学派自此开端，南岳学风之盛，领袖一时。之后明代理学家湛甘泉、王阳明也都在此讲过学。胡宏兄弟随侍父亲撰写《春秋传》，后建春秋楼，辟春秋塘，其遗址均在今岳云中学科技楼右侧。

文定书院在明、清间累圮累修，比之其他书院或废圮不修或重修后改名，此为其突出特点。这是因为在明崇祯年间重修文定书院时，即以书院事永属于胡氏族人。书院从官助、族修，渐为族祠、族学的性质。族祠在封建朝代是不易废圮的，族学也有家庭经济作后盾，比之私人办学，基础更加巩固。至清末，改为只授制艺与童子之学，相当于现在的小学或初中。民国初年，文定书院改为胡氏文定小学，至抗战后改为质文小学，现已不存。

附：

胡文定书院记

〔明〕李东阳

衡岳之阴，宋胡文定公之书院在焉。历胜国以来，颓圮殆尽，而遗址尚存。弘治乙卯，监察御史郑君惟垣按视其地，图所以兴复之者，以属衡州府同知邓君淮。其经理之费又皆为之区画，不出于官，不扰于民，乃上其事于朝。如其请，中为堂，祀公，配以少子宏，所谓五峰先生者。而房庑庖库之类皆备。又掘地得旧祭器若干，葺而完之。岁春秋则如仪修祀事，又将聚其乡之学者居之。其所以崇儒重道者至矣。事竣，兵部何主事孟春奉使过衡，邓君因寓书京师，请予记。按：文定公本崇安人，哲宗时举进士，为太常博士，提举湖南学政事。高宗时，拜中书舍人，以疾求去，留兼侍读，专讲《春秋》。后以宝文阁学士致仕。盖公初患居当兵冲，徙于荆，再徙于衡，优游十五年，卒。五峰以荫补官，家居不调。晚辞召命，创楼著书者二十余年，侍公尤久。此书院之所由建也。公之学，以尊王贱霸为本，安夏攘夷为用。当金强宋屈之时，朝野靡然，附和议者为识时，论雪耻者为生事。而公引经议政，正色直言，所以警君心而裨治道者至矣。身既不用，其所为传卓然成一家言。至我国朝，遂列诸学官，用诸场屋，为不刊之典。使公用于一时，亦孰若传于后之为远哉。若五峰，虽未见用，而出处明决，未尝屈己以干禄，深得乎家学之正矣。古者乡先生没，必祭于社。而圣贤道在万世，则天下祀之。盖视其功德小大以为久近，有不可得而诬者。公今从祀孔子庙庭，天子之所亲视，儒臣之所分祼，天下学者之所尊祀也。况其所居之地，非游宦流寓之可比，不特举而祀之其可哉？且及门之士，私淑之人，如孔氏之有颜、孟，皆在配享从食之列。况公作述之善，有若五峰者出而成之，征诸南轩之授受，考亭之议论，又若是著也，而可以无配乎哉。书院之作，乃古庠序之遗制。宋之初，学校未立，故盛行于时。今虽建学置师遍于天下，无俟乎其他，而前贤往迹，风教之所关，亦不容废，如兹院者是也。夫祭者，学之所有事也。而其所为学，岂独粢盛俎簋，仪文度数之间哉。衡之学者，读公之书，学公之学，固将睹羹墙于庙貌，思景行于高山，虽欲自画于道，而亦有不容已者矣。湖南之地，舂陵则有濂溪，岳麓则有南轩，兹院相距不数百里，遗风流泽相望而不绝。东阳世家长沙，盖尝登岳麓吊其所谓书院者，闻文定公之风而有感焉。因为之记，以成贤御史及贤有司之志云。

重修胡文定公书院并长寿庵记

〔明〕何仕冢

予读《春秋》至康侯先生传，精神干局流露篇端，开卷而影堂在焉。谓其事，盖述其书，则作夫一《春秋》也。周东迁而先师之经成，宋南渡而先生之传出，上下二千年间，揭大义以责鲁宋之君臣，若同堂授受，锱两不差。逮我国朝，遂定其书为制科，《左》《公》《谷》皆属外篇，《春秋》乃不孤行，则先生之羹墙又遍天下。衡岳之有书院，盖先生藏书处也。去岁春仲，予修南岳之祀，奉祀典，得祀先生。生平高山之仰、景行之行，举毕愿矣。不意展拜无地，除芜隙以陈俎豆，先生高坐寂寥，二子致堂、五峰遗像岌乎泥佛之渡水也。维时，学博刘公、龙公暨诸子衿，咸忾咨兴感以重修请。予唯唯，口不能置，召清乐僧而问之。文定固闽产，业由崇安而卜居于衡，衡当有遗裔在。僧以其裔胡来誉对。亟檄招之，再召不至，比至视之，则庞然力穑，而敦本实人也。原夫风俗以熏灼起见，重显贵不重前徽，衣冠之绪稍微，随不艳于齿颊，虽先生之子孙，亦忘其为文献之后矣。然正不失为先生之裔也。因命之董工集材，议永属以院事焉。役兴，僧人请云：缭垣之左，佛寺逼处，青囊家忌其东益，必移处于院之后座，乃于院有大观也。予回旋视之，离果两伤，合则双美。许之。且堂庑已合，后以事西方之圣人，前以事吾师之弟子，藩篱不设，吾道又宽一法界矣。昔张僧繇画江陵天皇寺佛影，因图宣尼十哲像。或异之，曰：后当赖此。逮沙汰法行，天皇果永籍焉。尔僧亦见此乎？僧不能答，手募簿以进。夫募固佛氏之广缘，然君子亦大与人。是役也，厚党勤类，余幸窃取。

若夫传灯有裔，护法有僧，此亦存刑问礼之意，《春秋》家法也。义不胜收，独为君子，则吾岂敢。鲁多君子，宁我后诸。维时慕义乐助，不旬月而院工告成，院田之昔废者今复。遂纪其事于石，而详节并附碑阴。

重修胡文定公书院记

〔清〕陈壮履

岁己丑，予奉天子命修南岳之祀，礼成览胜，至胡文定公书院憩焉。后有长寿庵，住僧庆石见予。询公贤裔，僧以胡子昌侯对，且云见来院谋重修。予召而问之。年近五旬，书味溢眉宇，儒者气象，真明德之后达人也。昌侯备述先世及书院始末，知公由闽徙楚，隐此著《春秋传》。院即其故居之址。崇祯壬申，其从曾祖来誉，率其祖云谷、父二美等重新之。邑令何仕冢《记》载，永属以院事。予读其碑与碑阴所详节，窃叹胡氏多贤，麟经之泽，抑何若是其远邪。因属好为之，功成予为记其事。越明年，庚寅冬，邑侯吴君守仔邮书来都，云：工已竣，庆石费金百两新其庵，昌侯用五百金新其院，厅堂仍旧制，而廊庑加阔。属予记。予曰：嘻，是必昌侯之意，予已面许于昔矣。昌侯不惜金，予其惜墨邪。院创于公子致堂、五峰，元时已圮。弘治乙卯，御史郑惟垣、同知邓淮重建书舍祠公，明末又圮。公裔来誉等修复，近又倾颓。前庚申，邑尹孙君维震撰文告公裔，并檄他邑之后嗣，而卒无有应之者。是时昌侯家未裕，盖有志焉，而力未逮也。迄今又二十年矣。至是始出而兴事，其亦犹公子荆之居室也与。公至昌侯二十世，前十五代皆通显，一脉簪缨相承。至昌侯之高、曾，始两世布衣，遇虽偃蹇，仍以诗文鸣。昌侯祖复隶仕籍。昌侯又已有才，子八人。君子之泽，五世而斩。兹且四倍之，而犹相继承不替，公之泽固长，而又得昌侯念祖修德以延之。诗书之诒燕，不其与岳俱永乎？夫彰美传盛，韩子所论，亦谓前后俱贵有其人。来誉为之前，昌侯为之后，吾知昌侯后又有为之后者，日新又新，斯院不同于穆不已邪。案公先世有封公、侯、伯、男者。湘江如带，衡峰如砺，予为昌侯苗裔庆，即为斯院之永有券也。遂书以复吴君，并属转告昌侯，勖累叶世其《春秋》家学云。

重修胡文定公书院并建义塾记

〔清〕高自位

南岳书院之翼庙十里所者，曰明道山房，祠唐李邺侯；曰集贤书院，祠宋朱晦庵、张南轩诸先生；曰紫云书院，祠明湛甘泉、陈白沙诸先生。而文定公书院居紫云之右，特祠公父子。他祠皆供木主，而于公父子独尸而祝之，示崇也。余甫莅衡，谒庙毕，载拜诸祠。时前尹谢公方新公祠，祠宇雅称宏壮，顾仅一厅妥公像，左右廊庑阙如，无以示深严。亟召邑绅士暨公后裔谋捐资鸠工，增建中堂、前廊，堂左右各翼舍若干间，为讲诵地，盖不一期而工已讫。按四书院之旧设义塾者，惟集贤、明道，公祠距紫云裁数十武，而讲帏皆未立。予惟公父子衍濂溪正脉，筑精舍、阐经义于衡者盖亦有年。五峰传公之学，尤正且大，南轩间关受业于其门。宋乾道间，晦庵闻南轩得五峰学，遂访南轩于潭州。道学之南，实自公始。而数百年来，祠内弦诵声衰，特怆于怀。夙企我公斗山之望，松柏之操，愧于公崇王黜霸之学，有志而未逮。今何幸一行作吏，得亲寻公父子杖履驻处，诚愿因修祠之役以系其瓣香向往之思，因而环祠构斋舍，捐馆谷，集生徒，俾晨夕瞻礼像，设生其惮而作其颓，有志之士必有能踵前武而作者乎。文翁胡瑗，何代无师；盛览刘彝，何代无贤弟子。维岳降神，衡山蜿蟺扶舆，钟其神灵和气，而产冯翼孝德之贤，此其时矣。缅维公父子当年过化此邦，振兴衡士，在天之灵其慰乎。予于衡实有厚幸焉。

重修胡文定公书院记

〔清〕龚玥

胡文定公，闽之崇安人。宋哲宗时为太常博士，高宗时拜中书舍人，后以宝文阁学士致仕。患所居当兵冲，由闽徙荆，再徙衡，居紫云峰下，十五年不出，著《春秋传》。其子致堂、五峰因创楼以藏公书，此文定书院所由名也。自宋至元、明，颓圮殆尽。弘治间，始因旧址修复，掘地得祭器若干，乃为神堂，塑公及二子像，祀以春秋。又为讲堂，聚乡之士子肄业其中，一时弦诵甚盛。院左为长寿庵，隔垣逼处，青囊家忌其东益，谓庵在院东非宜。崇祯间，诸子衿请于当事，迁诸院后。而国朝县令谢仲坑又谓庵压来龙，将废之以拓院基。经营未就，寻去。高自位继之，拟成谢志，以工烦费巨而止。院有田租，岁延师训课。乾隆二十一年，租并入雯峰、集贤，由是训课废，讲堂颓，幸存后寝，仅庇遗像，春秋祀典如故。予至南岳，经院门入拜，公俨然中坐，二子左右侍。瞻仰徘徊，想见当年正色立朝，风裁峻整，及其优游林下，著传以翼麟经，卓乎不可磨灭。致堂、五峰家学相承，上接洙泗渊源，下启朱、张系派，厥功非细。父子一堂，庙貌千秋，不亦宜哉。独叹全院两厢倾倒，讲堂化为瓦砾，后寝虽存，丹青黝垩，黯然零落，非所以妥先贤之灵。归告邑侯及同僚，集都人士共议，皆有难色，未果发，适公裔炳泉、麟陵等偕族人呈县及学，遂命其自任修复。予尝阅李东阳《重修文定书院记》，监察御史郑惟垣既属衡州同知邓淮经其费，不扰官，不烦民，乃复请于朝而始兴事。及阅何仕冢《改建文定书院并长寿庵记》，既允众衿之请，复檄召公裔胡来誉董工集材，且永属以院事。今兹之举，县与学交赞之，而公裔即自任不少诿。视郑、何诸君之宛转图维，其为势甚便，而其功不较逸哉。他日兴租延师，以蕲复当年弦诵之盛，必更有起而济其美者。经始于道光元年八月十六日，落成于本年十二月初八日。院三进，前进为大门，上建牌坊，榜以胡文定公书院。门内分东西阶，左右中石磴各三级。其上讲堂一间，两旁厢房各四间。后进堂三楹，因旧葺盖，加以装饰。堂之中为神座，左右两墉之联构小室各一间，东偏附室，横直共五间。大门外照壁、石磴、左右围墙俱坚固。工竣修祀事，予复至祠拜谒，爰综其始末为之记。

重修胡文定公书院记

〔清〕曾国藩

天下之书院楚为盛，楚之书院衡为盛，以隶岳故也。《岳志》载衡书院十有八，惟文定书院独敕建为最著，以传《春秋》故也。公致仕隐衡，筑室紫云峰下，左右有山，其山之右为祝圣台，山下凿莲池，建春秋楼。今存春秋塘是也。书院即公居址，创建未详何时。尝考李西涯《记》：曰历胜国，曰颓圮，曰遗址，曰兴复。掘地得祭器，可见自宋元时已有之。意者不创于公子致堂、五峰，其即晦庵、南轩二子乎？自明弘治乙卯郑御史、邓同知重建后，至崇祯时圮。公裔来誉修复，何令仕冢为之记。康熙间，公裔昌侯续修。乾隆间，谢令仲坃、高令自位重修。道光初，公裔镜堂及苏亭司年又增房庑，定祭期，复祀。田，置岁修，而院制一新。龚学博玥记綦详。逮今不四十年，又将鞠为灌莽矣。顷接咸臧书，以文定公书院重修，请记其事。余素稔书院倚长寿庵侧，修院固需修庵。何令忌其东益，迁院。后谢令恐压地脉，将废之，未果，且僧迭与公裔讼，则听其自兴废可也。初，书院奉敕建，岁春秋官致祭。自何令仕冢改属公裔以院事祭，遂归胡氏，其后人相继经理，卒赖以不废。不然如韦宙、卢潘、邺侯、南轩、白沙诸院，独非为名贤建公塾邪？何至今多为饩羊，非以其裔不在而院遂颓邪？予于是益叹何令谋之周而虑之远也。嗟乎，台榭宫室之美，有力者何难立，致不转瞬而荆棘丛，生令人不堪回首。惟儒林著作之地，即僻处山谷泉石间亦历劫常新，如文选楼、尔雅台，直垂千百世不朽。然非有贤子孙善为继述，亦动增禾黍之感。故衡古院多墟，公院则如鲁殿灵光，独岿然存也。顾予搦管而重有感也。公以忤蔡京除名，隐此著《春秋传》，使人明君臣大义，其有功于纲常，岂浅鲜哉。今者干戈扰攘，忽忽十余年而凯歌未奏，若天下尽明春秋时事，安得至此？予膺简命督兵，岁无虚日。丁巳读礼南归，咸臧与旷君尧臣谒予，订期登祝融，属二君为居停主，将跻堂拜公像。至期，奉旨南征，不果行。咸臧与诸君读公之书，修公之院，是必得明《春秋》者，相与维持世道人心可知也。谨纪始末，书于石，用示公之后贤与诸来院肄业者。咸丰九年己未秋八月既望记。

春秋楼记

〔明〕钱邦芑

人生之道，无过五伦；明伦之学，无过五经。五经在宇内，上如日月之经天，下若江河之行地。世界之所以不毁，则斯道之纲维也。以故古今大贤，凡注述五经者，咸德配天地，功侔帝王。其血食百世，非有所私也，道义之存于人心，自不能毁也。自吾夫子修明千圣之学，表章六经，而何以独云志在《春秋》？则其精意之所存，盖可知矣。夫《春秋》一书，岂直二百四十年之事已哉。明千古之人伦，立君臣内外之大防，其意深远，非浅学所能窥。自胡文定公作传，总会《左》《公》《谷》之旨而折衷之，深切著明，其于人心世道，危微剥复之关，辫之精而防之密。是以前朝独取列于学官，为取士典程，而凡《左》《公》《谷》诸家皆列为外传，则文定公有功于圣学，有关于世道人心，岂他贤所可媲哉。艺尝入南岳，憩文定书院后长寿庵。公之裔孙名贯一者指榛枳中语予曰：此先人春秋楼故址也。按绍兴间，公奉旨传麟经于南岳，五峰辞召命居衡山，著《皇王大纪》诸书，则此间固应有危楼飞关倚高峰邃谷中，为大贤所寤歌而栖息也。楼历沧桑，不知圮于何代。而楼边之修竹、长松，半摧斤斧，残垣败砾，尽锁云烟。所不与楼俱灰者，惟旧时种莲一池，至今所名“春秋塘”者，则犹然绿水结纹，青萍绚彩，冉冉清芬可挹也。呜呼，万物本乎天，人本乎祖。文定公在胡氏为族姓之祖，然在天下生民为伦常之祖，在儒林为经书之祖。过斯地者，能无饮水思源，奋然议行修葺以干城名教乎？予谢不敏，愿以俟后之君子。

春秋楼记

〔清〕胡振圭

春秋楼者，吾祖文定公著书所也。宋绍兴初，公由湘碧泉徙南岳紫云峰下，筑室居之。邑《岳志》所称有文定公故居是。先是高宗召公为中书舍人，有闻卿善《春秋》之问，可其对，命兼侍读专讲《春秋》，故五年有命注《春秋》之诏。公自遭谤致仕来衡，每登高望阙，涕泪常流，即其居之右山隆起而峙者筑台焉。为朔望之拜，曰祝圣台。台之下去数十武有塘，仿周子之爱莲以种莲，即创楼其中以应诏池。今名春秋塘，盖因楼得名也。相传楼以外，青松翠竹相环绕，池中清香冉冉扑鼻，识者谓公正色立朝，不伍权贵，草木亦感其德，表劲节幽芳以助山居胜概，如康成之书带草，紫阳之君子荔云。绍兴八年，书成进览，帝谓深得圣人之旨。诏加宝文阁直学士。当是时，公独坐秉笔，深虑大义之莫明，而思所以引君于当道，其俯仰楼下，徘徊楼中，身山林而心魏阙，忧国爱君之真诚犹可想见。抑当王氏柄宋，指麟经为断烂朝报，黜不列学官，极其意几欲纵咸阳一炬。公《传》出，而经旨益明。朱子谓《春秋》极难领会。胡氏虽不中不远，迄今《传》炳如日星，而楼以久而圮于风露。圣朝崇儒重道，以公从祀孔庭，颁祀书院，岁春秋遣官致祭，楼虽不有，庸何伤。顾子孙之于祖父，思其嗜好，思其居处，公嗜好在《春秋》，居处在斯楼，其深后世之寐思者何极。明御史钱公曰：公在胡氏为族姓之祖，在天下生民为伦常之祖，在儒林为经书之祖，读书服古之儒，睹楼址尚存，犹兴怀于遗迹之不可没，况在其子孙哉。岁辛巳，合族复新公书院，欲并斯楼而新之，未果，然惧其虚而终泯也。谨记之，俾知斯楼故址之所在，且知斯楼之所由创，望有志者起而建造之。

文定书院诗

〔明〕曾朝节

岳下空斋老岁华，遗经相对饱烟霞。
藏山不负看今日，俎豆依然自一家。

甘泉书院

甘泉书院位于南岳紫云峰下。原名甘泉精舍、甘泉祠，又名紫云书院，亦名衡岳书堂。明嘉靖二十三年（1544），七十八岁的湛甘泉（若水）自罗浮携其门下士游衡山，遂筑室于紫云之麓，与衡士讲学其中，数月乃去。十三年后，湛甘泉年九十有一，复来游衡，留数日。皓首童颜，见者以为神仙中人。

书院计有讲堂五间，寝室三间，外大门一间，二门三间，自号甘泉精舍。后因甘泉讲学于此，故被人称为甘泉书院。湖南武陵人蒋信，与湛甘泉同游南岳，和湛甘泉的门人骆尧知、周荣朱、黄云淡等共听甘泉讲学。蒋信作《甘泉精舍记》。

在此以前，王阳明于嘉靖初年（1522）游南岳并讲学。湛、王本相约同来，却迟至二十年后，湛始来南岳，这一时期南岳衡山书院林立，先后建有十所，比宋代淳熙学风更盛，一批理学大师如尹洞山、邹东廓、蒋信、罗洪先、刘蕺、周怡、刘尧诲、王宗沐等人先后都来岳讲学。蒋信就先后来过三次［两次随湛甘泉，第三次是明隆庆二年

(1568) 受邀开讲于甘泉书院]。他们讲的都是心性之学。湛、王两种唯心观理论一时呈现高潮。

民国二十四年（1935）岳云中学向衡山县财政、教育两局租得甘泉书院遗址，建岳云中学南岳分校。岳云中学在现今紫云楼侧建甘泉亭，内置甘泉门人詹濂作甘泉石像及《心性图说》碑石。

附：

得邻文定书院诗

〔明〕湛若水

旷世有相感，感亦何所缘。
人为天地心，一气象浑然。
兰桂远芳馨，德盛必有邻。
神明非待玩，息息而存存。
古今儒释辨，惟有具眼人。

甘泉书院诗

〔明〕曾朝节

精庐高傍紫云开，石老神游亦此来。
见说古人佳处在，更无言说绝安排。

甘泉精舍记

〔明〕蒋信

由衡岳庙西北行二里许，为宋胡康侯祠，即其隐居著书之所。由祠西北行数百步许，有峰翱然伏而下垂，曰紫云峰。其麓为古衡岳观废址，鞠为草莽，残石仅存。其山脉发自祝融、天柱，历南台蜿蜒而来。其左右支山，若为龙虎蟠伏不去，右支即康侯祠坐山也。后峰当其左后为芙蓉峰者势尤耸拔，若将蔽护之者。前峰环绕，望之如展案。其左胁有泉，涓涓流而为涧，绕石而前，纡曲可爱。其右胁则奇石峭立，泉滀其下。此紫云洞之大概，而衡岳之最胜者也。先生始解南京参赞，归途即谋径赴衡岳，不果。后谋别门人洪侍御觉山垣于韶，因即至衡，亦不果。顷感信南游之请，遂自罗浮携门人乐昌骆君尧知，顺德周君荣朱，宜兴黄君云淡由西樵山拏舟微服而行。不过其家，亦不谋诸家人，所过自僦民舟，不令官府知之。逾乐昌而郴，舟仅容身，从者多病，居之裕如也。将观祝融之朝日，一望紫云即指曰：钟秀之区无过如此，不可以终吾老乎！讯之道士，始知为无主废观址焉，约十余亩。遂计其直，买诸官。乃募乃辟，乃构乃筑，堂、舍、门、墉，逾月而次第告成。讲堂五间，寝室三间，外大门一间，二门三间。墉垣周遭余二百丈，右胁之岑郁豁然，中有大石如人坐，题曰“甘泉坐石”。其旁有方石曰“端默石”，洞曰“甘泉洞”，其后奥曰“甘泉上洞”，皆刻识岩石，以寓乡之泉石于目前，示不忘也。遂买舍左冲蒋世兴、易冕等田二十二亩，与道士蒋明昶为赡修之供，立籍载焉。

先生早承江门陈白沙公之学。公尝寤寐衡岳，竟弗果而卒。先生有怀兹游寖五十年于兹，堂成，又于其上筑台别构，以祠白沙公其中。盖先生与白沙公之志，于是并酬之矣。若观山之形胜，康侯祠适居右支，说者谓时当故观未废，康侯恶得有焉。然则兹山之灵，顾不先有待与。先生往尝为诗遗门人李玺，托寻胡氏父子隐居处而卜邻焉。验之今，又已先符于二三十年之前矣。或问曰：先生春秋已跻八十，南海之陬，罗浮黄龙、青霞莲洞、西樵诸胜，何适非乐，而奚必于衡岳眷眷尔也？信应之曰：非先生，其谁兼有此乎！何居？曰：先生之道，以六合为户阈，以泰华衡庐为颅脊，以溟渤河汉为荣卫，以飞潜动植为肤发百体，以寒暑昼夜为往来，以一元阖辟为终始。是故自其为翰读，历司成以陟卿座，总留都，忠悫谋猷，亹亹不已，进退之际亦或举世非之而不顾。真犹孝子之于严君，曷能一日而去诸而忘诸？退而龙蛇蛰藏，忘著述于言语，寄至乐于山水，飘乎若苞凤之适意千仞，而不知其身之老与其地之远。盖邵康节氏所谓真乐攻心不自由者，岂可以语人哉。昔明道先生兄弟倡道河洛间，得一龟山，道遂以南而传之未有已焉。先生不获究志于时，因思得四方向道之士而栽之，三晋之杰先已有愿移家来依者。此又非先生之微志乎。问者曰：然则何以能是？曰：先生不云乎？求之勿忘勿助之间至矣，夫忘助泯则一矣。无物之至也，心之本体也。是故明觉而自然，大公而顺应，语克复而不达乎此，恶可与几语？参前倚衡而不达乎此，恶可与神？故苟无得乎先生之学，则曷可与语先生之心之乐与其出处哉。虽然，先生得之白沙，白沙得之明道，明道得之周子。今世之士类知尊明道，顾于此忽焉而莫信，岂其有蔽之者与？夫明乎圣学，斯可与语天德，而王道至治胥从之矣。然则世移而论定，先生兹堂，安知不与衡岳并重，嘉慕而慎守之者将无已哉。于是砻石为记，垂诸永久云。

白沙书院

白沙书院实为白沙先生祠，为湛甘泉纪念其师陈献章所建。陈献章，字公甫，广东新会人，明代理学家，因治学于白沙村，学者称之白沙先生。他不仅是湛甘泉的老师，而且对南岳衡山十分向往，经常魂萦梦绕，并写了多首《梦游衡山》的诗，然而始终未得一游，颇感遗憾，故湛甘泉特此立专祠以示纪念。白沙书院与甘泉精舍同建于明嘉靖中，位于甘泉书院上侧约百米。嘉靖三十五年（1556）湛甘泉再游南岳，又进行重修，两次修建湛均有记。明万历五年（1577），衡州刺史李焘又重修过一次。白沙书院属祠祀性质，未作讲学场所。民国二十七年（1938），岳云中学就其旧址建学生宿舍。

附：

忆衡山诗二首

〔明〕陈献章

身轻何处谢炊烟，石洞松脂不记年。
尺牍已通南岳主，一丸还有白龙仙。

衡岳千寻云万寻，丹青难写梦中心。
人间铁笛无吹处，又向秋风寄此音。

重修白沙书院记

〔明〕湛若水

惟天作地藏，神耀其章。乃不爱宝，人谋其良。乃嘉靖甲辰之冬，甘泉子积四十年之念乃登南岳，于天柱之峰，南台之下得废地一方。于紫云之洞，材仍旧贯，田置其冲。乃开大门，乃设仪门，乃图心性之堂以为讲地，乃立息存之堂以为寝室，乃肇先师之祠以系景仰。不六旬而成。今三月二十日，又筑祝圣之台于紫云之巅以尊朝廷，不三日而成，且远协徽士谢知远。是夜之梦，皆非人天也。迄今有十三年，人曰书院将废矣，以白督府汪中丞于赣上。周潭公曰：吾前过而登焉，知之矣。即寓书于胡兵宪，予分巡公共之地将废矣。兵宪乃自以为功曰：吾境内公共之地，吾事也。公其归焉，吾自为之。乃命陈大使相地献焉，石屏公乃按图指授焉，曰：自尊而卑，从上而下，厥和为叙。乃指曰“治彼”，于是匠石氏拾级而上，而祝圣之台成。又指曰“乃修彼”，于是木灰瓦匠氏新白沙先生之祠，而前益以卷蓬焉，拜谒有地，而尊师之祠成。又指曰“而修彼”，于是息存之堂成。又指曰“而修彼”，亦为之增其灰瓦彩画，则止毋侈其材。又指曰“乃饰彼”，于是彩匠氏因新之，加之坊牌而饰之，而兵宪所题书院之门而仪门成。又指曰“乃增彼”，檐仍旧，独加其上二尺有五寸，于是石川何宪副所题“衡岳达尊”之门成。又指大门仪门之中曰“汝授彼”，乃以井田分授道士明宝、明胜、明远、应元、应济、应初、万真、明科八人，各分一区，合力公田，而岁寓米于广东天关焉。简请高士曹上舍恭为田畯，以督其事。又指曰“汝墙彼”，于是土匠氏筑墙围敬义，进修二斋之后，中分其间以处诸生，两斋成。甘泉子喟然叹曰：岂不韪哉！岂不韪哉！山谷诗有曰：古人冷淡今人笑。不图于今见周潭中丞、石屏宪副之兴废举坠，不动官钱，不劳民力，而倏然成大事，与天下后世斯文之脉共之若有神助焉。乃为之记，以告天下后世，永永勿替。夫过龙门者，当思神禹之功，诸生居学于此，其能勿思乎。昔者召公相宅，周公戚勤，毕公盛德，克勤小物。汪、胡二公者，非其人与，非其人与。观其小大，任将至矣。

衡岳书堂讲章

〔明〕湛若水

可欲之谓善一章，是孟子历示人以作圣人神功夫，这功夫只是一段功夫，更无两段。所以无两段功夫者，只是一本，更无二本三本。何以谓之一本，可欲之善是也。至于有诸己之信此也，至于充实之美此也，至于光辉此也，至于大而化之此也，至于不可知之神此也，只是一理一本，更无二理二本。此理更无阶级，而人有生熟时，习而熟，以至于化神耳。虽至于化神，亦是原本此本，所谓真种子也。所以能变化者，为其有真种子耳。可欲之善，即真种子也。譬之谷种，为其有这一点生意，故至春能发，能苗而秀，秀而实。譬诸树木，为其有根，有这一点萌芽生意，故自根而干，而花，而实。又如水陆之虫，凡有变化者亦皆这一点生意，故静养之，久潜者或变化而为飞，飞者或变化而为潜。于此可以见圣人真可学而至，不然士何以为贤，贤何以为圣，圣何以为天。可欲之善何以为有诸己之信，有诸己之信，何以为充实之美，充实之美何以为大，大何以为化，而化之圣又何以为不可知之神。尔诸学子须先认得，何谓可欲之善。此是善念初动，动而未形，有无之间，所谓几也。若见此善端，虽未学亦已为善人矣。此乃孟子指示人于几上用功处，与颜子知几其神功夫一般。这时节，如日初出，如火始然，如泉始达，多少令人快活，这便是可欲之善。此善于勿忘勿助之间，见之不著丝毫人力，不落安排，不加想像。先儒谓求善于未可欲之前，自谓妙手，殊不知求之一字已着人力安排想像矣。惟勿忘勿助之间乃不求之求，则可欲之善，自然呈露，令人欢欣鼓舞而不自已。何谓有诸己之谓信？信者，信此也。认得这真种子，便有下手处，终日乾乾得这把柄，人手时习涵养之久，优而游之，使自求之，养而饫之，使自趣之，忽不知其有之于己。此善本一，若杂之者去，而此善自纯。行之不疑，不习而利。看来此善，浑是己物，禅客谓譬如数他财。他财者，言未有诸己也。似犹二之，殊不知此善在己本是己财，非昔无而今始有，亦非昔去而今始来而谓有之也。孟子此语，略下就中人说耳。须是真切认得己物，惟向前自蔽自迷自失之。今一旦豁然开悟，元是已物，不从外来，实是自有自得，无一毫虚假，岂不是信。此便是思诚功用。何谓充实之谓美，此美亦是此善之美，非有他美。盖善有诸已，由是扩充积实，无不饱满，无些欠缺，如一池满水相似。原来分量完足，美在其中，非由外烁，极天下之美无以过之。何谓充实而有光辉之谓大？这光辉亦是此善之光辉，非有他光辉，盖此善充实积中，自不能不发于外。所谓美在其中，畅于四肢，发于事业。所谓仁义礼智，根于心，其生色也。啐然见于面，盎于背，施于四体，四体不言而喻，所谓诚则形，形则著，著则明，皆是物也。何谓大而化之之谓圣？此化亦是善之化，化则无迹，浑是一团生理。其知生知，知非由已，其行安行，行非由已，机非在我，故谓之圣。何谓圣而不可知之之谓神。此神亦是此善之神，非有他神，神则不测，故不可知。盖学至于圣神，如草木之实既成。这一点生意，脱蒂归根，何迹可寻，何复可知。或曰先儒谓非圣人之上，又有一等神人，但观孟子此言，分明说六等人物。盖古固有可知的圣人，有不可知的圣人，学到至处化处，皆可谓圣，如伯夷、伊尹、柳下惠皆可谓圣人。若古之聪明圣知，开物成务的圣人，又是圣之神者。故孔子亦云：我非生而知之者，好古敏以求之者。分明不以这一等圣神自居。此善、信、美，大、圣、神，亦只是一理，亦只是一人造之，可见圣神，无不可学而至矣。尔诸学子，须先立必为圣神之志，又认得可欲之善根是真种子，然后加学问、思辨、笃行功夫，涵养扩充，习化而神，到了圣神，亦不过始尽得原初的性分，始为成人，无忝尔所生，始可为父母之孝子，始可为天之克肖子也。今日衡岳讲堂新成，以师儒之请，发讲及此。凡在同志，相与共勉之。

与湛甘泉书

〔明〕陈献章

某久处危地，以老母在堂，不自由耳。近遣人往衡山，问彼田里风俗，寻胡致堂住处。古人托居，必有所见。倘今日之图可遂，老脚一登祝融峰，不复下矣。是将托以毕吾生，非事游观也。

梦游衡山，遇南极数老人来过，却须予作主与诸老对酌，洪崖寿崖在旁歌诗以侑觞，合坐皆喜，予以诗一首识兴云

〔明〕陈献章

衡岳去天能几何？一株松下月明多。
南极老仙骑鹿过，一瓢斟月两崖歌。

偶得

〔明〕陈献章

碧光横亘南岳前，灵坛秋玉青相连。
道士来携三尺木，高山流水一声弦。

东廓书院

东廓书院为江西安福理学家邹守益（号东廓）于明嘉靖年间（1522—1566）所建，在南岳瑞应峰南台寺左。邹东廓讲学内容主要为王阳明的“致良知”学说，著有《教言》二十五篇。先后从邹东廓来书院讲习的明代理学家有康三泉、刘阳、周怡、刘狮泉、郭应奎及李同野、曾植斋诸人。邹东廓之子邹善、孙邹德溥均以文章儒术著名，隆庆（1567—1572）、万历（1573—1620）间，亦先后来南岳讲学。东廓书院后为南台寺僧人辟为佛学讲习所，旧址至今犹存。

东廓先生讲语

〔明〕邹守益

先生因论水流而不息，遂问及学而时习之旨。莲坪子曰：此指心之本体而言，使学者自验其力也。人心原自说理义，原自乐善不倦，原自快足，不学则本体窒矣。时时习之，便自有见。圣门弟子有自视听言动时习者，有自出门使民时习者，有自立与在舆时习者，造次颠沛，无时非学，无时不习。君子而时中时习之功也，不然如水也，不将壅而不达哉。

诸生问曰：圣学若是其一也，何以有未发已发之言？曰：圣门尝释之矣。心一也，有指体而言者，寂然不动是也。有指用而言者，感而遂通天下之故是也。诸生谓：体用有二时，寂感有二地乎？戒慎恐惧便是慎，不睹不闻便是独，故曰无须臾之离，将奚分于动静。予尝为友人作《慎独斋记》，因投笔而叹曰：从真从心即是慎矣。

独也者，真心寂感之几也。故除却自欺更无病，除却真心更无学。

又曰：学之弗诚也，其有所待乎？或待于友，则必为友滞矣。或待于事，则必为事滞矣。或待于时，则必为时滞矣。予自辛巳游武功，与二三子有衡山之约，盖二十余年矣。今春冒雨戒行，众议弗能沮，甫三月而偿夙负焉。若一有所待，又成画饼矣。绪山钱子在青原，王生铸问曰：待文王而兴，是亦豪杰也。而目以凡民，则不兴者当人何等科级。绪山善点化人，徐答曰：千病万病只在一待字上，待文王而不出，岂不误了一生。于时在坐者咸惧，然有省二三子说周公仲尼之道，其无使陈良专美于前。又曰：死生之故微矣，生之言醒也，不闻道术宜其于得失咤咤乎若醉且梦也。盖世之宅其生有四，而视人之生亦有三，峻德克明，被四表而格上下，命曰长生。临渊履冰，以毖天真，命曰葆生。仁义纷华，随波以靡，命曰浮生。败礼败度，若持斧伐枯树，命曰戕生。蒙休被泽，图以身赎而弗得也，命曰荣生。毒痛腥闻，夔然曷丧偕亡也，命曰辱生。闻而悲之，曰是可以为善也，惜其未济也，命曰悼生。二三子其敬择之。

圣学以无欲为要。是希圣希天，彻上彻下语。罔游于逸，罔淫于乐，不迩声色，不殖货利，古圣人精一克一工课，犹恻恻劝规，如是吾侪自省，何似而依违逸乐货色中不猛省刷，将无以拔于凡民，安望与千圣同堂，两仪并位乎。故不从无欲而学，终不足以全归无极之贞。近谒莲华墓，宿郁孤祠，汗背竦发，思与同志服膺之。

古人以心体得失为吉凶，今人以外物得失为吉凶。作德日休，作伪日拙，方见影响不爽。奉身外物，事事整饬，而自家身心先就破荡，不祥莫大焉。故脱去凡近，以游高明，不求人知，不求同俗，乃是考亭唤醒来学趋避关头。

为善而舜，为利而跖。出门跬步，便是万里程途。今指舜为师，则夔然不敢当；以跖为归，义绝然不肯当；不舜不跖，中间岂有驻足处。故喻义喻利剖剥深痼，听者耸然，至于垂泣，乃是象山指出本心，斩尽支离葛藤。

多闻择善而从，多见而识，犹在支派上点检，须是戒慎不睹，恐惧不闻，端本澄源，自闻自见，故裁成天地，辅相万物。千枝百派皆从中和流行，乃是学术诀窍。予与二三子登陟名山，景仰先哲，尚期顾湜明命，无负此生。不然则此关尚未决破，何以安身立命。

李同野先生讲语

〔明〕李渭

学以求仁，时时千古，不为一时之计。时时四方，不为一家之谋。时时万物，不为一身之念。

学贵修行，修行不知德，与不修等。如入暗室，有目不见，以手扶壁，有足不前。

天下许多官爵，都是前人做过；许多金银，都是前人用过。都带不去，还留在世上哄后人。许多人被他哄得东奔到西，西奔到东，无休无歇。

曾植斋先生讲语

〔明〕曾朝节

余少年时不以讲学为然。嘉靖乙丑春，余与同里王楚阳解元南宫下第，辞座主侍御徐岩泉公，公授以《古太极测》一帙。途次展玩，至《陷溺禽兽图》，瞿然曰：人之不学乃至此乎。遂相与矢天而盟，必为圣贤。顾茫然莫知所以为学之方，余谓楚阳曰：中庸论性道，教道不可离其功夫。惟曰戒慎不睹，恐惧不闻，吾人亦勉于敬而已。于是日相戒饬，目不妄视，耳不邪听，口不戏言，身不媟动。如此者四十余日。以为精神归并，庶几君子。戒惧之功，时亦觉其束缚劳苦，以为功未熟也。及抵家，各以人事不相聚者月余，则前功皆弗复记忆之矣。居有顷，徽州程天津至衡。凝斋先生亟谓余：天津者，心斋先生高第弟子也。余乃约楚阳访之于石鼓。一见，问余植斋之义。余告曰：节之直也，不植则不立，欲有以自立尔。天津曰：固也，不犹之植木者乎。将于枝叶植之与抑于根植之也？余曰：亦于根植之耳。然则先生之功安在？余未有以应。天津曰：吾人此心即性命灵根也。培养者，只于灵根培养，自然枝叶畅茂，开花结实。不向根上用力，根既不固，而欲其凑泊能乎？余乃恍然悟为学之功若此其易简。君子之戒惧，初非束缚劳苦于外，而束缚劳苦者宜其一放失遂不复记忆也。天津他日示余二绝云：

一种灵根天上来，几人知向此中培。
津津生意无穷妙，叶自阴浓花自开。
叶自阴浓花自开，枝头忽见已成梅。
好将鼎内调羹味，毋负当年苦意栽。

自是余与楚阳皆宗敬之，余亦忽若有以自得。一时同志密斋、益斋、楚阳诸君与易佥宪蒙庵、刘冏卿仁山二公相约为学会，而公于衡人士尤多所开发云。

会灵精舍

明代官至刑部侍郎的王宗沐（敬所），于万历九年（1581）或十年（1582）讲学南岳时，在烟霞峰下兜率寺旁建有精舍，后为兜率寺僧侵没。万历十八年（1590）后数年，吏科给事中康元积奉旨封桂藩回南岳。元积因青年时在南岳从王宗沐讲理学，万历乡试中举，王宗沐之子王斗溟又为其座主，深感两代师德，为之收回被侵田、舍，后又重修精舍于岳庙右侧，取名“会灵”，以纪念王氏父子，且以激勉后嗣。在精舍中，元积为康族子弟及乡人讲习王氏理学。

民国期间，康元积的后人康和声居此，藏书颇多。

会灵精舍旧舍后改建为南岳园艺场招待所，今为南岳衡山游客服务中心。

附：

语学者

〔明〕王宗沐

予入粤道衡，叩君静坐之处，乃临水为园，有闭关返观之趣。因以静问予，谓：主静立极说自周子。中间大异佛氏，亦无复有倚著之防，自后径捷立门户，始嫌此为未协，而稍骛于憧憧往来矣。百口莲花，终是别人活计。君试于园中静坐一二年，试察而体省之，有得与否，有病与无，如病人尝药，其甜与苦，入口而知之矣。他日当以报仆，于南岳山中再论可也。君今将入安福问学于东廓先生，请以予言质而正之。

赵季西书堂

在南岳安上峰。有墨池，池水色黑。为南宋时衡山士绅赵季西所建。赵季西生卒年月及生平事迹无考。书院办学情况亦不详，且在明弘治（1488—1505）前即废。

宝善山房

在南岳报信岭（今神州祖庙处）。明万历十三至十五年间（1585—1587），衡州知府许琰建。为读书、游习之佳处，但并未作书院，后不久即圮废。李元度《南岳志》收入书院篇。

白云书院

即白云先生堂。明代白云先生建，在祝融峰右之会仙峰下，弘治元年（1488）前即废。

景行书院

景行书院位于南岳镇西街。清顺治七年（1650）上湖南道兵巡、四川汉中人张兆熊建，为南岳诸生讲习之所。顺治九年（1652）毁于战火。顺治十六年（1659），分巡衡永兵备副使彭而述捐俸，责成衡州知府李光座、衡山县令和县中士绅捐资重建，后废。

第四篇

QI TA SHU YUAN

其他书院

【衡阳城区其他书院】

白沙书院

白沙书院前身为致远堂。致远堂系丁氏十一世孙丁名瓒（康熙年间中生员）为培育丁族子弟就学业而出资创办的丁氏家塾。致远堂地处衡阳城南五里之外的零陂桥，当时学堂有过堂一间，斋房二间，回廊学舍六间，东西两廊学舍各五间，后厅、厨房一间，堂舍皆备。历时数十年，文风之盛，远近闻名，人才辈出，培育出进士、举人、秀才多人。最为出色的有丁名瓒之孙丁一焘，官至翰林院编修，还有家世官郴州学正丁一煊，生员丁一焯（全国有名的书法大师），举人丁希之（王夫之孙婿），监生丁元烈，生员丁正成等相继中试五人。

乾隆初有蒋氏愿捐东洲书院，丁氏十三代孙丁一煊亦愿将致远堂白沙家塾捐为阖邑书院，其祖置家塾田产一并充公，但丁氏子弟仍得入学肄业。经知县详情立案，将阖邑书院改名为白沙书院，延师聚课，每月亲课。据丁氏族谱记载，嘉庆六年(1801)钦赐举人左梦生曾在白沙书院执教。

濂溪书院

濂溪书院的文脉源于理学鼻祖周敦颐。

宋天圣三年（1025）（一说天圣二年），年仅八岁的周敦颐（字茂叔，号濂溪）在为父守孝三年后，与同母异父之兄卢敦文，随母从道州（今湖南道县）楼田堡来衡州投靠舅父郑向（976—1038），宋真宗大中祥符年间进士，官龙图阁学士、杭州知州等。郑向爱甥如子，按郑家“敦”字辈为两个外甥取名入籍，并亲自授课督学，尽其所能创造最佳的学习环境，后来还让周敦颐荫补入仕。因周敦颐聪慧过人，悟性超众，更得郑向喜爱。周敦颐来衡之后，在此学习生活了八年之久，据传名篇《爱莲说》为其在衡时所作。周敦颐知恩图报，妻陆氏服侍舅母十九年至舅母终老才随夫生子，周敦颐后裔们历称郑向恩舅，世代对他满怀感激之情。周敦颐读书之地，邑人称之为“郑氏私学”，是为濂溪书院之始。宋开禧三年（1207），衡阳县知县唐晔以郑向古宅东面园林地建衡阳县学，后毁于元初兵祸。元、明至清初，濂溪书院当有一个兴建、复建过程（待考）。康熙二十五年（1686），濂溪书院受赐“学达性天”匾，高世泰为濂溪书院题楹联“鸟自嘤乔木，鱼无羡武昌”。康熙四十一年（1702）衡阳知县陈大音重建濂溪书院。乾隆元年（1736）衡阳知县傅学灏捐银千余两，就府城北濂溪书院建西湖义学。

临蒸书院（莲湖书院）

临蒸书院前身为宋代衡州知州刘清之为接待问学士子在衡州城西筑建的临蒸精舍。乾隆二十八年（1763），衡阳知县陶易率士绅创建临蒸书院于城北桑园甘霖庙，因面对蒸水而名之。据地方志记载，衡阳建造临蒸书院时，邑士绅踊跃相助，共捐学田 86.2 亩。“县人万希韬出资千金，士民助资凡四百金，田百六十五亩，塘税银十八两有奇。”

乾隆四十二年（1777），衡阳知县陈笃因临蒸书院地势太低，屡遭水患，将其移建于莲湖，改名为莲湖书院。曾国藩题莲湖书院联：“莲香入座清，笔底当插成这般花样；湖水连天静，眼前可悟到斯道源头。”光绪二十七年（1901），清廷御令全国所有书院分别改为大、中、小学堂，兼习中学和西学。光绪二十八年（1902），衡阳莲湖书院改为衡清官立高等小学堂，由府主持。石鼓书院改为衡阳高等小学堂，是为衡州府、县新学之始。

胡忠简书院

宋高宗绍兴年间（1131—1162），州人在衡阳城西湖创办，其后续事迹不详。据《城北区志》“丛录”记载：宋徽宗宣和年间（1119—1125），在西湖北侧建有寺庙一座。宋绍兴年间赐名“光孝寺”，俗称“西湖寺”。相传宋徽宗曾为寺赋诗：“帝遣名山护此邦，千家落落岭西窗。山僧乞与山前地，鹤拓先开三十双。”寺庙四周遍植荷莲，寺后园中有一株古银杏树，大可数人合抱，撑天翠绿，亭亭如盖。寺右侧湖中心建有“爱莲亭”、九曲“濂溪桥”，蜿蜒横亘，直通寺庙。曾有方丈破迷和尚住持于寺，以“破迷”二字冠一门联：“破除烟云飞鸟迹，迷离草花老僧居。”南宋爱国志士胡铨奏斩秦桧，绍兴二十五年（1155）贬谪衡州时，与当地鸿儒硕士，在寺内设帐讲学，大倡衡州之文风。为纪念胡铨（卒谥忠简），士人在西湖畔创建“胡忠简书院”。

西湖书院

西湖书院位于衡阳古城望湖门外学宫右侧。因周敦颐遗迹而建，后因建学宫而书院废。康熙四十一年（1702）重建。衡州知府夏清（一为高清）捐俸银四十两，并且每年捐俸延师授课；乾隆元年（1736）衡阳知县傅学灏再次重建，每年捐俸禄作为学费。其时西湖书院在学宫右（今学宫巷、青山街一带，旧属古西湖范围），中祀濂溪周子，以学宫本郑向宅，周敦颐为向甥，少读书其地的缘故。乾隆十七年（1752）知县德贵增修。衡阳县士绅肖德烺，十四岁的遗孀萧氏将田庄一处、年租三十石捐与西湖书院。乾隆三十六年（1771）、道光八年（1828）重修。在西湖书院内，有佚名题浮香亭：“香浮十里外，人在百花中。”佚名题碧云堂：“出污泥而不染，堪称君子；临清流而赋诗，的是达人。”光绪三十一年（1905），西湖书院改为衡清师范学堂，书院历史自此结束。西湖书院旧址西湖古寺在抗日战争时期毁于日机轰炸。

据周子后裔周安林先生考据，濂溪书院历经宋元两朝，明初重建后曾以地名改称西湖书院，明崇祯十六年（1643）八月张献忠部侵衡时被毁，清顺治十八年（1661）重建后并入衡阳县学而成官学。明清衡阳科考得第者多源出该书院。明崇祯年间，王夫之与兄介之同时考入西湖衡阳县学，读书十年之久，奠定了王夫之学术大家的基础。此后清杨健、曾熙均就学于斯。在同一学思之地，600多年间出现周敦颐、王夫之两位大儒及多位中国历史文化名人，可谓国中少有，故有志书谓之曰“此邦即邹鲁”，由此可窥衡阳书院文化之璀璨。

资政书院

资政书院在衡州府治西面，明成化年间（1465—1487）由衡州知府何珣兴建，是否与清代建于府城西的临蒸书院存在联系，有待查证。1944年被日寇烧毁，遗址无存。

衡湘书院

亦称“白石书院”。在衡州府城南，专为祭祀明理学家、衡州知府蔡汝楠而建。于嘉靖四十年（1561）六月动工，次年四月落成，有前堂、后寝各五楹，大门一座，题曰“衡湘书院”。今书院久圮。

城南书院

位于回雁峰下，元至正八年（1348）冬，郡庠士何东匡以其居改创，为本土士子讲习和切磋学问之所。

东洲书院

位于东洲，旧为明太仆寺少卿刘稳别业地，桂王朱常瀛改建为万寿宫（今罗汉寺）。清乾隆时清泉县第一任知县江恂批准本邑贡生蒋一玭父子捐资助学之请，于乾隆二十八年（1763）鸠工建成，三十九年撤销。

岳屏书院

在今岳屏公园花药山上，乾隆三十九年（1774）清泉知县陈三恪将东洲、白沙两书院合并移建于此，并建亭三座，一曰曜如，一曰望岳，一曰撷翠，随后多次维修。光绪二十八年（1902）改为清泉高等小学堂。历代知名学者益阳蔡灿、清泉李杨华、遵义张湘伯等先后担任书院山长。

龙雁书院

在回雁峰西麓。明嘉靖间，太仆寺少卿刘稳任广东路兵备道时，因病乞归，构精舍于雁峰之西麓，凿石为洞，日夕坐其中，逍然于尘埃之外，中丞赵贤题曰“龙雁书院”。刘稳因自称龙雁山樵，故名。日与郡中缙绅讲业其中，互相切磋，远近从游得众。后书院废为道路，石洞也为土石淹没，遂废。

【衡南县书院】

仙根书院

仙根书院坐落于衡南县车江镇樟树村李家祠堂。祠堂始建于明代永乐十二年（1414），仙根书院建于清代嘉庆十三年（1808），曾藏书十万册，不少名人墨客慕名而来。现书院内有八大柜藏书，大型匾额五块，石雕及木刻楹联二十八副，碑刻四十八块，俄罗斯进贡清廷古镜一面，临池御砚一台，中堂及左右有名人金像五座。李祠仙根书院宏伟壮观、石碑林立，千年古柏，根深叶茂，兰桂翠竹，诗意盎然，后人赞其“脱俗成仙骨，藏书育慧根”。2019年3月，车江李氏宗祠（含仙根书院）入选第十批省级文物保护单位。

附：

李氏源流及书院简介

我衡阳李氏宗祠暨仙根书院，据市、县两级文物及宗谱资料可考，其祠建于清乾隆丁丑年（一七五七年），书院立于清代嘉庆十三年，坐落在衡南县车江镇樟树村瑞子町。斯地山不高而秀雅，水不深而澄清，地不广而平坦，林不大而茂盛，田肥地茂，物阜民康，登山远眺，丘壑连绵，水复山重，气清云仪，钟灵毓秀，胜景尽收眼底。昔鼻祖慧眼，寻得光宗耀祖之吉祥地，可谓是物华天宝，人杰地灵。

虞夏世分遥遥，陇西一角青苍，培芳菲万树孙枝，柯条播满中州，绵绵后启，光昭史册！

李氏发源于陇西郡，寻根溯源，我们是唐太宗的后裔，颁赐国姓，龙凤子孙，倍感无比荣耀。江苏《扬州日报》也发表了李庭芝是李世民后代的文章，并有详细资料和庭芝公栩栩如生的塑像。

我族鼻祖李庭芝，宋史列传记载，他是一位抗元名将，御封右丞相，为祖国统一，民族振兴，与强敌血战十数年，慷慨成仁，扬州百姓莫不泪下，可歌可叹，名垂千古！

庭芝公生有二子：延祚、延佑。居郴州苏仙岭岗脚村。佑公一派失考，祚生孔暹，暹生懋素，素生永嘉，嘉生清侯。侯生三子，长子志隆，次子志盛，三子志昌，后由郴州迁衡。隆公居南乡怀节里（千金山大坪冲），编户庚二；盛公居南乡太平里（蒿子塘大禾冲），编户庚六；昌公居东乡衡阳里，编户庚叟。昌公远隔，未及联属，惟隆、盛两公代修族好，康熙癸巳岁（一七一三年），共建祠于大坪冲，额曰“犹龙堂”，乾隆丁丑岁（一七五七年），又建祠于大禾冲至瑞子町，额曰“仙根堂”。我族为自己的发展和壮大，生生不息，人丁繁衍，形成了详、讃、诵、证、林、海、泰、庆八大房，我们都是一家人。

李祠仙根书院不仅是八大房祭祀、团拜活动的集聚地，而且是一所育人的基地。有史以来，这里兴教办学，书声琅琅，一代又一代的莘莘学子，临李祠而怀古，览宗谱以抒情，弘扬祖功，常思立志高远。李氏宗族历代以来，文有治国丞相，武有卫国将军，进士及第，文臣武职，如李庭芝、李世楷、李如松、李苏青、李良相、李鸿泰、李拔尤、李定贵、李纪友，近代革命先驱李一凡、李炳辉、李森、李一民、李安柏、李绍珊等等，不胜枚举。近千年来，他们抵御外侮，为中华民族的解放事业，争取人民独立与自由，不怕流血牺牲，前仆后继，其英勇事迹，可歌可泣，流芳百世，后人敬仰。

当今我族子孙任国家要职、工商学界、军队干部、博士留学生、就读名牌学府者何止千人，优良的宗规族风，熏陶世代子孙的后人，而忠于国家，热爱人民！

李祠仙根书院历史悠久，蜚声海内，《湘南第一家》院藏典籍十万册，名人贤士，前来借书者络绎不绝，大批文物，十分珍贵，价值无法估量，几百年来历尽沧桑，风云变幻，或被掠夺盗窃，或被焚烧，损失殆尽，再难复见，令人痛心疾首。

李祠仙根书院由于土木结构，年代久远，险近危房，对从事教育带来影响和不安全。视于斯，李安春（原衡南县常务县长）同志，据县文物管理单位所发出的《筹建通知》及国家有关精神，李祠仙根书院光荣列入县级文物保护单位，于公元一九九六年发起组织筹建领导小组，以李安春同志率领老一辈的贤士们壹佰叁拾玖人（宗谱记载），经过了多方面的艰苦奋斗，奔走呼告，齐心合力，自筹资金，克服种种困难，一栋占地两千多平方米的仿古建筑——李祠仙根书院，于公元一九九七年仲秋竣工，美轮美奂，巧夺天工，气势恢宏。继而倡议七修宗谱，两项工程十分繁重，说不完的艰难曲折，终成夙愿。

我族庆典祭祀之际，上答浩荡国恩，洪皓祖德，下诏李族子孙，仙根名人，济济一堂，香屑铺地，火树银花，礼炮轰鸣，丝管交响，唱一曲唐朝李氏花鼓戏，族情激昂，庆云笑语，显示我族团结友爱同根共本的血缘情亲。

公元二〇一一年，在党和政府的关注下，引来了一平学校，实现了昔日办学报国的理想，也是老一辈的殷切期望。书院内得到了修缮而焕然一新，仰观层峦拱照，龙脉生成，俯仰龙凤呈祥，鳌鱼飞空，奇花异草，形态各异，人物故事，栩栩如生。六只威猛的雄狮护院，更显示雄伟庄严，一年四季松青柏翠，鸟语花香，山水幽趣入画来，巨幅匾额，名人工书“湘南第一家”，数十副名人楹联及碑刻，八大柜藏书，彰显我族深厚的人文底蕴而博大精深，有似滕王阁之古风，可与衡州其他贵祠媲美，堪称湘南一颗璀璨的明珠，衡阳最佳名胜景点，省市县有关领导和记者多次前来我院视察，并泼墨挥毫，指导工作，给予鼓励和关怀。

公元二〇一四年，族二委倡议，召开会议，慎重其事，达成共识，对书院外观进行修缮，增设雄狮，添置陈设，得到了八大房各位名人贤士的大力资助，他们热爱宗族，乐于奉献，深思木本水源之理，继往开来之义，尊祖敬宗之情油然而生。这种高尚的文明美德，永铭后世子孙，只有祖宗的血脉世代传承，才有我们子孙壮大和幸福的今天，我们永远不忘祖宗的流传恩德。

李祠八大房所做的一切都是为国家效力，被政府肯定，为社会尊重，修心齐家，受后代敬仰，弘扬传播优秀的历史文化和宗族文化，而世代得以绵延，文明薪火世代相传，为建设和谐美丽的书院再作贡献。

本次族众乐捐者，刻功德碑以资记载，名留后世，熠熠生辉，宗功浩大，佑尔子孙，螽斯衍庆，瓜瓞延绵，人兴财旺，永获福祉！

李祠仙根书院两委会

公元二〇一四年岁次甲午六月十八日

李祠后山滑坡记事碑

我祖隆盛二公，兄弟和睦，棠棣竞秀，代修族好，康熙癸巳岁（一七一三年）共建祠于大坪冲，额曰“犹龙堂”，由于生齿日繁，寻觅风水先生，按三吉六秀，砂水呈祥，阴阳交合，识得风水宝地，于乾隆丁丑（一七五七年）建祠于此地。

相传建祠前，后山有过一次滑坡，泉水如注，有鲤鱼鳅鳝随泉而出，时有高人大呼曰：此地是龙泉宝地，富贵吉祥之处。乃天赐福土，遂立为祠基。

建祠后，于民国四年间曾发生过一次滑坡，经族人奋力排除泥土，一直以来未发现崩塌事件，后山上松柏青翠，竹木茂盛，一年四季，鸟语花香。

公元二〇一四年六月二日，农历甲午五月初五日，乌云密布，巨雷惊空，暴雨成灾。次日，书院后山塌方，滑坡泥土达万余方，后墙被泥土掩埋六米之深，洪水冲入院内，水漫书院，险情十分危急，触目惊心！李族奔走呼告，向族众求救，得到李立秋之救助，解除了燃眉之急，使宗祠甚幸，文物甚幸，特立碑记其事，以昭慎重！

衡南县李祠仙根书院文物保护委员会

公元二〇一四年七月十八日立

【衡阳县书院】

石门观书院

石门观书院坐落于衡阳县洪市镇石门村，由王闿运创办。王闿运（1833—1916），原名开运，后更名，字壬秋、壬父，号湘绮。近代著名的经学家、文学家、教育家、国学大师。

咸丰九年 (1859) 王闿运经杭州、苏州、扬州入京参加考试。虽未录为进士，但以京师人文渊薮，定计留京。正当他准备施展自己抱负的时候，发生了一件惊天动地的大事——祺祥政变。咸丰十一年 (1861) 咸丰帝死，其子载淳即位，叶赫那拉氏被尊为慈禧太后。慈禧遂与恭亲王奕䜣定计杀害载垣、端华、肃顺等八位辅政大臣，实行垂帘听政。王闿运反对垂帘听政，对肃顺等遇难感到惋惜，并撰《祺祥故事》，为肃顺被杀辩解，遭朝廷迫害。其时王闿运居丧回家幸免于难，但仍心有余悸，只得寻找保护伞。同治二年 (1863) 由长沙至衡州，又出游粤、徽、冀、晋等省。在王闿运出游期间，湘潭明冈桐树屋场所典居张姓住宅，早为业主赎回。他想到归隐是为了逃避慈禧迫害，最好是隐居山林，本准备在南岳山脚下修筑茅屋，这时友人常豫便把其父常大淳墓庐借给他居住。常大淳是衡阳县西乡金兰寺人，任湖北巡抚。因太平军破城而投井自杀，归葬洪市镇石门村。石门是一处胜地，在蒸水上两山似门框立于两侧，山清水秀，民康物阜，环境幽静，房屋宽敞，是隐居的佳处。王闿运全家便在石门定居下来。他开始研究《庄子》，作《庄子七篇解》。著述了《湘军志》。并且还应几个县的邀请，修了几部县志。王闿运身处如此僻静的山区，而生徒与日俱增，正像"好酒不怕巷子深"。他的祖籍原是衡阳县西乡，大约就在石门以东的三湖。家乡的情结使他觉得也正是自己施展才华的地方，面对众多渴望求知的青年学生，他决定开办私塾。在距墓庐不过半里许有石门观规模很大。经得道长同意，王闿运便在石门观正式开馆授徒。这时期的学生有曾阮卿、夏时济、曾熙、马声爛、唐家丰、周名建、曾昭吉、夏干暄、齐白石、杨度等。同治四年（1865）至光绪二年（1876），王闿运隐居衡阳县西乡洪市镇石门村十二年。除日以课读，间亦出游或访友外，常埋头经史，潜心著述，研究范围涉及经学、史学和文学，成册者主要有《庄子内篇注》《春秋公羊何氏笺》《礼记笺》《墨子注》《今古文尚书笺)《诗经补笺》《桂阳州志》《清泉县志》《衡阳县志》《湘军志》等书，同时编订《杜若集》，并始立日记。

文昌书院

文昌书院位于衡阳县洪市镇半京街（今衡阳县五中校园内），原为道观。清光绪九年（1883），改为文昌宫学堂。“文昌”即“文昌星”，亦指“文曲星”，旧时指主持文运科名的星宿。光绪二十九年（1903），改称衡阳县立第五高等小学堂。民国年间为湘西国民中心学校。中华人民共和国成立后，始称洪罗庙完全小学。1958年升格为衡阳县第五初级中学。1970年招收两个高中班。1971年至今为衡阳县第五中学。

双桂书院

双桂书院又名桂芳书屋、桂花轩，位于衡阳县金溪镇桂馥村老卜代冲。为清道光元年(1821)唐翊庭创办。道光九年（1829）延聘县内名儒汪炳龙（号觉庵）为师。汪积学懋行，教学有方，书院由此声名远播，来此求学的人日渐增多。邻县（双峰）曾国藩及其胞弟国璜、国荃均曾在此拜师就读。曾后来在《金坑唐氏续谱序》中云：“往者，衡阳翊庭唐先生延觉庵汪夫子于桂花轩，余从学焉……越八年，余入词垣（指进入翰林院），归省，复为翊庭祝五十寿。”桂花书院于光绪末停办，今院址已废。

岣嵝书堂

在岣嵝峰。明祝咏读书处，中有知生亭。

附：

岣嵝书堂铭

〔明〕湛若水

岣嵝书堂者，衡州祝黄门咏之所治，以俟异日同甘泉子居之也。岣嵝在衡岳五峰之外，其趾隆然，实高出于五峰，衡阳之胜于斯为最。祝子请予作铭，归刻之岩焉。铭曰：

高高衡岳，祝融之墟。紫盖青玉，可卜我居。爰有岣嵝，祝子治之。左右双泉，汇为前池。维彼岣嵝，隆趾锐巅。五峰拔地，高卑较然。堂开高旷，坐收洞庭。俯瞰湘流，仰摩列星。磨岩勒文，以定我卜。祝子从予，振衣濯足。

岣嵝山房歌

〔明〕罗洪先

仙人与我绿玉杖，早年意气青云上。生憎颜色带风尘，梦中五岳恣雄放。石屋道者启瑶篇，历历朱陵罗洞天。奇峰细数过七十，下界俯视空三千。岣嵝之山禹碑石，造化元精神鬼画。不是名山灵异张，宁昭圣代文章迹。攀读欲驾三湘舟，万事伤心成阻修。去此山中止七日，胡尔江山垂三秋。忽遇夫君谈故丘，丰神飒飒凌九州。祝融之裔无乃是，况复玉立声扬休。当年亲见上封事，玉关青琐留清议。每嫌金印误铅砂，不博朱衣轻薜荔。夫君夫君莫怨嗟，邺侯曾是仙人家。药房兰砌接丹壁，牙签锦轴辉青霞。袅袅云泉知几处，丛丛露桂今谁住。望日台高白鹤遥，泻洪亭在元猿去。九嶷迢迢烟雾横，空传玉帛漫含情。古来浮名不满瞬，何如绝粒度长生。清谣发处看芝草，道心定后浮云扫。自有金波共月回，何忧白发催人老。即今绛节向金台，寄语山房锁碧苔。直待功成谢簪绂，好共山人归去来。

寄同年祝岣嵝二首

〔明〕罗洪先

孤崖悬古木，秋月静萧森。独坐忽忘去，洲前江水深。青青山自远，脉脉岁将阴。已识鲦鱼性，投竿非我心。

君住衡山下，春风几岁华。石疑封玉检，水似注丹砂。欲访前朝隐，犹闻去路赊。桃花开已遍，鸡犬为移家。

寄怀岣嵝书堂诗

〔明〕蔡汝楠

久谢轩裳著芰衣，又言城郭与心违。身栖别业尘踪断，径入苍松伏暑微。

古壁始呈封藓字，高斋长启面云扉。山中气色无人识，知尔修成杜德机。

知生亭记

〔明〕湛若水

人之生也，其必有所以者乎？生者众矣，而知生者未始众也。人之死也，其必有所以者乎？死者众矣，而知死者未始众也。人之出于父母，其必有所以者乎？出于父母者众矣，知其所存而不忘者未始众也。夫何故以其视生死为至轻，而视其父母也至小？今谓耳目身口之能视听言动与否也，为以此非生死，固不可然；即谓之生与死也，若是而已，亦有所甚不可。故有生者，有生生者，生者死矣，而生生者未始死也。是之谓万物之父母。故父母往矣，而吾所当肖者未尝不存，未始可忘也。是之谓天下之大孝。唯天下之仁人，乃能为天下之孝子。言能自重其生与死，故能大其父母之所遗也。噫嘻，知生生之说者，果伊谁乎？目而营然，耳而阒然，身而伛然，口而嚣然，日丧其所有而不知所惜。顾乃畏衰麻之色，哭泣之声，恶茔兆之豫，而讳修短之数。噫嘻，其孰知生之为死与死之非生乎，且夫视之翳者以为目病，听之壅者以为耳病，言之蹇者以为口病，动之挛者以为身病，夫人皆知之也。至于视不明，听不聪，言不能轨物，动不能应世者，其去死何若而人莫有为虑者，是尚以为知轻重也乎？故世人皆云爱生而不知其为自轻也，皆云恶死而不知其为自信也，皆云其出于父母而不知其戕其本也。有能于视听言动而不逐逐然者，其知生之生也乎。如是而生也，如是而死也，如是而归吾父母也，果伊谁乎？念庵子年四十有九，始喟然曰：吾非昔乎，昔非吾乎，何今乃遗乎？吾身而后知吾之昔所遗也。岣嵝祝子居衡山之阳，去轩冕，远城市，而身有末疾，以书来曰：吾行而蹒跚，吾举而连蜷，人以为吾不善全也，然吾且悠然而不为怜，吾将治庐于樟木之野，虚其后之皋如者以俟吾归，不远伊尔，父母是依。靖节尝言：必尔不疑。以此自毕，或其庶几乎？念庵负暄休复之轩，将书而出，谓使者曰：庐何名乎？曰：无。曰：夫子不以名乎？曰：否。固将以吾请也。曰：无者不为名，名者无其庐。其归语夫子如是者，其知生生也。于是名曰知生。缀其说而书，为之记。

【衡山县书院】

韦宙书院

韦宙书院位于衡山老县城（今大源渡航电枢纽大坝西岸）净福山下兜率寺左，临近湘江。今永和乡沙头村。又称韦相公书堂。唐代韦宙辞官隐居衡山时创建。至明代，基存。后兴废失考。韦宙，京兆人，于唐宣宗时（846—859）任永州刺史，后为岭南节度使，加检校尚书、左仆射、同中书门下平章事。任永州刺史时，为百姓做了不少好事，卓有政声。在岭南处理南诏入侵事件，抚兵备粮，极为干练。

清献书院

清献书院位于衡山紫盖乡第六都城前，今岭坡乡城前村。系宋神宗时（1068—1085）“铁面御史”、资政殿学士赵抃后人创建。时名赵抃书斋，后更名赵抃书院。因地处城前，又名城前书院。元代毁于火。明嘉靖三十六年（1557），副使程秀民就遗址重建书院办学，并置田八亩，归其子孙世祀。书院前有田，为半月形，相传为当年旧池，环院松、楮、椐、椆三百余株，翘枝耸翠，皆数百年物。因赵抃谥号“清献”，故更名清献书院。清代改名赵氏义学。清末至民国初年，不少塾师在此邀馆授课。民国二十七年（1938）下学期至民国三十二年（1943）上学期，衡湘中学在此办学。衡湘中学迁走后，三忠（为纪念赵氏先祖忠肃、忠献、忠靖而名）初级中学（今衡山四中）创办于此，赵恒惕亲任校董事会董事长。次年，日军入侵停办。民国三十五年（1946），三忠初级中学于水帘洞易家湾建校舍，后仍迁回岭坡城前。中华人民共和国成立后，学校搬迁，书院房舍在土地改革中分给农民。几经改建，旧房无存。至2018年，尚存书院遗址和廊柱石鼓底座二个。

附：

城前十咏

〔宋〕赵抃

《养生堂》云：

日月精华有术餐，不烦辛苦礼星坛。
葛公仙井甘泉近，应炼长生九转丹。

《养静堂》云：

离绝声尘已十春，飘然仙骨鹤兼云。
山中澹泊无余物，一颗仙丹酒百分。

《养志堂》云：

报恩堂庑缮完新，养志熙熙镇似春。
佛子事余为孝子，黄金园有白头亲。

《清思堂》云：

垂老将休俗累轻，旧乡来守越王城。
吾怀自信无污染，何必升堂思始清。

《戏彩堂》云：

我緫堂中乐可知，优游逾月竟忘归。
老莱不及吾儿少，且着朱衣胜彩衣。

《秀野轩》云：

千里寻山忆烂柯，七旬归去此重过。
因观秀野轩前景，亦与高斋不较多。

《忆山亭》云：

游遍名山未肯休，征车已发尚回眸。
峰亭亦似多情思，百里依然一探头。

《安乐山》云：

池有灵泉泉有龙，高僧深隐梵王宫。

云林百里如屏障，安乐山西一望中。

《东园》云：

为爱东园四照亭，剪开繁木快人情。

新秋雨过闲云卷，千里南山两眼明。

《西轩》云：

樽酒西轩独倚栏，更无尘事见颜间。

留诗都士应知否，仁者从来不厌山。

退居城前十咏

〔宋〕赵抃

《高斋》云：

轩外长溪溪外山，卷帘空旷水云间。

高斋有问余何乐，清夜安眠白昼闲。

《水月阁》云：

池阁孤清瞰碧流，太虚怀抱物华秋。

圆蟾默有中宵约，几点闲云为我收。

《放鱼》云：

鱼不能言似可哀，竭池千数竞徘徊。

澄江深处呼童放，羡尔优游得所哉。

《双松》云：

少时亲手植双松，昼爱层阴夜听风。

今日岁寒逾五纪，也应心似主人翁。

《竹轩》云：

暑威何处称疏慵，百本修篁小槛东。

时遣清风送消息，此君都在不言中。

《柳轩》云：

动入和风静惹烟，翠条疏处露池莲。

林中尽是能吟物，春有黄鹂夏有蝉。

《归与亭》云：

密径修筠郊外居，小亭随意榜归欤。

等闲早暮携筇到，池沼东头是旧庐。

《濯缨亭》云：

亭上秋登远目明，濯缨诚不是虚名。
晴光一片如铺练，浮石江心彻底清。

《负郭田》云：

累岁辞荣得帝俞，老来天幸更谁如。
腰间已解黄金印，归有田耕二顷余。

《望南山》云：

乌巨东西气候秋，子湖冈陇暮云浮。
欲观古佛丛林地，只用凭栏一举头。

城前十景

〔宋〕赵方

《沙冈》云：

问予何酷爱沙冈，奇秀山光接水光。
槐树绿阴刚似盖，天风吹动蛰龙翔。

《岳亭》云：

南岳高峰七十二，祝融峰直老人星。
平生最有看山兴，一上斯亭双眼青。

《月池》云：

道人院外一池横，源水流来静且清。
明月自能夜夜到，镜光上下鉴虚盈。

《荷沼》云：

露珠颗颗荡青荷，云锦重重铺碧波。
外直中通心独苦，拟诸君子待如何。

《水阁》云：

四围绿水远重重，孤阁高撑渺渺中。
人在阁中忧思远，应随水到海涯东。

《溪鱼》云：

溪流渺渺净涟漪，鱼跃鱼潜乐自知。

若逐桃花浪里去，风雷相送入天池。

《龙潭》云：

静深空洞碧沉沉，鉴影分明照我心。
照我心于何处是，潜龙时见普甘霖。

《石泉》云：

石上泉流泉上石，泉之寒冽石坚贞。
补天到海何须论，且慰往来行路人。

《幽谷》云：

静虚空阔深盘旋，松挂薜萝笼紫烟。
尝引我来寻诗料，和残皎皎白驹篇。

《东岑》云：

读书茅屋白云岑，日月如流老欲侵。
岑傍松杉栽万树，于兹十载已成林。

【有关名人】

赵方（1133—1221），衡山县岭坡乡人。赵抃之孙。在赵抃书院学习时，其父赵棠见其聪颖过人，令其从张栻学，不久中进士。后一路长进，成为抗金名将。官至刑部尚书，进徽猷阁学士。卒，谥忠肃。

赵范（1183—1240），衡山县岭坡乡人。赵方之子，赵葵之兄。从小有大志，在赵抃书院就读时表现不凡。父令其从名师学，才华日进。后从父军中，多次与其弟屡败金兵，数建奇功，官至兵部尚书。卒，谥忠献。

赵葵（1186—1266），衡山县岭坡乡人。赵方之子，赵范之弟。在赵抃书院读书时志存高远，少时巧计定军心。靠雄武之才，屡立战功。戍边十年，边境固若金汤。朝廷倚之为重者二十余年。官至右丞相兼枢密使。卒，赠太傅，谥忠靖。

【遗存实物】书院桥

书院桥位于清献书院遗址前面小河上，始建于明代末期。为红砂石平面半圆单孔小拱桥，宽 2.5 米，长 4 米，高 3 米，有护栏，桥侧刻有“书院桥”三字。桥建成后，到书院上学者甚为方便。民国十二年（1923）维修。2000 年后改建。

雯峰书院（文昌书院）

雯峰书院位于衡山县城南门外，今开云镇解放南路 126 号。明嘉靖三至十四年（1524—1535），由知县彭簪在元代状元何克明故宅遗址创建，时名文昌书院，亦名雯峰书院，又名雪峰书院。后倒塌。隆庆二年（1568），城内学宫迁此。万历十七年（1589），学宫迁回城内旧址。万历二十八年（1600），知县邓国材以县学无斋舍，“士或艰于卒业”，乃重修文昌书院。计有讲堂、斋舍二十间，“祀以文昌之神”，“集士子攻帖括于其中”，并约学宫“月为课期，试其艺而商略之”。明末毁于兵火。清康熙三十四年（1695）（《衡山县志》载为康熙三十一年），知县郭大定于旧址重建书院，院舍较前扩大，由三部分组成。左部为雯峰书院，右部系储英馆（后称景贤书院）和考棚；中部是培文馆。院舍较前扩大，有门庑、庋阁、讲堂、斋舍等，并置学产三处。又祀关帝“以翊文教”，祀文昌“以司文命”，祀朱明“以象文明”，祀奎星“以擅文光”，集诸生会课其中，自为记，劝士人攻帖括而“穷圣贤之理，识圣贤之行，体圣贤之言”。一时“人

文蔚起，称盛事”。遂更名雯峰书院。乾隆二十一年（1756），又将观湘、文昌、中州（后两所在今衡东县境内）等书院田租并入，自此弦歌更盛。废科举后，改名雯峰初等小学堂。宣统元年（1909），复改为县立第一高等小学堂。民国年间改为衡山县立第一高等小学堂、义安镇中心国民学校、安石镇第一中心国民学校。中华人民共和国成立前夕，学校有教学班 11 个，学租谷 386.65 石。1950 年 3 月，县人民政府接管安石一校。1952 年春，更名城南中心小学。次年秋，易名城南完全小学。1996 年 9 月，再度更名衡山县实验小学。

藏山书院

藏山书院亦名藏山堂，位于衡山老县城弥勒峰下兜率庵左侧，今永和乡永和村境内。明代万历十四或十五年（1586 或 1587），江西左布政使陈文烛创建，自有记。县令王三畏曾捐资赞助，衡州知府许琰为其题额。兴废失考。并未作书院讲学，李元度《南岳志》收入书院篇。

附：

藏山堂记

〔明〕陈文烛

古人远游，必先于乡。盛弘之记：荆州，以衡山为南岳，而沔荆州境也。昔轩辕以潜霍为南岳之副，《尔雅》遂以霍当之。虞舜五载一巡，至于衡也。汉武帝祭庐江潜山，望于衡也。陈子有名山之癖，行登东岱、中嵩，谓可及衡，而至今未逮。严君平曰：州有九，游其八，尚恨一之未至也，而况其乡乎？嗣官闽行省右使，会古田令谭君仲徵，谈衡之胜。且曰：向平之愿勿论矣，即刘凝之、宗少文、李英国、赵清献之卜居，韩昌黎、林用中之胜游，胡康侯、张敬夫、朱仲晦之讲习，赫赫耳目。昭代若大宗伯湛元明，少司马王新甫，大司成孙山甫三先生成有精舍，而况先生乡人乎。余笑曰：此素心也。谭君宅忧归，余晋江西左使，谭君寓书云：

五岳山房构矣。近兜率庵，庵前有楼雄丽，而流杯池一体塔在焉。苍松翠竹，飞泉瀑布，为名胜第一。守之者，僧如济与其徒性聪也。衡州太守灵宝许公大书扁焉。衡山尹巴蜀王公捐俸助之。同年赓子占、欧子文、伍子谦极力赞焉。乃山堂以何名乎？余叹曰：昔人著作藏名山，岂非道在天地，文以载之，山灵护持，久而传邪。邺侯藏书于衡，今虽不存，而懒残之洞与岣嵝、祝融诸峰争雄，不佞于经国之大业，不朽之盛事，未之有得。异时检平生撰述而存之，吾舍衡何适焉。遂题为藏山堂而记之。

九龙书院

九龙书院位于衡山县紫盖乡第七都九龙泉侧，今开云镇九龙村境内九龙泉。明代万历三十三年（1605），知县单仲礼创建。清乾隆间（1736—1795）设过义学。此后兴废失考。

观湘书院

观湘书院位于衡山县城北观湘洲。此洲面积两百余亩，系衡山八景之一，名“观湘返照”，为历代游人所慕。又有明代万历十八年（1590）县令邓国材创建的高七层九丈余的文峰塔，又名观湘塔，礼部尚书曾朝节题写《文峰塔记》。十年后倒塌。清康熙初年（1662），由县令王家贤重建。为给学子创造学习环境，康熙十一年（1672）王家贤在观湘洲建立书院，名观湘书院，时有学租361石。后书院停办，学租由守僧管理。乾隆九年（1744），知县德贵就原址设观湘义学，延师课读。乾隆二十一年（1756），观湘书院及田租并入雯峰书院。嘉庆十五年（1810），知县刘体重发动邑绅重建修复，捐置田租80石，筹备生徒膏伙，义学恢复。光绪二十九年（1903），书院学租提作师范馆工艺局经费，不久即废。

书院证碑：现存于观湘洲原种场分场住房檐下。长1.37米，宽0.49米，高0.1米。

附：

重修崇文、观湘两塔暨书院记

〔清〕金方世

衡山岳灵钟秀，素称望邑，何假人为。而其间必有资人力以培之者，如崇文、观湘两塔，该风水攸赖。况观湘洲为一邑大关键，置书院其上，不独壮形胜，且为培养人才，地顾不重与！崇文塔相传为怀素旧址，无所考，殊不足据，然双峰村峙，笔势凌空，遥而望之，岿然也。观湘塔系前明县令邓公国材创建，去天五丈，在水中央，洵为登览胜境。书院则康熙辛亥岁王公家贤治衡时竭蹶以成之。清幽寥廓，隔断尘嚣，几净窗明，松篁交映，一片教育苦心，至今如绘。惜年久剥蚀，墙壁倾欹。岁己巳，邑侯山阴龚君省斋谋所以新之，捐廉倡修，属余监其事。士民感激，鼓舞乐从。即于是年八月念五日，庀材鸠工，俶修崇文塔，迄腊月工竣。接修观湘塔，其明年二月，择吉修书院，锐于图成，迫督不少懈。无何，省斋以忧去，山右梅坪刘公来署篆，情殷学校，捐赎并举，得金二百余，剞劂事，由是头门、前堂、东西前书房各五间，渐次底于成。越辛未，梅坪调任湘阴，费已告罄，缴项寥寥。余与督修生文镇川又力绵，不堪多垫工，遂辍。秋七月，吴兴潘公棠村尹是邑，甫下车徽行，至观湘洲，慨然兴叹，谓此等要工，何可遂令废。毅然身任。遂分俸钱，清羡款，劝谕各绅士，刻期兴建。而讲堂及东西后书房各四间，克臻完善，较旧规加壮丽焉。之数公者，新旧无猜，后先济美，为培养人文，计至详且尽，谓非衡人士之厚福哉！爰叙其颠末，以告后来，其能无闻风而生感也？夫省斋名志曾，梅坪名体重，棠村名煜，不敢没也，故备书之。嘉庆十有七年壬申岁秋月穀旦，衡山学教谕星沙金方世书。

帆泊观湘

〔清〕王大经

观湘滩上水漫漫，客舫维时夕照残。
雨岸渔灯雷市晚，数声铁笛楚江寒。
惊回落雁投前浦，触散眠鸥下急湍。
今日风波幸无事，舟人相语罄交欢。

白山书院

白山书院位于岳北淡山坝附近，即今江东乡龙溪村境内。相传为朱熹、张栻联骑渡过涓水之处。清乾隆十一年（1746），知县德贵拨观湘、雯峰两书院余租及存留科举费共田租四十石，并捐白银五十两作基金办义学。因其家乡为长白山，为表敬仰、纪念之情，取名白山

书院。其时，岳北青少年凡有志于学者皆可入院读书。乾隆二十一年（1756），田租归并集贤、雯峰书院，以致有校舍而无俸租，书院濒于停办。当地士绅见此，慷慨捐田亩及银钱，维修院舍，弦歌再奏，学脉不断。光绪二十九年（1903），书院所设义学改为官立白山高等小学堂，系县内最早的新式小学堂。民国三年（1914），更名白山高级小学校。此后，先后更名“朝、宗、于”联立白山高级小学、白山乡中心国民学校、果山乡第一中心国民学校，并扩大为完全小学。白果赵家湾赵恒惕曾在此读书数年，后成为民选湖南省省长。著名中共地下党员、为解放战争提供绝密情报的国民党将军（少将职，中将衔）谢士炎，中国人民解放军中将、南京军区副司令员兼东海舰队司令员杨玉书，著名数学家、北京大学教授、博导、第三世界科学院院士、中国科学院院士廖山涛均毕业于此。中华人民共和国成立后，学校搬迁，旧舍改建为白山仓库。

景贤书院

景贤书院位于衡山县城南门外，即今开云镇解放南路，原为储英馆。清嘉庆十年至二十五年间（1805—1820），由衡山进士聂铣敏捐资兴建，院址在考棚旁，居雯峰书院之南。与雯峰、研经书院构成县城三座书院。废科举后，先后办过景贤初等小学堂、公立景贤第二高等小学堂、楚材单级师范学校、晨曦学校、县立初级中学、县立简易师范学校。民国十五年（1926），一度为私立晨曦学校。民国三十五年（1946），改建为城南小学一部分校舍。新中国成立前夕，拆建为衡山县安石镇第一中心国民学校。

景泗书院

景泗书院位于南岳后山马迹桥，亦称马迹书院。清嘉庆二十五年（1820），由衡山进士聂铣敏捐银兴建。清道光十五年（1835），当地士绅捐资扩建，办学规模扩大。中华人民共和国成立后，旧舍改建民房，尚存原墙一垛，上留“景泗书院”四字，苍劲有力。

研经书院

位于衡山县城北琵琶洲，清凉寺东面，即今开云镇解放北路县实验中学与县二中校址处。清光绪十九年（1893），由湖南著名学者吴獬创办并任首任山长。吴獬博学多才，能诗善对。他鼓励学生好问，不用翻阅资料，便能解答学生提出的诸多问题，并撰联鼓励学生上进：

“当代需人才，正望着岣嵝峰七十二般云气；自家定功课，莫等它清凉寺一百八下钟声。”光绪三十年（1904），改为官立城北高等小学堂。光绪三十二年（1906），毁于水灾。宣统二年（1910），改为衡山官立中学堂。民国年间改办衡山县立中学和县立简易师范学校。中华人民共和国成立后，先后在此设县立四中、城北完小、观湘中学、工农中学、城关镇中学。1965 年始，逐步拆旧建新。至 1990 年，旧舍全无，逐步建成新教学、宿舍楼。1995 年，更名开云镇中学。2001 年，更名为衡山县实验中学。2005 年，再度更名开云实验中学。今为衡山县实验中学。至 2003 年，尚存沿江防护墙与原有前门，“研经书院”石碑。2018 年，尚存“研经书院”石碑，嵌于职工宿舍外墙。

附：

吴獬 (1841—1918)，字凤笙，号子长，榜名獬，湖南省临湘市桃林镇人。吴天资聪颖，少年时代，五经四书皆已成诵，二十岁就读岳麓书院。清光绪二年 (1876) 中举。当时左宗棠任甘肃总督，欲聘吴为幕僚，吴以疾辞。光绪己丑科 (1889) 中进士。他在考卷中指出：“耕不问奴，织不问婢，各取盈于编户之家，何堪不晓事长官，转使穷年冻馁……”揭露当时官吏不问农民耕织之艰难辛苦，只向民间榨取，致使民众终年无食无穿的时弊。主考李鸿藻对吴的文章作“伤时”定论，不许取第一，不许列入翰林，仅以即用知县签分广西。是年，湖广总督张之洞慕名访吴，交谈学问，长达一天。后对僚属说：“洞庭一湖水，唯凤笙饮一匙，我与诸公仅尝其涓滴耳。”光绪十八年 (1892)，任广西荔浦知县。任内体察民情，秉公执法。荔浦赌风严重，吴獬作《戒赌歌》相劝，并严惩首犯，仅数月赌风基本绝迹。为振学风，吴亲至正谊书院督教，并允许学生进县衙。光绪二十二年 (1896)，任湖南沅州府学使，兼敦仁书院山长。后分别到临湘莼湖书院、岳州金鹗书院、湖北通城青阳书院、衡阳石鼓书院、衡山研经书院、长沙岳麓书院、湖南高等师范以及南京三江高等师范、湖南优级师范等处讲学，以其高尚的品德和渊博的知识，教诲弟子，影响遍及东南诸省。吴在各书院讲学时，敢于创新，不守一家之说；敢于对名家作品进行评论，努力推进民主进步思想。他编著《一法通》，作启蒙教育之用；编纂《獬录宣讲》，破除迷信陋习；作《放足歌》，宣传妇女解放。用这些通俗读物，鼓励学生和民众从禁锢的封建礼教中解脱出来。民国六年(1917)，吴獬因年老体弱，返回故乡桃林，办私塾一所，亲自督教，讲授学生。民国七年二月，北洋军南下，兵扰桃林，烧杀掳掠。吴獬愤然成疾，于是月初四谢世，终年七十八岁，世人称其为岳州一怪。遗著今存《不易心堂集》和《一法通》等。

南轩书院

南轩为宋代理学宗师张栻的别号。乾道、绍熙间，张栻先后在南岳书院、石鼓书院、岳麓书院讲学。张栻受业于南岳胡宏。据李元度《南岳志》载，南轩书院为张栻自置。其地址，明弘治《衡山县志》载在崇岳乡第二都（今衡山县白果、江东桥一带），但另有一说在南岳庙后。究竟在何处？因废弃年代久远，无从查考。

【衡东县书院】

中洲书院

中洲书院位于草市镇灵山脚下，为衡东县境内设立最早的书院。据《灵山志》（清光绪丙午修）《访遗灵山记》载：谭襄虞“一试春官不第，遂授徒于灵山之旁，邻封学者麇至。而乡先辈以山之灵气有钟，廓地建一书院，面江中洲，额曰中洲”。谭襄虞，名皋谟，草市人，明万历三十七年（1609）己酉科乡试举人，后赴京会试不第，归而授徒。于明万历三十八年（1610）创中洲书院于灵山之麓（或曰在草市灵山左边的江洲上），清乾隆十年（1745），草市巡检戴天恩捐俸首倡，建义学于灵山，仍命名为中洲书院。乾隆二十一年（1756），知县德贵将该书院田租并入雯峰书院，义学停，书院也逐渐倒塌。

附：

草市中州书院记

〔清〕戴天恩

天下之大有五岳，而南岳则衡山也。余少嗜经传，披览图籍，每悠然神往。猥以数奇，屡踬棘闱。游京都，寄内戚中堂史公铁崖大人门，遇选君谭丹麓先生，文章经济，迥出寻常。询其里居，则出衡山草市。因是思衡山固钟川岳之灵，而草市特文人之萃，窃以不得躬亲一睹其胜概为憾。讵膺铨选竟简草市，私幸素所神往者，竟躬亲焉，余怀其大慰矣。及诣衡山，戾草市，谒南岳，日与其地绅士辈接，类相尚以文章，咸緦緦焉有振兴文学之思。适邑之旷君南英、谭君次元，毅然以前邑侯王公所置观湘书院田租历为僧人中饱，呈请添设义学资助科举为己任。邑侯德夫子嘉其请，清追故物，且以其余广布文教。顾余言曰："草市距衡城甚远，不可不设义学以振之。"余深荷邑侯之重命，又适符草市绅士之思，不揣力薄，捐俸首倡。鸠工庀材，建义学于草市之麟山，楼阁厅宇巍峨，前后厢房数十间。邑侯德宪则颜其名曰"中洲书院"，并申请各宪匾题。其延师洎膏火等费，则邑侯所拨观湘书院租五十石，文峰书院租一十石，余又募绅士公置田租约百石以成之。业已造册祥明各宪批示在案，聊以副我邑侯之重命，并慰我草市绅士之思，其亦犹是旷君南英、谭君次元之毅然相与有成也云尔。

文炳书院

文炳书院位于灵山隔岸的三步岭单家湖（今草市园艺场）。清道光六年（1826），衡山县云、土、梦、作四字区（现均属衡东县）人士捐田捐款新建书院，道光十八年（1838）建成，光绪三十年（1904）改为文炳高等小学堂。1937 年编为县立第二高等小学，1942 年改为草市乡中心国民学校。1949 年由衡山县人民政府接管，更名草市中心小学。1952 年迁草市谭西源公祠。1958 年更名草市中学。

附：

草市文炳书院碑记

〔清〕王书城

草市书院，始称中洲，继易为文炳。中洲创于前县令德，县佐戴董其役，载有记详颠末。岁久堂圮，弦诵阒然。迁灵山庙左，地僻卑湿，士不乐居，有迁乔入幽之概焉。是里单君清溪，毅然思修复，事未举，物故，遗言嘱二子。其子琢斋、树轩克其志，商诸欧敬斋、单青园、黄信斋、晏淡斋，会云、土、梦、作四都人士，翕然声应，殷富无稍吝，捐田若干亩，资若干缗。相吉于江右三步岭，地爽垲，四面诸峰挺秀，岳云遥拱。乃咨工师，采良木，具陶器，经始于道光丙戌夏。因秋霖遽集，江涨叠乘，冲激漂流，土木之用多散失，造物若试以艰难而坚其心志。越岁甲午，欧敬斋偕青园子卓斋筹款续修。数载功俊，讲学有堂，藏修有室，习游有所，扩其规模，饰以丹雘，上为重楼，以奉先圣，祀奎星于前厅之阁，以周易筮之，得革之五爻，取象辞，名文炳，遵守兆，协人谋也。戊戌，集里党俊秀肄业其中，争自琢磨，共图进取。馆师束脩，生徒膏火，诸君固悉心筹划，琢斋伯仲调剂之力尤多。余自浙省宦游归，膺兹讲席，嘱记由来，以示后进。因思草市书院之有文炳，中洲基之也，德令兴学育才之意，百余年后有踵而行之者，诸君之更建不没，德令之创始益彰矣，时道光十八年戊戌岁。

文昌书院

文昌书院位于吴集镇老街。清初，吴集有文昌会，后士绅们在文星街建文昌阁，捐租设义学，但无额定馆俸，难以为继。乾隆十年（1745），知县德贵“遂集各书院经管绅士会议，拨观湘余租三十四石，明道山房十六石，集贤书院十六石，共拨六十石为每岁馆师脩金，余六石杂用。又移南门外，改文昌书院之名以名之。乾隆二十一年，租谷归并雯峰书院，义学废”。中华人民共和国建立后，房屋拆除，旧址今为农业银行吴集营业所。

回澜书屋

回澜书屋坐落在衡东县石湾镇西面濒临湘江的回澜山上。清同治五年（1866），在一批乡贤的倡议下，在回澜山设立回澜书屋（学堂），经费开支由地方士绅捐募，馆师由当地有名望学问的人担任。在回澜书屋当过馆师的陈孝初，便是石湾西塘一位才子。清光绪元年（1875）

恩贡生罗楚熊曾寄居回澜书屋，边讲学授徒，边从事著作，有《晚补楼文钞》《一笑草》等著作问世。民国年间被拆迁。

竹林书院（爱莲书院）

竹林书院位于白莲镇老街，今衡东县尚德学校内。乾隆九年（1744），由向日登等人倡议在白莲寺创办竹林书院。文昌阁耸立院中，旁有书斋八间，中厅为讲堂，可容生徒五十人。次年设义学，请名师讲学，拨向氏宗祠祠租为馆师脩金。乾隆四十三年（1778）夏，知县范迈亭经白莲，留宿竹林书院，对向姓族长说：“竹林七贤，独有向秀吗？既然不止一姓，不若改为爱莲。”自此，竹林书院改名爱莲书院。咸丰七年（1857）书院重修。宣统三年（1911）改为向氏尚德小学。1971 年，书院旧屋拆除。

回龙精舍

回龙精舍位于新塘镇百叶村二组白衣冲。原系罗氏家塾，清雍正八年（1730）由罗姓三房人士创建为回龙精舍，所收生童主要为罗姓子弟。同治十三年（1874）捐资修葺。民国二十八年（1939）改为罗氏尚新小学校。部分房屋至今犹存。

【祁东县书院】

景行书院

景行书院位于今祁东县归阳镇万福街，为祁东四中前身。清乾隆二十七年（1762），士绅申昭等呈请前项产业创建。有学田26.9亩，学租35.5石，铺地、鱼塘、园土岁收租银10.2两，岁收捐款息银13.75两。秀才唐南林、陈柯林、赵海涌先后为山长。宣统元年（1909）改为景行高等小学堂，民国元年（1912）易名为景行小学校，民国二十二年又改名为祁阳县第五小学。

存诚书院

存诚书院（亦称存诚义学）位于今祁东县过水坪镇百吉坳双忠祠侧，是祁东三中的前身。清乾隆九年（1744），县令魏成汉详讯旱禾寺僧义方等因奸杀亲夫一案，寺产充官，废寺为义学。有学田88亩，租谷300石。乾隆二十七年（1762），县令李莳将义学公产并入祁阳永昌书院，每年只给义学塾师束脩谷18石。宣统三年（1911）三月，改为存诚高等小学堂，民国元年（1912）3月，改为祁阳存诚小学校。民国二十二年，改为祁阳县立第四小学。

【常宁市书院】

双蹲书院

双蹲书院位于常宁市城区泉峰街道，因后有二石对峙如蹲得名。南宋庆元年间(1195—1200)，县儒袭盖卿始创芹东书院于县城南郊双蹲石前。明成化二十年（1484）知县谢廷举重建。万历四年（1576）知县陶敬图复修。有讲堂三间，书舍十间，建祠祀朱熹、张栻，以袭盖卿、王居仁配之。“取多士集此，思齐先贤之意”，乃改名“集贤”。蒋学成为作记，期望诸生“睹先哲之私淑”“涵养德性，变化气质”，成为“经明而行修”之士。明末毁于兵火。清康熙二十五年(1686)，知县顾奕芬重建，改名“双蹲”。雍正至同治各朝间均有修葺，建有讲堂、集贤堂、闻起堂、穿堂、袭王祠、门楼、碑亭、塾室等，“规画措置，与岳麓、石鼓等观”。然教学内容多为科举之业。光绪

二十八年 (1902) 改为小学堂。民国曾建高等小学于此。抗日战争时期，湖南省立衡阳中学迁此数年。县简易师范设此。今为常宁二中校址。

附：

袭盖卿，字梦锡，南宋常宁人。乾道五年（1169）以明经中进士，授右正言，以直道事君。于岳麓书院师从朱熹，朱熹所著《池州语录》，即为袭盖卿纂辑。与王居仁同时执经于张栻之门，潜心研究理学。因“庆元党禁”，朱熹被逐，袭盖卿于庆元二年（1196）退居故里，于城南门外学宫之后双蹲石前设馆授徒，开常宁创建书院之先河。嘉泰二年（1202），党禁解除，袭盖卿重被起用，后擢谏垣右正言，累迁国子监司成。袭盖卿认为：“太极，理也；动静，气也。气行则理亦行。”他认为两仪就是阴阳，“阴阳是气，五行是质”，“太极生两仪，两仪生四象”，“事事物物皆有极限，是道理之极至”，“义利之旨，动静之符”，“道学之传，不独衡山为小洙泗也”。著有《正性篇》《反诚篇》等。

王良弼 (1852—1920)，原名安邦，字荩宜，祖籍常宁桐黄乡黄家桥，在科举时代获得了翰林之职。

他生长在书香门第的中小地主家庭，从小体格强健，聪慧过人。五岁入私塾，十岁能作文章。博学强记，融贯经史。清光绪七年 (1881)，曾在长沙岳麓书院经堂肄业，得选优贡，由提督学政从全省在学生员中挑选保送入京参与光绪九年 (1883）的朝考，被选授湖南兴宁县（今资兴市）代理教谕，后调城步代理县学训导。清光绪十一年 (1885)，王良弼乡试得中，成为举人。光绪十八年 (1892) 进京殿试，被录取为进士，此后再试于保和殿，又名列前茅，授翰林院庶吉士。

王良弼在翰林院肄业三年，散馆考试后，没能留在那里纂修国史，而是内用作刑部主事。光绪二十六年（1900）充任山西司主稿。光绪三十一年 (1905)，他以道员外用，分发广东，总办全省学务，亲赴各地巡视，解决许多老大难问题，得到上司的赏识和信任。后兼任总办全省水陆巡防营务，兼缉捕总局。光绪三十三年（1907）

任高雷阳兵备道，后调升广肇罗分巡道。直至辛亥革命，才罢官回乡。

他在广东为官七年，身居要职，而生活恬淡，不嗜烟酒，不置姬妾，对所经过郡县的山川、险要、金石、古迹，或人物乡贤、流寓，详加记录，勤以思考。回县后，先后四次主讲双蹲书院，共十余年。废科举后，又倡建合江学堂，灌输新学，对桑梓文化教育事业做出了一定贡献。以后，他又闭门整理著述，辑有《湘山文集》《湘山诗集》等 11 种共 164 卷，均未付梓而散失。

清代彭玉麟题双蹲书院：

双贤传道芝兰秀；
蹲院穷经翰墨香。

清代曹贻孙题双蹲书院：

论道讲经穷哲理；
出书入史著文章。

学究天人，桑梓同沾化雨；
德兼圣哲，芝兰尽吐馨香。

桃花书院

明末，李氏于常宁城西桃花洲上创立桃花书院。清顺治十一年 (1654) 后，遭水患，洲移院圮。

鹅湖书院

鹅湖书院位于今常宁市城区培元办事处桃江二小区鹅湖岭巷以

北、泉峰中学以南以东这个区域内。南宋时，因“庆元党禁”，袭盖卿与同拜理学大师张栻门下的王居仁返回常宁。袭盖卿于双蹲石前创办芹东书院。稍后，王居仁于城西鹅湖北畔创办鹅湖书院，与芹东书院遥相对应。是为常宁最早的两个书院。

清乾隆《衡州府志》载：鹅湖在县西一里……清如鉴。鹅湖岭在县西二里，山势自白竹峰……宜江经其阳，水环如玦，其阴有池广数十亩，曰鹅湖，宋儒王习隐从学张南轩，归立楼舍于此，教授生徒。

杏花书院

康熙二十七年（1688），东塘吴氏办有杏花书院。

培槐书院

培槐书院位于常宁市西之西庄源。其前身为西庄源王氏义塾。有学田30余亩，为诸生膏火奖。清道光二年（1822）改称培槐书院，由本邑名士唐瑶圃先生任首位山长，于讲堂前坪亲植双槐，以“树木等于树人”之精神，谆谆教诲，培育人才。后书院多次修葺。

【耒阳市书院】

杜陵书院

杜陵书院位于耒阳市城区马埠山下，耒水河畔，今耒阳市一中院内。唐天祐四年（907），耒阳知县朱昂在县城北郊建祠纪念杜甫，名杜工部祠，俗称杜公祠，或杜陵祠。后来利用祠堂办学宫，名为杜陵书院。起始，祠院同厦，一祠两用。祠宇坐北朝南，前栋为封山式，仅一明堂，堂内正中立有杜甫木雕像。后栋也为封山式，东西各为一侧栋。清光绪《耒阳县志》载："杜陵书院在县北二里，唐时建，明嘉靖年间知县马宣重修其祠。"旧志又载："每岁孟春三月，孟冬三日，县官常率师生行释奠礼，今（指光绪年间）孟春三月易为三月三日。孟冬如旧，祭额有常供。"作为祠，则应当供祭祀。作为书院，则讲习常设，办学不绝。耒阳人才，历能成文章，登科第，任显职，建伟业者，多出于该书院。由于学生日众，清光绪二十一年（1895），在书院东侧扩建一座院落，时任湘中督学使者江标题额"杜陵书院"。匾额现嵌入耒阳一中大门口右侧墙壁上。

白石书院

白石书院位于耒阳城北原庞公祠，明嘉靖二十九至三十三年（1550—1554），知县马宣、主簿陈鹏捐俸修葺庞公祠，改祠为书院。郡守蔡汝楠极力支持，因蔡汝楠字白石，故名为白石书院。至清代，书院倾圮，邑人仍立为庞公祠。

青麓书院

青麓书院在城北青麓塔侧。清雍正二年（1724），由耒阳知县徐德泰倡议，县绅黄定周、李三侯等领头兴建。徐德泰在《青麓书院记》中云："湖以南，书院不一，而长（沙）称岳麓，衡则称石鼓，青麓与岳麓、石鼓而并传矣。"清光绪二十九年（1903），青麓书院改为耒阳县官立第二高等小学堂。1928 年春，湘南起义中，青麓书院毁于战火。

紫云书院

紫云书院位于县境南黄岗铺（今小水镇黄岗村）。清嘉庆二十年（1815），里绅曾宏中、曾玉川、谭宪榜、肖文发等发起创办。规模不大，学租不逾百石。后改名为云峰书院。

义兴书院

义兴书院位于耒阳城西三十公里的诗礼洞（今仁义镇十里村）。清嘉庆乙亥年（1815），由里绅蒋占魁、谢龙章、郭翼之、龙光等人募捐倡建。耒阳知县周百顺为其刻石立碑，置田租三百石，后又捐资兴会，置田租两百多石，为葺修助学之用。时西乡和板桥学生距书院较远，另建文昌阁，而书院则为白沙、白旺、紫山三区民众所有。1928 年 5 月，战争中被火毁。

仰高书院

清同治五年（1866），里绅陈耀芳念淝江上游一带寒士甚多，独资兴建仰高书院于县南上架桥珊钿冲（今三都镇南基村境内）。清末，仰高书院合并到淝江书院。

淝江书院

淝江书院位于淝江与耒水交汇处的江心塞口洲上。清同治中期，当地里绅创建。1928年湘南起义，书院毁于火劫，被迫停办。1937年，重新修葺，夏塘淝澜完小（后改名为淝江中心学校）迁入书院。1944年，日军侵入耒阳，书院惨遭毁损。1945年，淝江中心学校迁往夏塘文武庙，淝江书院便销声匿迹。

后 记

衡阳书院称天下之盛，是衡阳文化的重要组成部分。为推动衡阳创建全国文明城市和省域副中心城市，实施“制造立市、文旅兴城”发展战略，激发全市人民热爱家乡、了解家乡、建设家乡的热情与信心，衡阳书院文化研究院决定组织编撰《衡阳书院文化》一书。历时数年，终于付梓。

本书全面梳理衡阳的书院文化内核与脉络，彰显地方文化特色。突出集成、发掘、梳理、传承、典藏等特征，对衡阳书院文化的内在元素和外在具象，进行代表性、全面性和独特性的梳理。融古通今，图文并茂，方便不同层面的读者阅读和利用。

本书由衡阳市人大原党组书记、副主任，现任衡阳市关心下一代工作委员会主任谢宏治主编，市人大原副主任周晓云、市文联原主席林乐伦、文化知名人士盛明明参与策划。本书的编撰出版工作得到了市委宣传部、市文联的高度重视和大力支持。市地方志编纂室、市教育局、各县市区地方志编纂室提供了大量资料。刘云宝编撰“石鼓书院”，周美好编撰“船山书院”，谭民政编撰“其他书院”，周厚君负责图片摄影与出版统筹，戴述秋、肖湘东参与审校，刘锋、段雪梅参与编务。

由于编者水平有限，书稿虽历经打磨，仍有不精不准之处，恳请各位方家和读者赐教。

衡阳市书院文化研究院

2024 年 11 月

图书在版编目(CIP)数据

衡阳书院文化/谢宏治主编. --长沙:岳麓书社,2024.12--ISBN 978-7-5538-2113-9

Ⅰ.G649.299.643

中国国家版本馆 CIP 数据核字第 2024EM4821 号

HENGYANG SHUYUAN WENHUA

衡阳书院文化

主　　编:谢宏治
出 版 人:崔　灿
责任编辑:彭卫才
责任校对:舒　舍
装帧设计:变色龙影像

岳麓书社出版发行
地址:湖南省长沙市爱民路 47 号
直销电话:0731-88804152　0731-88885616
邮编:410006

版次:2024 年 12 月第 1 版
印次:2024 年 12 月第 1 次印刷
开本:787mm×1092mm　1/16
印张:20.5
字数:296 千字
ISBN 978-7-5538-2113-9
定价:128.00 元

承印:湖南雅嘉彩色印刷有限公司

如有印装质量问题,请与本社印务部联系
电话:0731-88884129